Wieviel Garten braucht der Mensch?

Herausgegeben von
Günther Bittner und Paul-Ludwig Weinacht

Wieviel Garten braucht der Mensch?

Würzburger Universitätsvorträge

Herausgegeben von
Günther Bittner und Paul-Ludwig Weinacht

ERGON Verlag Dr. H.-J. Dietrich Würzburg

Umschlagabbildung: Claude Monet. Der Garten von Giverny 1895.

CIP-Titelaufnahme der Deutschen Bibliothek

Wieviel Garten braucht der Mensch? : Würzburger
Universitätsvorträge / hrsg. von Günther Bittner und Paul-
Ludwig Weinacht. - Würzburg : ERGON-Verl. Dietrich, 1990
ISBN 3-928034-02-2
NE: Bittner, Günther [Hrsg.]

Umschlaggestaltung: Hummel / Homeyer
Druck: Böhler Verlag, Würzburg
Satz: Schmidt Verlag, Würzburg
Buchbinderische Verarbeitung: Triltsch

Printed in Germany ISBN 3-928034-02-2

Inhalt

Vorwort der Herausgeber

I.

Im Herbst 1988 schrieb der Würzburger Oberbürgermeister Dr. Zeitler an den Präsidenten der Julius-Maximilian-Universität einen Brief, in dem er die Universität einlud, sich an dem Rahmenprogramm zur Landesgartenschau 1990 zu beteiligen. Womöglich hatte er zunächst an die Naturwissenschaften gedacht. Die Philosophischen Fakultäten waren jedoch die ersten, die ihre Mitarbeit ankündigten. Und so kam es zu einer öffentlichen Vortragsreihe in der Neubaukirche und auf der Landesgartenschau und im Mai 1990 zu einem ganztägigen Symposium im Toscanasaal der Residenz.

Geisteswissenschaftler sind, wie man weiß, keine Fachleute für Pflanzen, für Böden, für Gartenbau oder -technik. Um mit einem Garten fachmännisch umzugehen, müssen sie ihn »humanisieren«, d.h. ihn in Menschen, in Geschichte und Gesellschaft verlegen. Die Herausgeber dieses Bandes wollen den angedeuteten Reflexionsschritt mit der Frage ausdrücken: Wieviel Garten braucht der Mensch? Mit ihr wenden sie sich an den betrachtenden, den kontemplativen Gartenfreund, an sein leibliches und sein geistiges Auge. Nicht der schaffende, sondern der schauende Mensch soll auf seine Kosten kommen. Wir wollen Geschichts- und Stilepochen sich entfalten sehen, Konflikte um Promenaden in Szene setzen, Symbole, als die Gärten immer gegolten haben und gelten, entschlüsseln, ja in Gärten ein Zeichen menschlicher Wesensmöglichkeiten zur Anschauung bringen.

Wieviel Garten braucht der Mensch also? Die Antwort hängt vom Verständnis ab, mit dem einer die Frage stellt. Da gibt es einmal das mythische Denken. Die jüdische Überlieferung verlegt die Herkunft des Menschen bekanntlich in einen Garten, und die griechische Mythologie denkt ausgewählten Menschen eine Gartenzukunft zu: das Elysium. So gesehen, gibt es nichts, was dem Menschen so nahe, so wesentlich wäre als Gärten. Der Mensch erscheint als das Wesen, das aus dem Garten kommt und in den Garten eingeht, und dessen Lebenslauf in realen und erträumten Gärten Orte aufspürt, in denen es ganz bei sich selbst ist.

Ein zweiter möglicher Ansatz gibt nüchternere Auskunft; er trifft ein verbreitetes heutiges Kulturgefühl womöglich besser. Er geht von einer Pluralität der menschlichen Lebensweisheit aus: der vita activa und der vita contemplativa; an den reinen Formen des Arbeitstiers oder des Müßiggängers ist wenig gelegen. Darum hört man

Gartenarchitekten und Landschaftsplaner zu Recht behaupten: »Das sich beschleunigende Leben unserer Zeitgenossen bedarf als Gegengewicht einige Stunden völliger Ruhe oder doch wenigstens Lärmminderung, die Möglichkeit, Blätter und Blumen anzuschauen, die allmähliche Entwicklung ihrer Knospen zu verfolgen – heilsame Entspannung« (G. Guy-Charon). Die Antwort, wieviel Garten der Zeitgenosse bedarf, hieße demnach: soviel er benötigt, um zu seinem Gleichgewicht zurückzufinden, in jene lebenserhaltende Ausgleichslage, die es ohne Oasen der Ruhe und Beschaulichkeit nicht gäbe.

Von einem dritten Ansatz aus erhält die Symposiumsfrage negativen Bescheid. Daß der Mensch keine Gärten braucht, dies erfahren wir aus science-fiction-Romanen, in denen bestimmte Tendenzen unserer wissenschaftlich-technischen Welt gesteigert werden. Die Erde, auf die Funktion einer Landebasis für Weltraumflüge geschrumpft, ist hier ebenso Garten-los, wie stählerne Raumstationen es sind. Kosmonauten leben nicht in Gärten. (Und was man ihnen an Experimental-Pflanzen mitgibt, was als klimaverbesserndes Container-Grün gelten mag, verdient wohl kaum diesen Namen.)

Freilich: wir brauchen nicht bis in den Weltraum, um auf ein Gartendefizit zu stoßen. Schon unsere tägliche Gedankenlosigkeit leistet der Landschaftsverödung Vorschub. In einer Fotoausstellung des Bundes Naturschutz wurde in Bilddokumenten nachgewiesen, wie Bauerngärten, die ihre Besitzer in den letzten Jahren pflegeleicht umgestaltet hatten, einen Abstieg ins Grelle und Banale vollzogen und ihre Gestalt einbüßten. Den Bauerngärten fehlen die Bauern und Gärtner zugleich. Im Katalog zur Fotoausstellung stand zu lesen: »Daß man Menschen, die einen goldenen Ahorn im Herbst gesehen haben oder eine Birke im Rauhreif, vorrechnen muß, was Bäume als Staubfänger, Sauerstofflieferanten und Schallschlucker leisten, ist ein Thema für Psychiater und Anthropologen.«

Wir anderen, die sich solches nicht vorrechnen lassen wollen, bleiben dabei: der Mensch braucht Garten, um die ihm gemäßen Lebensweisen balancieren zu können, vielleicht, um die Wegstrecke zwischen Erde und Elysium nicht nur im Elend (in der »Fremde«), sondern mit wiederkehrenden Heimat-Erfahrungen zurückzulegen.

II.

Der vorliegende Band gibt die (für den Druck überarbeiteten) Fassungen der Vorträge wieder, die auf der Veranstaltungsreihe der Universität Würzburg gehalten worden sind (ergänzt um zwei thematisch verwandte Beiträge von Janssen und Baumann).

Die Beiträge gruppieren sich um drei Schwerpunkte:
(I.) Kunst- und Kulturgeschichte,
(II.) Garten-Politik und Freiraumplanung,
(III.) Anthropologie des Gartens.

(I.) »Überall, wo es Menschen gibt, finden sich Gärten«, schreibt Rombach in seiner »Philosophie des Gartens«. Daß dem so sei, belegen die Beiträge zur Kultur- und Kunstgeschichte. Heide Froning, ihres Zeichens »klassische« Archäologin, schildert nach Vasengemälden, Ausgrabungen und Rekonstruktionen die Blumengärten Kretas, die nützlichen Wein-, Obst- und Olivengärten des klassischen Griechenlands, die den Hausgöttern geweihten Statuengärten römischer Wohnhäuser. Einen anderen wissenschaftlichen Zugang wählt der Vor- und Frühgeschichtler Walter Janssen zur Erforschung der Gartenkultur des Mittelalters: neben den Gartennachweisen in der Geländetopographie bevorzugt er vor allem die paläobotanische Arbeitsweise, die ihm erstaunlich detaillierte Aussagen über den Pflanzenbestand mittelalterlicher Gärten gestattet.

Der Beitrag des Kunsthistorikers Kummer ist dem hortensischen Genius loci gewidmet: er vergleicht die kürzlich von ihm aufgefundenen Pläne zur Gestaltung des Würzburger Hofgartens aus der Hand des Hofgärtners Mayer mit ursprünglichen Planungen und mit der tatsächlichen Gestalt, in der sich der Hofgarten heute präsentiert.

Ein Streifzug durch die abendländische Gartengeschichte -- ohne Anspruch auf Vollständigkeit. Doch zeigen die Beiträge die Vielfalt der historischen Gartenformen und ebenso die Vielfalt der wissenschaftlichen Zugangswege: von der kunsthistorischen Strukturanalyse bis zur paläobotanischen Auszählung von Kirschkernen aus mittelalterlichen Latrinen, aus alledem nicht zuletzt resultierend die Bestätigung des Philosophen-Satzes: »Wo es Menschen gibt, finden sich Gärten.«

(II.) »Wieviel Garten braucht der Mensch?« Aus der Perspektive von Stadtplanern läßt sich diese Frage verblüffend genau beantworten: wie aus dem Beitrag von Weinacht zu entnehmen, beträgt die Grünfläche pro Einwohner in Washington mehr als 50 m^2 und in Paris 1,4 m^2.

Die Bereitstellung öffentlicher »Grünflächen« (in einem Buch über Gartenkultur eigentlich ein deplazierter Begriff) ist in der modernen Stadt zunehmend zum Politikum geworden. Weinacht analysiert am Beispiel der Stadt Paris unmittelbar vor Ausbruch der französischen Revolution, wie sich dort um die großen Adelsgärten ähnliche politische Kämpfe und Auseinandersetzungen abspielten, wie wir sie von heutigen Bürgerinitiativen kennen: Der Herzog von Orleans, ein ausgefuchster Bodenspekulant, will einen Teil seines Gartens veräußern, um Mietshäuser darauf zu bauen. Die Nachbarn machen mobil, unterliegen vor den Gerichten, das umstrittene Quartier wird gebaut, und nicht verwunderlich: »Ein Teil der radikalen Jakobiner rekrutierte sich just aus dem Quartier, auf das die Nachteile der Neuerung abgeladen worden waren.«

Die öffentliche Grüngestaltung als Politikum wird nochmals aus anderer Perspektive dokumentiert in den Beiträgen des Städteplaners Albers und des Kultursoziologen Lipp. Beide weisen insbesondere auf den Antagonismus von Grünplanung und Verkehrsplanung hin: »Der Verkehr, nicht das Grün, hat heute grüne Welle!«

Schließlich gehört in den Umkreis der politologisch-soziologisch-städteplanerischen Überlegungen zur Grün- und Gartenplanung auch die Frage nach kindergerechten Gartenflächen. Der pädagogische Beitrag von Bittner weist darauf hin, daß Kinder Grünflächen als Spiel- und Bewegungsraum benötigen, daß sich aber die Bedeutung des Gartens in dieser Funktion keineswegs erschöpft: der Garten ist darüber hinaus Lernraum; er ist als Nutzgarten mit süßen Früchten und selbstgezogenen Radieschen von Bedeutung; und nicht zuletzt ist er symbolträchtiger »Seelenraum«. Im Bereitstellen quadratmetergünstiger Bolzplätze darf sich die »öffentliche Grünplanung« für Kinder also nicht erschöpfen.

(III.) »Wieviel Garten braucht der Mensch?« Die Frage noch einmal anders gewendet, nicht nach garten- und grünflächenplanerisch zugemessenen Quadratmetern: so wird daraus die Frage nach dem Garten als einem unabdingbaren Bestandteil »humaner« Lebensform.

Warum ist der Garten ein Humanum? Vier Antworten aus der Sicht eines Tiefenpsychologen, eines Naturwissenschaftlers, eines Literaturwissenschaftlers und eines Philosophen: Im Garten, sagt Bittner, schaffen wir uns wie der biblische Schöpfergott eine »Welt«, die zu uns paßt, in der wir uns ohne Scheu »nackt zeigen können«, die uns die Illusion vermittelt, mit der Welt im Ganzen in Harmonie zu sein. Frei nach Sigmund Freud: der Garten als Wunscherfüllung.

Czygan dokumentiert in breitem historischen Aufriß Arzneipflanzendarstellungen in der bildenden Kunst. Gärten werden hier als Naturapotheken wahrgenommen, der Mensch tritt in sie ein als Heilung und Heil suchendes Wesen. Baumann sieht in Gärten »Stätten der Begegnung wie der Selbstbetrachtung« und läßt Menschen darin »Um-Wege zu sich selbst« beschreiten.

Weiter ins Kosmische und Ontologische greifend Rombach: Alles kann ein Garten sein: die Familie, die menschliche Arbeit, die Politik -- wenn es nämlich »jenseits der äußerlichen Notwendigkeit einen spielerischen Charakter erhält, der dennoch nicht den Ernst der Dinge negiert«. Auf die Symposiumsfrage antwortet der Philosoph: »Die ganze Welt ist der Garten, der den Menschen braucht, und zugleich der Garten, den der Mensch braucht. Darin endet die Philosophie des Gartens«.

III.

Abschließend haben die Herausgeber ihrer Universität, der Alma Julia Herbipolensis, für einen Zuschuß zu den Druckkosten zu danken. Sie anerkennen darin einen gärtnerischen förderlichen Akt, auch geisteswissenschaftliche Gewanne »florieren« zu lassen. Dem Würzburger Wissenschaftsverlag Ergon, Dr. Dietrich, der das Buch reichhaltig ausgestattet hat, sind sie ebenfalls zu Dank verbunden.

Sie wünschen dem Buch in der Öffentlichkeit wohlwollende Aufnahme.

Günther Bittner | Paul-Ludwig Weinacht

I. Kunst- und Kulturgeschichte

Der Garten in der griechischen und römischen Antike

Heide Froning

Als Odysseus nach seinem Schiffbruch, in dem er alle seine Begleiter verlor, ans Ufer der Insel der Phäaken gespült wird, begegnet er der Königstochter Nausikaa, die ihn auffordert, in die Stadt, zum Palast ihres Vaters Alkinoos zu gehen. Der Weg führt ihn zuerst durch wohlbestellte Felder zu einem von Wiesen gesäumten Pappelhain der Athena, in dem eine Quelle entspringt.[1] Dort befinden sich auch die Ländereien des Alkinoos und ein üppiger Garten. Ein zweiter Garten liegt beim Königspalast, nahe der Hoftür. Ihn beschreibt Homer[2] näher:

> Außer dem Hof ist ein großer Garten nahe der Hoftür,
> An vier Morgen, auf allen Seiten vom Zaune umzogen.
> Große Bäume stehen darin in üppigem Wachstum,
> Apfelbäume mit glänzenden Früchten, Granaten und Birnen
> Und auch süße Feigen und frische, grüne Oliven.
> Denen verdirbt nie Frucht, noch fehlt sie winters und sommers
> Während des ganzen Jahres, sondern der stetige Westhauch
> Treibt die einen hervor und läßt die anderen reifen.
> Birne auf Birne reift da heran und Apfel auf Apfel,
> Aber auch Traube auf Traube und ebenso Feige auf Feige.
> Dort ist ihm gepflanzt ein üppiges Rebengelände;
> Hier auf ebenem Platz zum Trocknen werden die Trauben
> In der Sonne gedörrt; dort ist man gerade beim Ernten;
> Dort beim Treten der Trauben; dort vorne sind sie noch unreif,
> Stoßen die Blüten ab, und andere färben sich eben.
> Dort sind auch Gemüsebeete am Rande des Weinbergs
> Mannigfach in Reihen gepflanzt, das ganze Jahr prangend.
> Drin sind auch zwei Quellen; die eine verteilt sich im ganzen
> Garten; die andere läuft jedoch unter der Schwelle des Hofes
> Hin zum hohen Haus; dort holen die Bürger das Wasser.

Homer schildert einen paradiesischen Garten, in dem man das ganze Jahr hindurch ernten kann. Er enthält eine Quelle, die das Gelände bewässert, und eine zweite Quelle,

Abb. 1 Minoisches Wandgemälde mit blauem Affen aus Knossos. Nach A. J. Evans, The Palace of Minos II 2 Taf. 10.

Abb. 2 Minoischen Wandgemälde aus dem Haus der Fresken, Knossos. Nach A. J. Evans, The Palace of Minos II 2 Taf. 11.

die das Wasser für den Palast und die Bürger liefert. Außerdem ist er gut belüftet, da stets der Westwind hindurchweht. Der Garten selbst ist dreigeteilt. Ein Teil enthält Fruchtbäume, von denen Äpfel, Granaten, Birnen, Feigen und grüne Oliven genannt werden. Ein zweiter Teil dient als Weingarten, in dem Blüte und Traubenlese nebeneinander vorkommen. Daran schließt sich der Gemüsegarten an, der in Reihen angelegt ist.

Was Homer hier im frühen 7. Jahrhundert v. Chr. beschreibt, ist nüchtern betrachtet ein reiner Nutzgarten für Obst, Wein und Gemüse. Blumen und andere Ziergewächse kommen offenbar nicht darin vor. Ganz ähnlich wird in dem Epos der Garten des Laertes auf Ithaka geschildert, der zu einem Gut auf dem Lande gehört, wohin sich der Greis zurückgezogen hatte, aus Kummer über das lange Ausbleiben seines Sohnes Odysseus[3]. Dort findet ihn der Heimgekehrte, wie er in der groben Kleidung eines Landarbeiters eine Pflanze versetzt. Der wohlbestellte Garten enthält Weinstöcke, Feigenbäume, Ölbäume, Birnbäume und wohl auch Apfelbäume, denn solche hatte Laertes früher seinem Sohn selbst gegeben. Außerdem wächst in dem mit einer Dornenhecke eingezäunten Garten auch Gemüse.

Die Charakterisierung der homerischen Gärten als Nutzgärten, die der Selbstversorgung dienen, entspricht vermutlich der Zeit des Dichters[4]. Dagegen spielten in der minoisch-kykladischen Kultur des 2. Jahrtausends Blumen und Zierpflanzen eine bedeutende Rolle, wie die Bildzeugnisse lehren. Am Beginn steht ein fragmentiertes Wandgemälde aus dem Palast von Knossos (Abb. 3)[5] das in das 17. Jahrhundert v. Chr. datiert wird. Man erblickt in einer Art Vogelperspektive ein felsiges Gelände auf dunkelrotem Grund, das üppig mit weißen Krokussen bewachsen ist. Krokusse mit langen Staubfäden füllen auch weite Gefäße, die dort aufgestellt sind. Arthur Evans, der Ausgräber von Knossos, ergänzte das im Original blauhäutige Wesen, das aus einem der Becken Krokusse zu pflücken scheint, fälschlich als Jungen. Parallelen aus Knossos und anderenorts zeigen jedoch, daß es sich um Affen (Abb. 1) handelt, die sich in heiligen Gärten bewegen.

Auch in dem etwas später ausgeschmückten sogenannten Haus der Fresken in Knossos, westlich vom Palast gelegen, sieht man blaue Affen und Vögel in einer blumenreichen Landschaft (Abb. 2)[6]. Rosen wachsen dort und Iris, Krokus, Papyrus, Efeu und Blütenrispen, die vielleicht Keuschlamm[7] meinen, den antiken Lygos. Sehr beliebt waren in der minoischen Kunst weiße und rote Lilien. Auf dem besonders feinen Wandgemälde aus der Villa von Amnissos (Abb. 4)[8], die in die Mitte des 2. Jahrtausends datiert wird, wachsen sie in Büscheln zu je drei Stengeln aus grünen Blattkelchen. Weiße Lilien auf rotem Grund sind auch in der minoischen Keramik zu finden, so auf einem Pithos des 16. Jahrhunderts aus Knossos[9]. Rote Lilien in felsigem Gelände, über denen Schwalben fliegen, schmückten das hellgrundige sogenannte Frühlingszimmer in einem der Häuser von Akrotiri auf Thera[10]. Ein anderes Haus dort enthielt einen mit Narzissen bemalten Raum (Abb. 5)[11].

Abb. 3 Minoisches Wandgemälde mit »Krokuspflücker« aus Knossos. Nach A. J. Evans. The Palace of Minos I Taf. 4.

Abb. 4 Minoisches Wandgemälde aus der Villa von Amnissos. Nach S. Marinatos – Hirmer, Kreta, Thera und das mykenische Hellas[2] Taf.: XXIII

Abb. 5 Kykladisches Wandgemälde mit Strandnarzissen aus Thera.
Nach Chr. Doumas, Santorini, Abb. 32.

Eine derartige Fülle von teils wild wachsenden, teils kultivierten Blumen findet man in der griechischen Kunst des 1. Jahrtausends nicht. Die Bildzeugnisse wie die archäologischen Befunde entsprechen der schriftlichen Überlieferung, die mit Homer um 700 v. Chr. einsetzt. Sie machen deutlich, daß griechische Gärten in erster Linie der Versorgung mit Nahrungsmitteln dienten. Sie lieferten Oliven, Trauben für Wein, Obst, Nüsse und Gemüse. Eine herausragende Rolle spielte der der Athena heilige Ölbaum. Attika war für sein Olivenöl berühmt. An den Großen Panathenäen, dem alle vier Jahre besonders feierlich begangenen Geburtstagsfest der Stadtgöttin von Athen, erhielten die Sieger in den gymnischen und hippischen Wettkämpfen als Preise große Mengen von Olivenöl, das aus der Ernte von drei Jahren gesammelt worden war[12]. Abgefüllt wurde das Preisöl in speziellen Amphoren, die in staatlichem Auftrag eigens dafür hergestellt wurden, und das rund tausend Jahre lang, vom 6. Jahrhundert v. Chr. bis zum 4. Jahrhundert n. Chr. Als Beispiele seien zwei panathenäische Amphoren aus der Werkstatt des Kleophrades-Malers genannt, entstanden in dem Jahrzehnt 500/490. Auf der einen Seite ist stets Athena dargestellt, auf der anderen die Sportart, in der der Sieg errungen worden ist. Hier ist es der Pankration, eine Mischung aus Boxkampf und Faustkampf.

Abb. 6 Olivenernte. Attische Amphora des Antimenes-Malers, London. Nach J. Burow, Der Antimenesmaler Taf. 55 A.

Wegen der großen Bedeutung des Olivenöls verwundert es nicht, daß attische Vasenmaler bereits des 6. Jahrhunderts v. Chr. die Olivenernte auf den Gefäßen dargestellt haben. Lebendig und originell hat das Thema der Antimenes-Maler in den Jahren 530/520 gestaltet. Auf einer Amphora (Abb. 6), die heute in London[13] aufbewahrt wird, ist ein Garten mit drei knorrigen Olivenbäumen wiedergegeben. Zwei bärtige, mit einem Schurz bekleidete Männer, der rechte trägt dazu die spitze Filzkappe der Bauern, schlagen mit langen Stöcken gegen Stamm und Zweige, so daß die Oliven herunterprasseln. Ein Junge kniet am Boden und sammelt die Früchte in einen Korb. Ein zweiter sitzt in der Krone des Baumes und schlägt dort die Oliven herunter. Noch heute werden in Griechenland die Oliven so geerntet. Auf einem anderen Amphorenbild, heute in Berlin[14], hat derselbe Maler den Garten auf einen Ölbaum verkürzt. Die Männer mit den langen Stöcken haben zum Schutz ihres Rückens Ziegenfelle umgebunden, vermutlich ebenfalls ein Detail aus der Realität.

Zahlreich sind die Bilder der Traubenernte auf griechischen Vasen. Herr der Rebstöcke ist Dionysos, der die Menschen gelehrt hat, aus Trauben Wein zu machen. So sind es vorzugsweise seine Trabanten, die munteren Satyrn, die bei der Traubenernte dargestellt sind. Auf einer prächtigen Amphora in Boston (Abb. 7)[15], die um 540 entstanden ist, sitzt Dionysos in göttlicher Würde in einer Weinlaube, die von zwei miteinander verschlungenen Rebstöcken gebildet wird. In den dichten Zweigen tummeln sich kleine Satyrn mit Stupsnase, Tierohren und Pferdeschweif. Sie sollen offenbar die prallen Trauben in drei Körbe füllen, die dort aufgestellt sind. Aber so ganz ernst bei der Arbeit sind sie nicht; sie hüpfen oder schaukeln in den Zweigen, einer von ihnen schlägt gerade einen Purzelbaum. Dionysos sitzt auf einem zierlichen Klappstuhl, dessen Weiß wohl kostbares Elfenbein wiedergeben soll. Er ist mit einem dicken Efeukranz bekränzt; in der einen Hand hält er eine lange Efeuranke, die hinter seinem Rücken herabhängt, in der anderen sein Trinkgefäß, den Kantharos mit hohen Henkeln. Realistischer geht es auf der gleichzeitigen, berühmten Amphora des Amasis-Malers in Würzburg (Abb. 8)[16] zu. Dort müssen die am ganzen Körper behaarten Satyrn schwer arbeiten. Das Tempo gibt der Satyr an, der den Doppelaulos bläst. Ein anderer pflückt die schweren Trauben von den Stöcken, die mit Hilfe von zwei Stützstangen eine Laube bilden. Ein dritter schüttet Trauben aus einer flachen Wanne in einen dreihenkeligen Korb, der auf einem Bock aufgestellt ist. Der dickste Satyr aber steht in dem Korb und tritt die Trauben zu Saft, der über eine Rinne in ein in die Erde eingegrabenes Faß läuft. Dort stehen programmatisch auch eine Weinkanne und der Kantharos des Dionysos. Um nicht die Balance zu verlieren, hält sich der Traubentreter am Rebstock und am vorderen Henkel des Korbs fest. Der Satyr am linken Rand schließlich gießt Wasser aus einer Hydria in ein großes Gefäß, als wollte er zum Trinken Wein und Wasser mischen. Offenbar wird bei dieser göttlichen Ernte aus dem Traubensaft sofort Wein.

Gelegentlich scheint man in den schattigen Lauben der Weingärten auch Sym-

Abb. 7 Dionysischer Weingarten. Attische Amphora nahe dem Exekias, Boston. Nach Papers on the Amasis Painter and His World. Colloquium Malibu, S. 106 Abb. 8.

posia abgehalten zu haben. Das lassen Bilder wie der Fries im Innern einer Schale in Essen (Abb. 9)[17] vermuten, die dem späteren 6. Jahrhundert angehört. Die seltene Dekorationsform des Innenfrieses und die monumentale Größe des Gefäßes heben die Schale aus der Masse der gleichzeitigen Produktion heraus. Aufwendige Gefäße wie dieses spiegeln den Luxus der spätarchaischen Adelsgesellschaft. Zwar pflegte man Symposia in der Regel in Innenräumen zu veranstalten, doch es ist wohl denkbar, daß in spätarchaischer Zeit der Adel auf seinen Landgütern Symposia auch im Garten abhielt. Jeweils bei den Henkeln wachsen zwei verschlungene Weinstöcke, die nach beiden Seiten kräftige Zweige mit Trauben aussenden. Unter dieser Laube lagern einzeln sieben bärtige, mit Efeu bekränzte Zecher, den Ellenbogen jeweils auf ein Kissen gestützt. Der Symposiast rechts vom Weinstock hat den Kopf in den Nacken geworfen und singt gerade ein Trinklied, während zwei andere Zecher mit Lyra und Doppelaulos musizieren. Die Reihe wird von einer drastischen Szene unterbrochen. Ein Zecher hat zuviel getrunken und steckt sich den Finger in den Hals, um sich in ein großes Trinkgefäß zu erbrechen. Sein Gefährte packt ihn neckend am Bein. Dessen ungeachtet, fahren die beiden jungen Mundschenke eifrig fort, aus einem großen Kelchkrater Wein in Trinkschalen zu füllen. In dem Krater sieht man den Rand eines kleinen Kühlgefäßes, das mit Schnee oder Eis gefüllt bei luxuriösen Symposia verwendet wurde.

Abb. 8 Traubenernte. Attische Amphora des Amasis-Malers, Würzburg. Nach Photo Mus.

Abb. 9 Symposium im Weingarten. Attische Schale, Essen.
Nach Photo Mus.

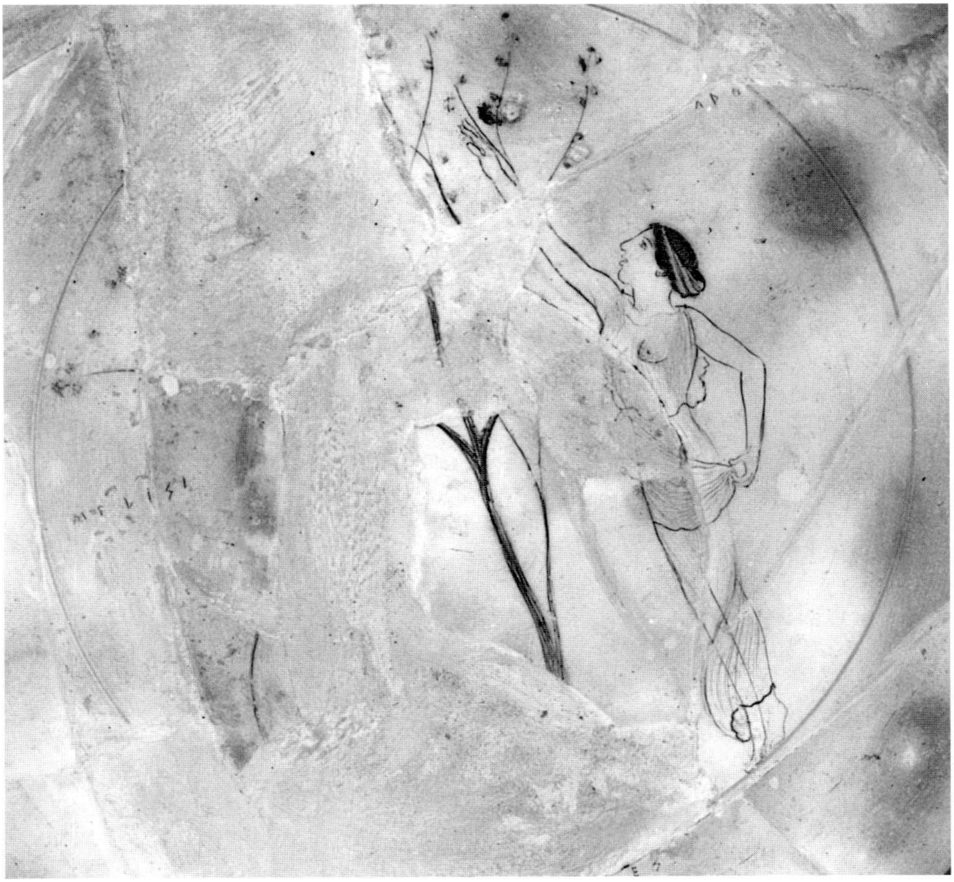

Abb. 10 Nymphen bei der Apfelernte. Attische weißgrundige Schale des Sotades-Malers, London. Nach Photo Mus.

Zu den Erntebildern gehört auch das leider fragmentierte Medaillon einer Schale (Abb. 10)[18], das der frühklassische Sotades-Maler um 460 v. Chr. bemalt hat. Die feine Malerei ist mit honigfarbenem Glanzton auf cremeweißen Grund ausgeführt. In der Mitte wächst ein Apfelbaum, dessen weiße Früchte plastisch aufgesetzt sind. Zu ihnen reckt sich ein anmutiges Mädchen empor. Obwohl es auf Zehenspitzen steht, Arm und Hand ganz ausgestreckt, kann es doch die Früchte nicht erreichen. Die grazile Figur wird von einem dünnen Gewand umspielt, das den Körper mehr enthüllt als bedeckt. Auf der anderen Seite des Baumes befand sich spiegelbildlich ein zweites Mädchen, von dem jedoch nur wenige Spuren erhalten sind. Beim ersten Hinblicken könnte man meinen, die Mädchen seien noch Kinder, da der Baum sie weit überragt. Doch die Haare sind mit einem Tuch hochgebunden, was keine Kinderfrisur ist, sondern die einer Erwachsenen. Von dem Namen des rechten Mädchens sind nur einige Buchstaben übrig geblieben; das linke Mädchen hieß Melisse, was Biene bedeutet. Wahrscheinlich handelt es sich nicht einfach um eine idyllische Szene, wie man gemeint hat[19], sondern um Nymphen, die einen Garten mit Apfelbäumen bewohnen[20].

Der Garten des Phäakenkönigs Alkinoos befindet sich bei Homer dicht beim Palast, mitten in der Stadt. Nicht so die griechischen Obst-, Wein- und Gemüsegärten in klassischer Zeit. Die Häuser in den Städten lagen Mauer an Mauer dicht nebeneinander und boten keinen Raum für Gärten[21]. Das zeigt zum Beispiel die isometrische Rekonstruktion eines an allen vier Seiten von Straßen gesäumten Häuserkomplexes in Olynth (Abb. 11)[22] auf der Chalkidike in Nordgriechenland. Die Räume der Häuser gruppieren sich jeweils um einen Innenhof, dessen fester Belag – nachgewiesen sind gestampfter Lehm, Kieselsteine oder Steinplatten – Anpflanzungen verhinderte (Abb. 12). Allenfalls war es möglich, in diesen Höfen Tontöpfe mit Pflanzen, etwa mit Minze oder anderen Kräutern, aufzustellen. Daß man dies wirklich tat, belegen tönerne Gefäße, die in verschiedenen Häusern von Olynth gefunden worden sind[23]. Kleine Löcher in der Wand oder im Boden ließen das Wasser abfließen.

In anderem Zusammenhang sind wir über das Aufstellen von Blumentöpfen besser informiert. Einmal im Jahr feierten die athenischen Frauen nachts das Adonisfest. Manches erfahren wir darüber aus der Neuen Komödie[24], da einige Stücke am Adonisfest spielen oder aber ein Adonisfest am Ausgangspunkt der die Handlung bestimmenden Verwicklung steht. So etwa in der »Samia« des Menander, in deren Prolog Moschion erzählt, daß er Plangon beim Adonisfest verführt hat[25]. Er berichtet auch, daß die Frauen bei diesem Fest Gärten auf das Hausdach gestellt haben[26]. Wie die antiken Lexika überliefern, bestanden die Adonisgärten aus Tongefäßen oder Topfscherben, in die man schnell aufschießende Samen säte. Diese stellte man auf das Dach des Hauses, wo sie ebenso schnell in der Sonne verwelkten, was auf den frühen Tod des Aphroditelieblings Adonis und seine Wiedergeburt anspielen sollte.

Auf einer attischen Lekythos des frühen 4. Jahrhunderts in Karlsruhe (Abb. 13)[27]

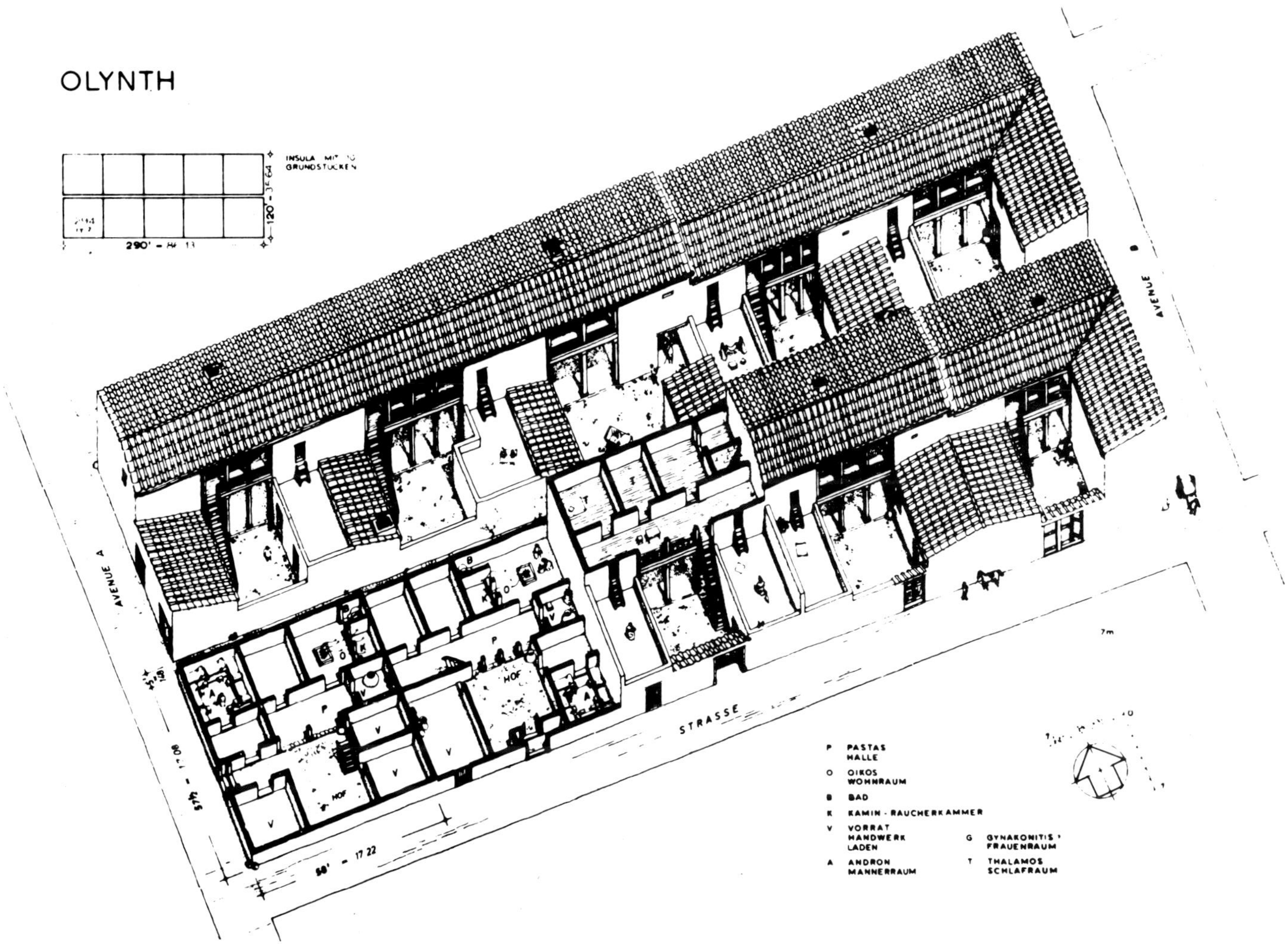

Abb. 11 Isometrische Rekonstruktion einer Insula von Olynth. Nach M. Carroll-Spillecke, Kepos Abb. 3.

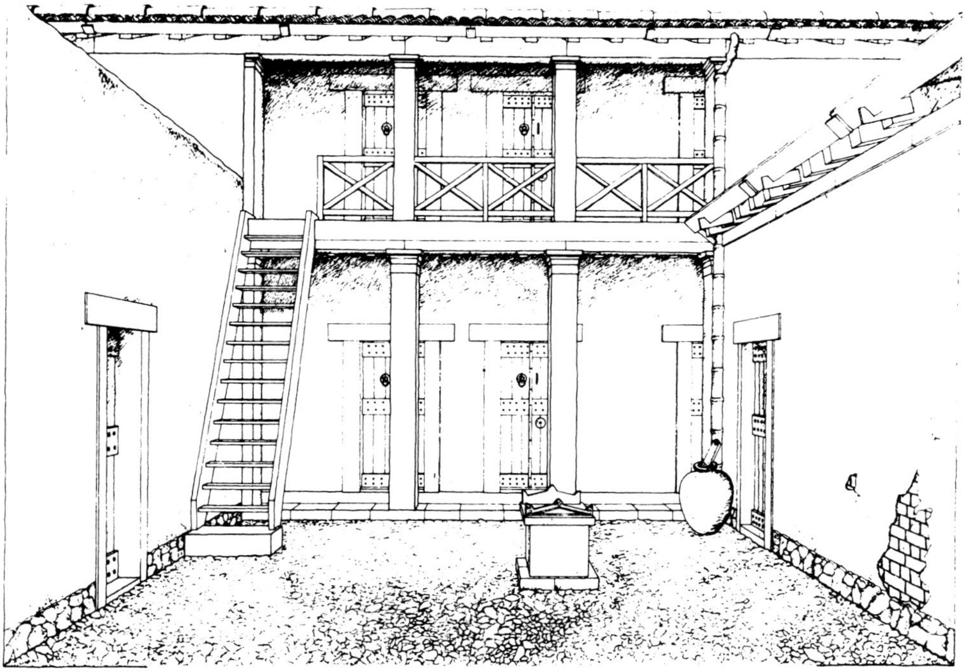

Abb. 12 Rekonstruktion des Innenhofes eines Wohnhauses von Olynth. Nach Carroll-Spillecke Abb. 5.

steht Aphrodite selbst auf der untersten Sprosse einer Leiter, die auf ein imaginäres Hausdach hinaufführt. Sie beugt sich zu Eros hinab, der ihr den unteren Teil einer Transportamphora hinaufreicht, in der kleine Pflanzen aufgegangen sind. Der obere Teil der zerbrochenen Amphora steht umgedreht daneben. Auch er ist offenbar mit Erde gefüllt, denn Pflanzen spitzen über den Scherbenrand. In dem heilen Becken auf hohem Fuß hinter Eros scheint ebenfalls etwas angepflanzt zu sein. Die reich geschmückte Frau neben der Leiter hebt betend beide Hände.

Die privaten griechischen Nutzgärten lagen außerhalb der Städte, entweder vor den Mauern am Stadtrand oder auf dem Land. Die Bauern, die zum Verkauf ihrer Gartenprodukte in die Stadt kamen, waren Lieblingsfiguren der attischen Komödie. Immerhin verkaufte offenbar auch die Mutter des Dichters Euripides auf dem Hof gezogenes Gemüse in Athen[28].

Auf den Ländereien wurden nicht nur Früchte und Gemüse angebaut, sondern man zog dort auch Blumen und andere Zierpflanzen zum Verkauf, die in großen Mengen bei den religiösen und privaten Festen gebraucht wurden. Man pflegte sich zu Festen zu bekränzen, ob zum Opfer, zum Symposion oder zur Hochzeitsfeier[29]. Des-

Abb. 13 Aphrodite und Eros mit Adonisgärtchen.
Attische Lekythos, Karlsruhe. Nach Photo Mus.

halb spielten Pflanzen, die zu Kränzen und Girlanden gewunden werden konnten, eine große Rolle. Aristophanes[30] nennt unter den Gartenpflanzen Sesam, Mohn, Minze, Myrte und Efeu, und bei Menander[31] liefert ein Landgut Myrte, Efeu und Blumen für Hochzeitsfeste. Die häufigsten Kranzpflanzen waren Ölbaumzweige, Lorbeer, Efeu und Myrte. Dafür zwei Beispiele.

Auf einem 425 v. Chr. bemalten Krater in Kopenhagen (Abb. 14)[32] hat der Kleophon-Maler einen mit Efeu bekränzten und festlich gekleideten Männerchor dargestellt, der einen Dithyrambos zu Ehren des Dionysos aufführt. Auch der Krater selbst ist unterhalb seiner Mündung mit einer Efeuranke umwunden. Auf einem anderen Vasenbild (Abb. 15)[33] ist die Ankunft des Brautpaares mit einem Wagen beim Haus des Bräutigams dargestellt. Auf die Braut fliegt Nike mit einem Myrtenkranz zu, ein zweiter Myrtenkranz ist am Haus aufgehängt. Alle anderen Teilnehmer sind mit Blattkränzen bekränzt.

Für Kränze wurden auch Kräuter und verschiedene Blumen verwendet. Theophrast[34] zählt dafür auf: weiße Veilchen, Narzissen, Nelken, Majoran, Thymian, Minze, Anemonen, dunkle Veilchen, Strohblumen, Hyazinthen, Rosen, Lilien, Seifenkraut, Iris, Krokusse, Stechwindenblüten und wilde Bergblumen. Die letztgenannten wurden gesammelt und in der Stadt verkauft. Auf dem Markt von Athen war ein Bereich für den Verkauf von Kranzblumen bestimmt[35]. Eine Terrakotta-Statuette (Abb. 17)[36] des 3. Jahrhunderts v. Chr., die nur 8 cm hoch ist, gibt eine kleine Kranzverkäuferin wieder, die sich mit angezogenen Knien zusammenkauert, wie man es wohl auf den Märkten beobachten konnte. Von ihren Händen hängt ein dicht gewundener Kranz herab, dessen zahlreiche Blüten summarisch durch Einkerbungen in den weichen Ton angedeutet sind.

Schnittblumen in mit Wasser gefüllte Gefäße zu stellen, wie wir das heute tun, war in der Antike nicht üblich. Am nächsten kommt unserem Brauch ein attisches Hochzeitsbild (Abb. 16)[37] aus den Jahren 425/420 v. Chr. Es befindet sich auf einem merkwürdigen Gerät, das dem Oberschenkel eines sitzenden Menschen nachgebildet ist. Man benützte es, um gekämmte Wolle vor dem Spinnen zu einem groben Strang zu ziehen. Dargestellt ist eine mythische Braut, nämlich Alkestis, die rechts an ihr reich mit Polstern versehenes Brautbett gelehnt steht. Es ist der Tag nach der Hochzeit, an dem die Jungvermählten von Angehörigen und Freunden besucht und beschenkt wurden. Fünf Frauen, denen wie der Heroine selbst Namen beigeschrieben sind, befinden sich bei Alkestis. Die mittlere, Theano genannt, hat Myrtenzweige in ein langhalsiges, rituelles Gefäß gesteckt, das man dazu benützte, das Wasser für das Brautbad zu holen. Die Frau am linken Rand beugt sich über einen Hochzeitskessel auf hohem Fuß, um Pflanzenstengel hineinzustellen. Ein zweiter Kessel ist bereits fertig geschmückt. Die Gefäße wurden tatsächlich bei Hochzeiten in Athen verwendet, so daß auch ihr Pflanzenschmuck der Realität entsprechen mag. Alkestis galt als vorbildliche Ehefrau, da sie bereit war, ihr Leben für das ihres Ehemannes Admet zu ge-

Abb. 14 Mit Efeu bekränzte Chorsänger.
Attischer Krater des Kleophon-Malers, Kopenhagen. Nach Photo Mus.

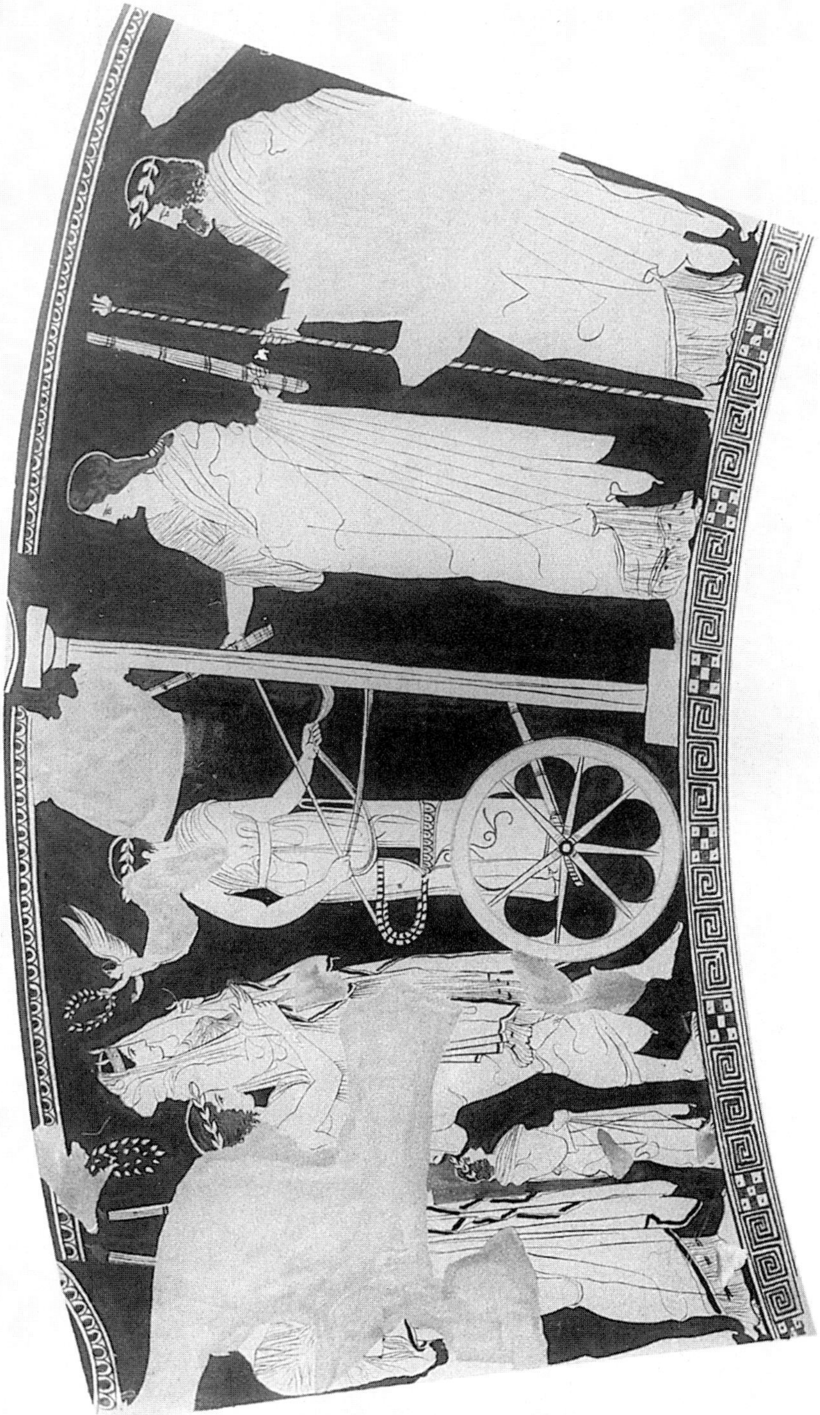

Abb. 15 Hochzeitszug. Attische Lutrophoros, Berlin. Nach A. Furtwängler, Die Sammlung Sabouroff, Taf. 58.

Abb. 16 Schmücken von Hochzeitsgefäßen mit Zweigen.
Attisches Epinetron des Eretria-Malers, Athen. Nach Photo Hirmer.

Abb. 17 Terrakottastatuette einer Kranzverkäuferin, Paris, Louvre. Nach Photo Mus.

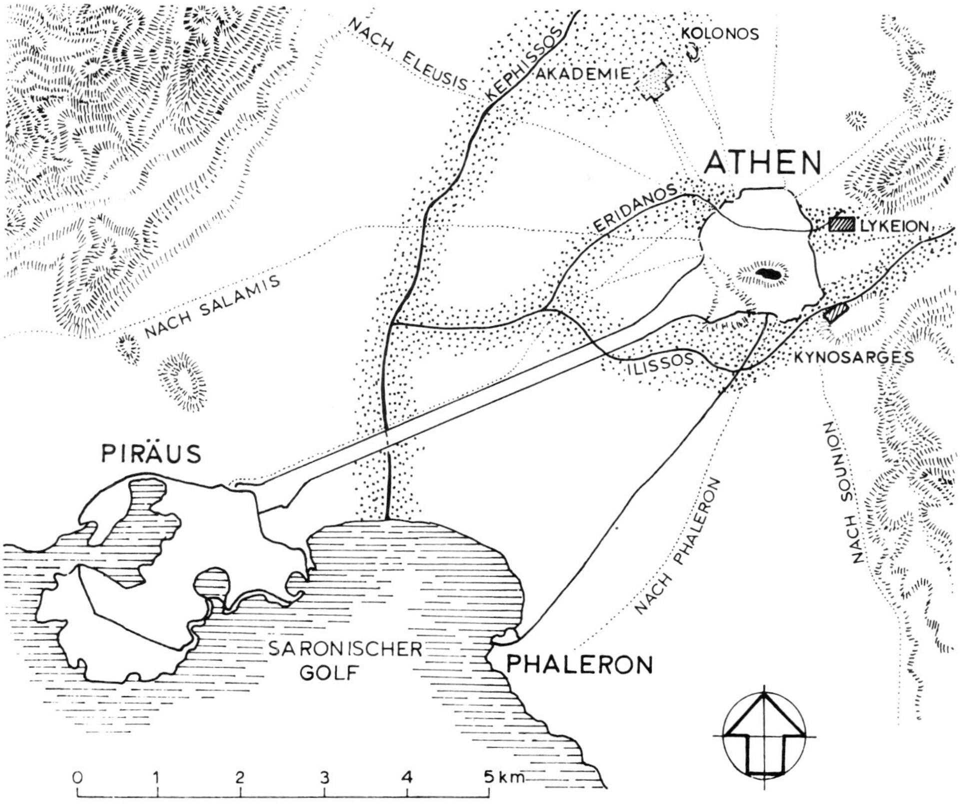

Abb. 18 Athen, Gymnasia mit Gärten. Nach Caroll-Spillecke Abb. 10.

ben. Vielleicht gehörte das reich bemalte Haushaltsgerät einst zur Ausstattung einer Braut und wurde ihr mit ins Grab gegeben.

Berühmte Parkanlagen befanden sich in Athen in der Nähe der drei großen Gymnasien, die sich um die Stadt herum gruppierten (Abb. 18): im Nordosten die Akademie, wo Platon lehrte, im Südosten das Kynosarges-Gymnasium und im Nordosten das Lykeion, wo die aristotelische Schule ansässig war[38]. Alle drei Gymnasien reichen in archaische Zeit[39] zurück und waren mit Kulten verbunden. Zur Akademie gehörte der Schrein des namensgebenden Heros Akademos und neben verschiedenen alten Kulten auch ein berühmter Altar des Eros, an dem der Fackellauf an den Panathenäen begann[40]. Beim Kynosarges-Gymnasium befand sich das vielleicht größte Heraklesheiligum Athens[41], während das Lykeion-Gymnasium mit dem Kult des Apollon Lykeios verbunden war[42]. Dort lag auch das Anwesen mit Garten des

Theophrast, der Aristoteles als Leiter der Schule nachfolgte. Er vermachte in seinem Testament[43] seinen Besitz, bestehend aus Garten, Peripatos und an den Garten angrenzenden Gebäuden, seinen Freunden, die seine Schule weiterführen sollten, und verfügte, daß er in dem Garten begraben wurde. Von dem Garten, der den Musen geweiht war, existiert wahrscheinlich ein Grenzstein[44].

In der Stadt selbst waren größere Gärten nur als Besitz einer Gottheit, das heißt als Teil eines Heiligtums, möglich. Besonders Aphrodite war mit Blumen und Gärten verbunden. Sie hatte in Athen mehrere Heiligtümer, darunter eines im Südosten der Stadt, am Ilissos gelegen, das »en kepois«, das heißt »in den Gärten«, genannt wurde[45]. Es ist bislang nicht ausgegraben. Pausanias, der im 2. Jahrhundert n. Chr. das Heiligtum besuchte, berichtet, daß sich dort eine Aphroditenstatue des Alkamenes, eines Schülers des Phidias, befand.

Aphrodite, die sich mit ihrem Gefolge in einem lieblichen Gartenheiligtum aufhält, ist ein Lieblingsthema des Meidias-Malers und seiner Werkstatt gewesen, deren Hauptschaffenszeit in die Jahre 420 - 400 fällt. Manchmal ist das aphrodisische Heiligtum Ort eines mythischen Geschehens, so auf der berühmten Hydria des Meisters in London (Abb. 19)[46], die bereits Winckelmann gekannt und hochgepriesen hat. Aphrodite selbst sitzt an ihrem mit dem Blut der Opfertiere bespritzten Altar. Sie ist ein zweites Mal anwesend in dem altertümlichen, starren Kultbild auf hoher Säule, das die Erinnerung an das Heiligtum der Aphrodite in den Gärten wachruft. Dort war das Kultbild, das nicht identisch war mit der erwähnten hochklassischen Statue des Alkamenes, nach Aussage des Pausanias ebenfalls archaisch. In dem Heiligtum auf der Meidias-Hydria rauben die Zeussöhne Kastor und Polydeukes die Töchter des Leukippos, mit Einverständnis der Aphrodite und des Vaters Zeus, der links Platz genommen hat, das Szepter in der Hand. Vor ihm sieht man zwei Frauen aus dem Gefolge der Aphrodite. Sie tragen die sprechenden Namen Agaue, was die »Edle« bedeutet, und Chryseis, die »Goldene«. Peitho, die Göttin der Überredung, mit der sich Aphrodite häufig zusammentut, eilt Kastor voraus, der seine Braut hochhebt, um sie auf seinen Wagen zu tragen. Der Vasenmaler schildet den Garten mit keramischen Mitteln als liebliche Landschaft, mit sanften Hügeln, schattigen Bäumen und blühenden Blumen. Einen zweiten Garten hat der Maler in dem unten am Gefäß umlaufenden Fries dargestellt. Dort sehen wir den Garten der Hesperiden, den man sich im äußersten Westen, am Rand des Okeanos, vorstellte. Mittelpunkt des Gartens ist der von einer Schlange bewachte Apfelbaum, dessen goldene Früchte Unsterblichkeit verleihen.

In Athen besaß auch der hochklassische Tempel des Hephaistos in hellenistischer Zeit einen Garten, der bei den Ausgrabungen gefunden worden ist[47]. Die Umgebung des Tempels, der auf dem Hügel über dem antiken Marktplatz liegt, ist heute wieder bepflanzt, so daß man eine Vorstellung von dem Aussehen des Heiligtums in der Antike gewinnt. Die Ausgrabungen haben ergeben, daß man den Felsen für den Bau des

Tempels abgearbeitet hat und daß der Tempel eine Umfassungsmauer besessen hat, die man heute im Gelände nicht mehr erkennt. Innerhalb dieser Mauer wurden an der Südflanke des Tempels zwei Reihen von großen, viereckigen Vertiefungen in dem gewachsenen Felsen gefunden (Abb. 20); einige befanden sich auch an der gegenüberliegenden Langseite, ein einziges an der Rückseite, jedoch keines an der Front des Tempels. Die Löcher haben eine Breite von 65 – 90 cm und sind 30 – 75 cm tief. In ihnen befanden sich noch Reste von großen Pflanzkübeln aus Ton, die ähnlich wie die kleineren Pflanztöpfe aus den Häusern von Olynth am Boden ein Loch hatten. Wegen des Felsuntergrundes mußte für den Garten, der wahrscheinlich im frühen 3. Jahrhundert v. Chr. angelegt worden ist, eigens eine Wasserleitung gebaut werden. Als diese im 1. Jahrhundert n. Chr. nicht mehr funktionierte, ging der Garten ein. Die amerikanische Agoragrabung rekonstruierte diesen Garten mit Myrten- und Granatapfelbüschen (Abb. 21), was der antiken Bepflanzung entsprochen haben kann, jedoch nicht belegt ist.

In den letzten drei Jahrhunderten vor der Zeitenwende erreichten griechische Wohnhäuser stattliche Ausmaße. Zentrum bleibt der offene Hof, der in vergrößerter Form nun häufig eine Kolonnade an allen vier Seiten erhält, das heißt die Form des Peristylhofes annimmt (Abb. 26)[48]. Auch der hellenistische Peristylhof besitzt in der Regel einen festen Belag, der in luxuriösen Häusern häufig mosaiziert war. Für Bepflanzungen war er also ungeeignet. Die Römer übernahmen den griechischen Peristylhof in spätrepublikanischer Zeit in ihre Wohnkultur, doch mit dem Unterschied, daß sie ihn als Garten gestalteten. Der Garten als fester Bestandteil des römischen Wohnhauses ist ein italisches Element, nicht ein griechisches. Er findet sich bereits bei mittelrepublikanischen Wohnhäusern des 4./3. Jahrhunderts v. Chr., wie die Ausgrabungen in Cosa belegen (Abb. 24)[49]. Dort schließt er sich als bescheidener Nutzgarten an der Rückseite des Hauses an, wie die isometrische Rekonstruktion eines Hauses in Cosa veranschaulicht.

Die Ausgrabungen in Pompeji und Herculaneum haben eine Fülle römischer Häuser mit Peristylhöfen ans Licht gebracht, deren Zustand der letzten Phase Pompejis vor der Zerstörung durch den Ausbruch des Vesuvs 79 n. Chr. entspricht. Erst seit rund dreißig Jahren schenkt man den Pflanzen in den Gärten Pompejis gezielt Beachtung, indem man von den Höhlungen der Wurzeln Abgüsse macht und Pollen sowie verkohlte Früchte analysiert[50]. In voraugusteischer Zeit und bei einfacheren Häusern auch noch später wuchsen in den Peristylhöfen Nutzbäume, die oft den ganzen Hof beschatteten. So standen zum Beispiel in einem kleinen Peristylgarten[51] zwei Feigenbäume, zwei Obstbäume wie Kirsche, Birne oder Apfel und ein junger Ölbaum. Ölbäume waren im Gegensatz zu heute in den antiken Gärten am Vesuv gang und gäbe, dazu auch meist einige Weinstöcke. In augusteischer Zeit wurde in Pompeji ein Aquädukt gebaut, der erlaubte, die Gärten besser zu bewässern. Die Folge war, daß man nun Ziergärten anlegte mit einem kunstvollen System von Beeten, die mit nied-

Abb. 19 Gartenheiligtum der Aphrodite. Attische Hydria des Meidias- Malers, London.
Nach Furtwängler –Reichhold, Griechische Vasenmalerei Taf. 8.

Abb. 20 Antike Pflanzlöcher für den Tempelgarten des Hephaisteions in Athen. Nach J. M. Camp, The Athenian Agora (1986) Abb. 64.

Abb. 21 Moderner Tempelgarten des Hephaisteions in Athen. Nach Camp Abb. 60.

Abb. 22 Peristylgarten der Casa degli Amorini dorati, Pompeji.
Nach Photo Alinari.

Abb. 23 Garten der Iulia Felix, Pompeji. Nach Jashemski Abb. 82.

rigen Pflanzen, etwa mit Buxbaum, eingefaßt waren. Diese Gärten enthielten häufig auch künstliche Flüsse, Brunnen und Wasserbecken. Der Peristylgarten der eleganten Casa degli Amorini dorati (Abb. 22)[52] wurde rekonstruiert. Seine Architektur mit dem zentralen Wasserbassin ist gesichert, doch die Pflanzen sind nicht authentisch, da man bei den alten Ausgrabungen auf deren Spuren nicht genügend geachtet hatte. Authentisch und zugleich typisch für römische Gärten ist der Skulpturenschmuck aus Marmor, der hier besonders reich ist. Zwischen den Säulen hingen Theatermasken und runde Reliefscheiben, sogenannte Oscilla. Im Garten selbst standen Hermen mit Köpfen des Dionysos und der Ariadne sowie Reliefs in der Art von Weihreliefs mit dionysischen Motiven. Dadurch wurde die Vorstellung eines dem Dionysos heiligen Gartens hervorgerufen[53]. In der sakralen Komponente schließen die römischen Gärten an die griechischen Tempelgärten und an die mit Kultschreinen verbundenen Parkanlagen der Gymnasien an.

Innerhalb des Stadtgebietes von Pompeji gab es auch große kommerzielle Gärten. In den sechziger Jahren wurde etwa die Hälfte eines Weingartens ausgegraben, der

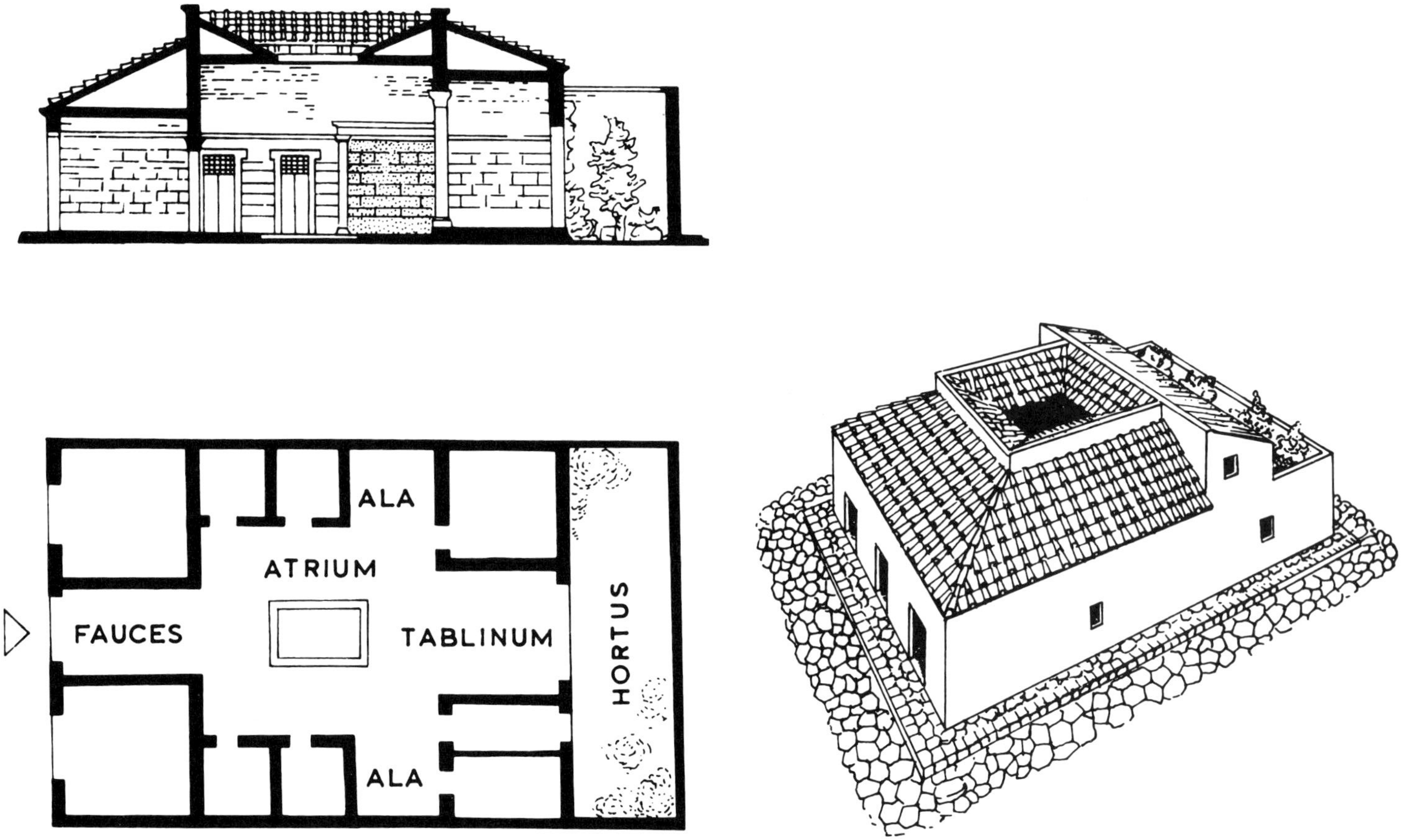

Abb. 24 Rekonstruktion eines frührömischen Hauses in Cosa. Nach Carroll-Spillecke Abb. 32.

rund 2000 Rebstöcke enthielt[54]. Sie waren in regelmäßigen Reihen gepflanzt, deren enger Abstand darauf schließen läßt, daß alle Arbeiten von Hand ausgeführt wurden. Pfostenlöcher deuten darauf hin, daß der Wein dort nach Pergola-Art gezogen wurde.

Eines der größten Anwesen Pompejis gehörte der geschäftstüchtigen Iulia Felix (Abb. 25)[55], die ein Privatbad, mehrere Läden, ein Restaurant und Zimmer im Oberstock vermietete. Ein großer Teil des Geländes war als Obstgarten genützt. Im Privatteil ihres Hauses hatte sie einen besonders eleganten Garten (Abb. 23)[56] anlegen lassen, in dessen Längsachse ein breiter Wasserkanal mit kleinen seitlichen Bekken und drei Marmorbrücken liegt. An der rechten Seite erstreckt sich eine Portikus, die von eleganten, kannelierten Marmorpfeilern gebildet wird. Hinter der Portikus öffnet sich ein Sommertriklinium mit marmorverkleideten Speisesofas (Abb. 27). In der Rückwand befindet sich eine ebenfalls marmorverkleidete Treppe, über die sich im heißen Sommer eine Wasserkaskade[57] ergießen konnte. Das Wasser verschwand in einer Öffnung in der letzten Stufe und erschien erneut unten in der Mitte zwischen den Lagern, die zusätzlich Kühlung erhielten durch schmale Wasserrinnen, die hinter ihnen verliefen.

Römische Häuser des 1. Jahrhunderts n. Chr. enthielten Gärten nicht nur in natura, sondern auch in illusionistischen Wandgemälden. Gartenbilder[58] konnten die Mauern kleiner Gärten schmücken, um sie optisch zu vergrößern und zu bereichern, aber sie konnten auch die Dekoration von geschlossenen Räumen bilden. Dafür möchte ich zum Schluß zwei Beispiele bringen. Die kleine Casa dei Cubicoli floreali[59] in Pompeji enthält zwei Schlafzimmer, deren Wände als Gärten gestaltet sind. Auf hellblauem Grund ist rundum eine Portikus gemalt, durch die man in einen Garten sieht (Abb. 28). Die untere Begrenzung bildet ein kunstvoller Lattenzaun über einer dunklen Sockelzone, auf der einzelne grüne Pflanzenbüschel gemalt sind. Die Säulen der Portikus tragen einen durchgehenden, schmalen Balken, auf dem Tafelbilder und Gefäße aufgestellt sind. Dazwischen sitzen oder fliegen verschiedene Vögel; man erkennt Elstern, Amseln, Tauben und Singvögel. Darüber hängen Girlanden (Abb. 29), zwischen denen Oscilla und Masken aufgehängt sind, wie realiter im Peristyl der Casa degli Amorini dorati, das wir betrachtet haben. Weitere Skulpturen sind im Garten aufgestellt, ägyptisierende Statuen und dionysische Reliefs, wie wir sie ähnlich ebenfalls in der Casa degli Amorini dorati gesehen haben. Im Garten wachsen Blumen, Büsche und Bäume, die von Vögeln belebt werden. Sie sind so genau wiedergegeben, daß man sie größtenteils identifizieren kann, wie zum Beispiel Schneeball (viburnum) und rotblühenden Oleander (Abb. 30). Der zweite Raum zeigt auf schwarzem Grund einen Obstgarten. An der Stirnwand wächst zwischen Oleanderbüschen ein Feigenbaum, um dessen Stamm sich eine Schlange windet. Auch Birnbaum und Pflaumenbaum sind vertreten. Ein zweiter blütenreicher Garten gedeiht in der Sockelzone. Neben Marmorgefäßen wachsen Rosen, weißbühende Myrte und Efeu.

Einen Schlüssel zum Verständnis der Gartenbilder in geschlossenen Räumen liefert die Wanddekoration eines großen unterirdischen Saals der kaiserlichen Villa bei Prima Porta (Abb. 31. 32)[60] in der Nähe von Rom, die der Livia, der Frau des Augustus, gehörte. Dort ist die Illusion der freien Natur noch weiter getrieben, da auf eine gemalte Architekturgliederung gänzlich verzichtet ist. Die Wand scheint als Begrenzung nicht vorhanden zu sein, sondern der Saal öffnet sich nach allen Seiten in einen dicht bewachsenen, prächtigen Garten, in dem viele Vögel leben. Hinter einer Marmorbalustrade blühen Rosen, Mohn und Oleander. Auch wachsen hohe Bäume dort, neben Palmen, Zypressen und Pinien Fruchtbäume wie Quitte, Erdbeerbaum und Granatapfel. Es ist ein Wundergarten wie der des Alkinoos bei Homer, in dem das ganze Jahr über die Blumen blühen und die Bäume Frucht tragen[61]. In ihm herrscht Frühling und Herbst zugleich. Was in der Natur nicht zusammen vorkommt, gedeiht hier nebeneinander: die Rosen blühen und die Granatäpfel sind reif. Wie die luxuriösen Gärten Pompejis spiegeln die paradiesischen gemalten Gärten der Wanddekorationen Lebensfreude und -genuß der Hausbewohner.

Abb. 25 Luftaufnahme des Anwesens der Iulia Felix, Pompeji.
Nach W. F. Jashemski, The Gardens of Pompeii Abb. 81.

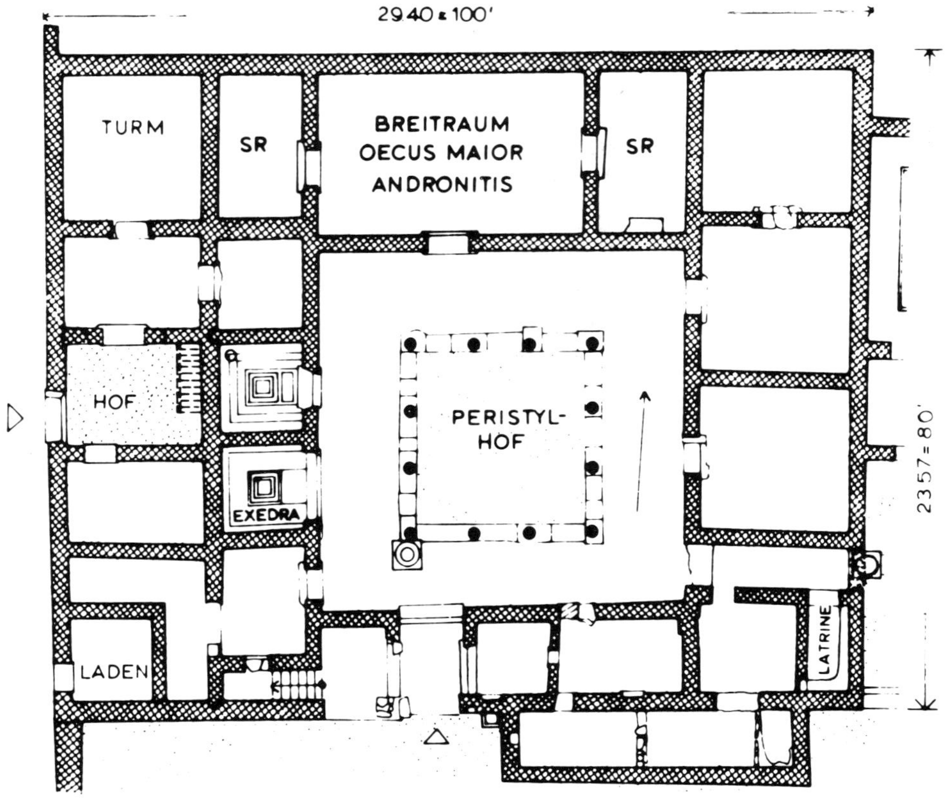

Abb. 26 Hellenistisches Peristylhaus auf Delos.

Abb. 27 Längsschnitt durch das Sommertriklinium der Iulia Felix, Pompeji.

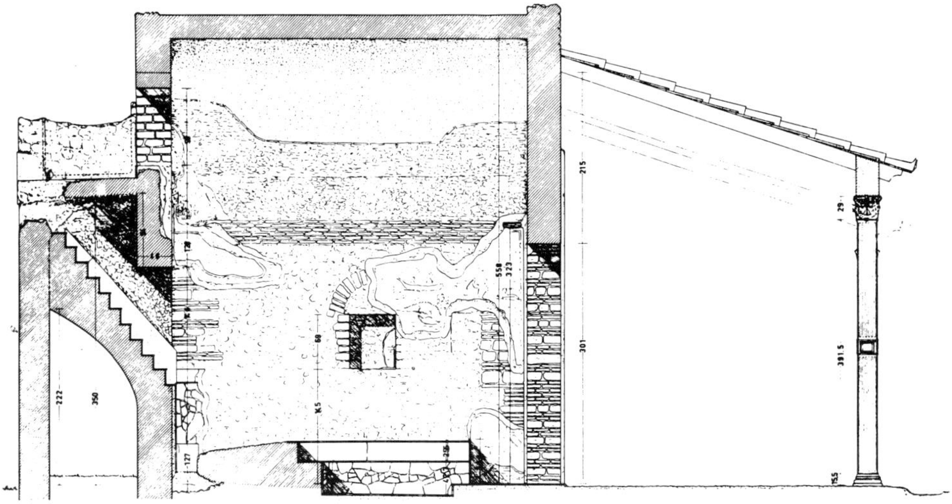

Abb. 28-30 Schlafzimmer mit gemaltem Garten in der Casa dei Cubicoli floreali, Pompeji. Nach Photos des DAI Rom.

Abb. 29

Abb. 30

Abb. 31-32 Ausschnitte aus dem Gartensaal der Livia bei Prima Porta, Rom, Thermenmuseum. Nach Postkarten.

1247 ROMA – AFFRESCO DI UNA SALA DELLA VILLA DI LIVIA
DETTAGLIO (MUSEO NAZIONALE ROMANO)

Abb. 32

Anmerkungen

1 Homer, Odyssee 6, 259. 291 – 293.
2 Ebendort 7, 113 – 131 (Übersetzung R. Hampe).
3 Ebendort 24, 226 ff.
4 Zu den frühen griechischen Gärten: M.L. Gothein, Geschichte der Gartenkunst I (1926, Reprint 1977) 56 ff.; W. Richter, Die Landwirtschaft im homerischen Zeitalter. Archaeologia Homerica II H (1968) passim, bes. 123 ff. 140 ff.
5 A. J. Evans, The Palace of Minos at Knossos I (1921) 265 f.; S. Hood, The Arts in Prehistoric Greece (1978) 48 f. Abb. 27. 28.
6 M. Cameron, BSA 63, 1968, 1 ff,: Hood, a. O. 51 f. Abb. 31 – 33.
7 Zum Keuschlamm s. A. Huxley – W. Taylor, Flowers of Greece and the Aegean (1977) 121 f. mit Abb. 234; H. Baumann, Die griechische Pflanzenwelt in Mythos, Kunst und Literatur (1982) 64 mit Abb. 98.
8 S. Marinatos – M. Hirmer, Kreta, Thera und das mykenische Hellas[2] (1973) Taf. XXIII; Hood, a. O. 55 Abb. 37.
9 Marinatos – Hirmer, a. O. Taf. XXVI.
10 S. Marinatos, Excavations at Thera IV (1971) 20 ff. 49 ff. Farbtaf. A-C; Marinatos – Hirmer, a. O. Taf. XXXVI. XXXVII.
11 Marinatos – Hirmer, a. O. Taf. 150; Baumann, a. O. (s. Anm. 7) 176 mit Abb. 356 – 359.
12 Zum Sammeln des Olivenöls für die panathenäischen Amphoren s. jetzt P. D. Valavanis, Archäologischer Anzeiger 1987, 476 ff.
13 Halsamphora des Antimenes-Malers, London, Brit. Mus. B 226: J. D. Beazley, Attic Black-Figure Vase-Painters (1956) 273, 116 (im folgenden: Beazley, ABV); J. Burow, Der Antimenesmaler. Kerameus 7 (1990) 75 Nr. 55 Taf. 55 A und Farbtaf. II.
14 Halsamphora des Antimenes-Malers, Berlin, Staatl. Museen F 1855: Beazley, ABV 270,50; Burow, a. O. 75 Nr. 71 Taf. 71 B.
15 Bauchamphora nahe dem Exekias, Boston, Mus. of Fine Arts 63. 952: Corpus Vasorum Antiquorum Boston (1) Taf. 12,3 (dort auch zum Thema); A. Henrichs, Myth Visualized: Dionysos and His Circle in Sixth-Century Attic Vase-Painting, in: Papers on the Amasis Painter and His World. Colloquium Malibu (1987) 106 f. Abb. 8.
16 Bauchamphora des Amasis-Malers, Würzburg, Martin-von-Wagner-Museum L 265: Werke der Antike im Martin-von-Wagner-Museum der Universität Würzburg (1983) 84 f. Nr. 35 mit Abb. (Verf.); D. von Bothmer, The Amasis Painter and His World (1985) 113 ff. Nr. 19 mit Abb.
17 Attisch schwarzfigurige Schale, Essen, Museum Folkwang A 169: H. Froning, Katalog der griechischen und italischen Vasen, Museum Folkwang (1982) 151 ff. Nr. 61 mit Abb.
18 Schale des Sotades-Malers, London, Brit. Mus. D 6: J. D. Beazley, Attic Red-Figure Vase-Painters[2] (1963) 763,1. I. Wehgartner, Attisch weißgrundige Keramik, Maltechniken, Werkstätten, Formen, Verwendung (1983) 68 Nr. 70, S. 95 f. Taf. 32,1.
19 So Wehgartner, a. O. 95.
20 Vgl. E. Simon, Early Classical Vase-Painting in: Greek Art. Archaic into Classical (1985) 77 (dort auch zur Bezeichnung der Nymphen als melissai); E. Simon betont zu Recht, daß nicht die Hesperiden gemeint sein können, da sie andere Namen tragen und die Schlange, die den Heperidenbaum bewacht, fehlt.
21 Vgl. W. Hoepfner – E.-L. Schwandner, Haus und Stadt im klassischen Griechenland (1986). M. Carroll-Spillecke, Kepos. Der antike griechische Garten (1989) 18 ff. (im folgenden: Carroll-Spillecke).
22 Carroll-Spillecke 18 Abb. 3.
23 D. M. Robinson, Olynth XIII (1950) 415 ff. Nr. 1035 ff. Taf. 250 ff.; Carroll-Spillecke 47 f. Abb. 21.
24 Dazu s. N. Weill, La fête d'Adonis dans la »Samienne« de Ménandre, Bulletin de Correspondance Hellénique 94, 1970, 59 ff.
25 Menander, Samia, Vers 45.
26 Die Quellen zu den Adonisgärten s. bei L. Deubner, Attische Feste (1932, Reprint 1966) 221 mit Anm. 1; W. Atallah, Adonis (1966) 177 ff.
27 Karlsruhe, Badisches Landesmuseum B 39: Corpus Vasorum Antiquorum Karlsruhe (1) Taf. 27, 1 – 4; E. Simon, Antike Kunst 15, 1972, 23 Taf. 7, 1 – 3.
28 Aristophanes, Thesmophoriazusen 387, schimpft sie eine »Gemüsehändlerin« (lachanopolétria). Zur Versorgung Athens vgl. Carroll-Spillecke 16. 18.
29 Dazu s. das reiche Material bei M. Blech, Studien zum Kranz bei den Griechen. Religionsgeschichtliche

Versuche und Vorarbeiten XXXVIII (1982).

30 Aristophanes, Vögel 159 f. 238 f.

31 Menander, Landmann 36 – 40.

32 Kopenhagen, Nationalmuseet 13. 817: K. Friis Johansen, Eine Dithyrambos-Aufführung (1959); H. Froning, Dithyrambos und Vasenmalerei in Athen. Beiträge zur Archäologie 2 (1971) 27 f.

33 Attisch rotfigurige Lotrophoros, Berlin, Antikenmuseum F 2372: A. Furtwängler, Die Sammlung Sabouroff (1883 – 87) Taf. 58; C. Reinsberg, Ehe, Hetärentum und Knabenliebe im antiken Griechenland, Beck's Archäologische Bibliothek (1989) 61 f. Abb. 16.

34 Theophrast, Historia Plantarum 6, 8, 1 – 3. Für Kranzblumen vgl. auch Carroll-Spillecke 24.

35 Aristophanes, Ekklesiazusen 302: weitere Textstellen s. bei R. E. Wycherley, The Athenian Agora III: Literary and Epigraphical Testimonia (1957) 199.

36 Terrakottastatuette aus Alexandria, Paris, Louvre CA 2185: H. Rühfel, Das Kind in der griechischen Kunst (1984) 271 ff. Abb. 114.

37 Epinetron des Eretria-Malers, Athen, Nationalmuseum 1629: E. Simon – M. und A. Hirmer, Die griechischen Vasen (1976) Taf. 216. H. A. Shapiro, Boreas 9, 1986, 14 ff.

38 Zu den großen Gymnasia mit Parkanlagen in Athen: R. E. Wycherley, The Stones of Athens (1978) 219 ff.; Carroll-Spillecke 28 ff.

39 Nach der lokalen Tradition bestanden sie bereits zur Zeit der Gesetzgebung Solons im frühen 6. Jh. v. Chr.: Demosthenes XXIV 114.

40 Zum Heros Akademos und zu den Kulten in der Akademie zusammenfassend U. Kron, AM 94, 1979, 55 ff. Zum Erosaltar s. auch Verf., a. O. (s. Anm. 32) 78 f.: H. A. Shapiro, Art and Cult Under the Tyrants in Athens (1989) 119 f.

41 S. Woodford, Cults of Heracles in Attica, in: Studies Presented to G. M. A. Hanfmann (1971) 215 f.; Shapiro, a. O. (s. Anm. 40) 158. 161.

42 J. Travlos, Bildlexikon zur Topographie des antiken Athen (1971) 345; Wycherley, a. O. (s. Anm. 38) 226. 228 mit Anm. 29.

43 Diogenes V 2, 51.

44 Travlos, a. O. (s. Anm. 42) 345 mit Abb. 447 f.; Wycherley, a. O. (s. Anm. 38) 228.

45 Pausanias I 19,2; Plinius, Historia Naturalis XXXVI 16. Zum Heiligtum und zur Statue des Alkamenes vgl. E. Langlotz, Aphrodite in den Gärten, Sitzungsbericht der Heidelberger Akademie der Wissenschaften, philosophisch-historische Klasse 1953/54, 2. Abh.; Wycherley, a. O. (s. Anm. 38) 172.

46 London, Brit. Mus. E 224: L. Burn, The Meidias Painter (1987) 15 ff. 97 Kat. M 5 Taf. 1a. 2b-c. 3. 4b. 5-9.

47 D. B. Thompson, Hesperia 6, 1937, 396 ff.; H. A. Thompson – R. E. Wycherley, The Agora of Athens. The History, Shape and Uses of the Ancient City Center, The Athenian Agora XIV (1972) 149 Taf. 76.

48 Zum hellenistischen Wohnhaus mit Peristyl: D. Pinkwart – W. Stamnitz, Peristylhäuser westlich der unteren Agora. Altertümer von Pergamon 14 (1984); H. Lauter, Die Architektur des Hellenismus (1986) 132 ff. passim; 223 ff.; Carroll-Spillecke 49 ff.

49 F. E. Brown, Cosa. The Making of a Roman Town (1980) 64 ff.

50 Grundlegend: W. F. Jashemski, The Gardens of Pompeii, Herculaneum and the Villas Destroyed by Vesuvius (1979; im folgenden: Jashemski). F. G. Meyer, Food Plants Identified from Carbonized Remains at Pompeii and Other Vesuvian Sites, in: Studia Pompeiana and Classica in Honour of W. F. Jashemski I (1989) 183 ff. M. Ricciardi – G. G. Aprile, Identification of Some Carbonized Plant Remains from the Archeological Area of Oplontis, ibidem 317 ff.

51 Pompeji, Haus des Polybius (IX 13, 1-3): Jashemski 25 ff.

52 E. La Rocca – M. und A. de Vos, Guida archeologica di Pompei (1976) 282 ff.; Jashemski 38 ff. Abb. 60 - 67.

53 Zum dionysischen Charakter römischer Gärten: P. Grimal, Les jardins romains [2] (1969) 283, 321 ff.; Verf., Marmorschmuckreliefs mit griechischen Mythen im 1. Jh. v. Chr. (1981) 9 ff.

54 La Rocca – de Vos, a. O. (s. Anm. 52) 246 f.; Jashemski 201 ff.

55 La Rocca – de Vos, a. O. (s. Anm. 52) 244 ff.; Jashemski 47 f.

56 Ch. Ch. Parslow, The Viridarium of the Praedia of Julia Felix in Pompei, American Journal of Archaeology 93, 1989, 278.

57 Für die Wasseranlagen in römischen Sommertriklinien s. E. Salza Prina Ricotti, The Importance of Water in Roman Garden Triclinia, in: Ancient Roman Villa Gardens. 2. Dumbarton Oaks Symposium on Ancient Roman Gardens 1984. Dumbarton Oaks Colloquium on the History of Landscape Architecture X (1987) 135 ff.

58 P. Zanker, Die Villa als Vorbild des späten pompejanischen Wohngeschmacks, Jahrbuch des Instituts 94,

1979, 498 Anm. 109. S. 503 ff.; Jashemski 55 ff.; D. Michel, Pompejanische Gartenmalereien, in Tainia. Festschrift R. Hampe (1980) 373 ff.

59 H. Sichtermann, Antike Welt 5, 1974, Heft 3, 41 ff.; La Rocca – de Vos a. O. (s. Anm. 52) 224 ff.; Jashemski 74 ff.; M. de Vos, L'egittomania in pitture e mosaici romana-campani della prima età imperiale. EPROR 84 (1980) 15 ff. Froning, a. O. (s. Anm. 53) 12 f. mit Abb. Frontispiz.

60 M. M. Gabriel, Livia's Garden Room at Prima Porta (1955); W. Helbig, Führer durch die öffentlichen Sammlungen klassischer Altertümer in Rom[4] III (1969) 454 ff. Nr. 2486 (B. Andreae).

61 E. Simon, Augustus. Kunst und Leben in Rom um die Zeitenwende (1986) 211 Taf. 34, weist darauf hin, daß in den Gartenmalereien von Prima Porta auch der Windhauch des Alkinoos-Gartens Bild geworden ist.

Abbildungen

Abb. 1: Minoisches Wandgemälde mit blauem Affen aus Knossos. Nach A. J. Evans, The Palace of Minos II 2 Taf. 10.
Abb. 2: Minoischen Wandgemälde aus dem Haus der Fresken, Knossos. Nach A. J. Evans, The Palace of Minos II 2 Taf. 11.
Abb. 3: Minoisches Wandgemälde mit »Krokuspflücker« aus Knossos. Nach A. J. Evans. The Palace of Minos I Taf. 4.
Abb. 4: Minoisches Wandgemälde aus der Villa von Amnissos. Nach S. Marinatos – Hirmer, Kreta, Thera und das mykenische Hellas[2] Taf.: XXIII
Abb. 5: Kykladisches Wandgemälde mit Strandnarzissen aus Thera. Nach Chr. Doumas, Santorini, Abb. 32.
Abb. 6: Olivenernte. Attische Amphora des Antimenes-Malers, London. Nach J. Burow, Der Antimenesmaler Taf. 55 A.
Abb. 7: Dionysischer Weingarten. Attische Amphora nahe dem Exekias, Boston. Nach Papers on the Amasis Painter and His World. Colloquium Malibu, S. 106 Abb. 8.
Abb. 8: Traubenernte. Attische Amphora des Amasis-Malers, Würzburg. Nach Photo Mus.
Abb. 9: Symposium im Weingarten. Attische Schale, Essen. Nach Photo Mus.
Abb. 10: Nymphen bei der Apfelernte. Attische weißgrundige Schale des Sotades-Malers, London. Nach Photo Mus.
Abb. 11: Isometrische Rekonstruktion einer Insula von Olynth. Nach M. Carroll-Spillecke, Kepos Abb. 3.
Abb. 12: Rekonstruktion des Innenhofes eines Wohnhauses von Olynth. Nach Carroll-Spillecke Abb. 5.
Abb. 13: Aphrodite und Eros mit Adonisgärtchen. Attische Lekythos, Karlsruhe. Nach Photo Mus.
Abb. 14: Mit Efeu bekränzte Chorsänger. Attischer Krater des Kleophon-Malers, Kopenhagen. Nach Photo Mus.
Abb. 15: Hochzeitszug. Attische Lutrophoros, Berlin. Nach A. Furtwängler, Die Sammlung Sabouroff, Taf. 58.
Abb. 16: Schmücken von Hochzeitsgefäßen mit Zweigen. Attisches Epinetron des Eretria-Malers, Athen. Nach Photo Hirmer.
Abb. 17: Terrakottastatuette einer Kranzverkäuferin, Paris, Louvre. Nach Photo Mus.
Abb. 18: Athen, Gymnasia mit Gärten. Nach Caroll-Spillecke Abb. 10.
Abb. 19: Gartenheiligtum der Aphrodite. Attische Hydria des Meidias- Malers, London. Nach Furtwängler -- Reichhold, Griechische Vasenmalerei Taf. 8.
Abb. 20: Antike Pflanzlöcher für den Tempelgarten des Hephaisteions in Athen. Nach J. M. Camp, The Athenian Agora (1986) Abb. 64.
Abb. 21: Moderner Tempelgarten des Hephaisteions in Athen. Nach Camp Abb. 60.
Abb. 22: Peristylgarten der Casa degli Amorini dorati, Pompeji. Nach Photo Alinari.
Abb. 23: Garten der Iulia Felix, Pompeji. Nach Jashemski Abb. 82.
Abb. 24: Rekonstruktion eines frührömischen Hauses in Cosa. Nach Carroll-Spillecke Abb. 32.
Abb. 25: Luftaufnahme des Anwesens der Iulia Felix, Pompeji. Nach W. F. Jashemski, The Gardens of Pompeii Abb. 81.
Abb. 26: Hellenistisches Peristylhaus auf Delos. Nach W. Hoephner -- E. L. Schwandner, Haus und Stadt im klassischen Griechenland (1986) Abb. 247.
Abb. 27: Längsschnitt durch das Sommertriklinium der Iulia Felix, Pompeji. Nach F. Rakob, Römische Mitteilungen 71, 1964, Abb. 4.
Abb. 28-30: Schlafzimmer mit gemaltem Garten in der Casa dei Cubicoli floreali, Pompeji. Nach Photos des DAI Rom.

Abb. 31-32: Ausschnitte aus dem Gartensaal der Livia bei Prima Porta, Rom, Thermenmuseum. Nach Postkarten.

Gartenkultur im Mittelalter

Walter Janssen

Frühneuzeitliche und moderne Gartenkultur erweisen sich in vielfacher Hinsicht eng verbunden mit der mittelalterlichen. Moderne Forschungsmethoden ermöglichen es inzwischen, die mittelalterlichen Grundlagen mitteleuropäischer Gartenkultur besser zu erkunden als jemals zuvor. Die moderne »Gartenforschung« stützt sich auf weitaus vielfältigere und wirksamere Methoden, als dies bisher der Fall war.[1]

- Bildquellen aus Handschriften, Gemälden, Grafiken (Abb. 2-6), Stichen, mittelalterliche Kalendarien mit Jahreszeiten-Bildern, bebilderte Pflanzenbücher und – nicht zu vergessen – Ausmalungen von Kirchen mit Pflanzenmotiven, wie sie beispielsweise in den Gewölben der St. Michaelskirche in Bamberg zu finden sind. Den Bildquellen sind selbstverständlich auch Darstellungen des St. Galler Klosterplanes (9. Jh.) sowie des Klosterplanes von Canterbury (11. Jh.) zuzurechnen (Abb. 7 u. 8). In ihnen erblicken wir die Vorläufer renaissancezeitlicher und barocker Gartendarstellungen (Abb. 1), die bis zu einem gewissen Grad moderne isometrische Architekturdarstellungen vorwegnehmen. In diesem Bereich sind Garten und Gartenkultur vorwiegend Gegenstand kunsthistorischer Forschung.
- Plastische Kunst. Hier finden die Pflanzen des Gartens fast unerschöpfliche Darstellungsmöglichkeiten. Auf der Grundlage antiker Tradition entfaltet sich in der romanischen Kapitellkunst nicht nur die Fülle von Darstellungsformen des Menschen, sondern auch das Abbild der pflanzlichen Natur. Es bleibt selbst in der äußersten künstlerischen Verfremdung oft genug in seinen natürlichen Erscheinungsformen noch kenntlich, als Arkanthus, als Lilie, als Rose, als Ranke, als vegetabilisches, natürliches Element schlechthin. Es kann somit nicht den geringsten Zweifel daran geben, daß die mittalalterliche Bauornamentik ein bedeutendes Zeugnis mittelalterlichen Naturverständnisses und auch der Gartenkultur darstellt.
- Geschriebene Quellen. Ihnen sind alle geschriebenen Zeugnisse zu unserem Thema zuzuordnen. Dieser Quellengattung ist beispielsweise das berühmte Capitulare de villis Karls des Großen aus der Zeit um 795 ebenso zuzurechnen wie jedes andere Güter- oder Abgabenverzeichnis eines geistlichen oder weltlichen Grundherren. In diesen Überlieferungskontext sind selbstverständlich römerzeitliche Überlieferungen zur Gartenkultur einzubeziehen, denn die römischen Agrarschriftsteller blieben bis in den Beginn des Mittelalters wohlbekannt. Für die Völkerwanderungs-

und Merowingerzeit gibt es kaum Hinweise auf eigenständige Gartenkultur. Wo Gärten erwähnt werden, geschieht dies im Zusammenhang mit fortlebenden römischen Traditionen. Am ehesten wären derartige Hinweise im Zusammenhang mit frühesten Kirchen und Klöstern zu erwarten. Von der Antike bis zur Neuzeit erfährt die praktische Gartengestaltung von der sie begleitenden Gartentheorie Aufgabenstellung und geistige Zielgebung.[2]

- Gartennachweise in der Geländetopograhie stellen eine weitere bedeutsame Quelle zur Geschichte mittelalterlicher Gartenkultur dar. Sie finden sich meist im Zusammenhang mit mittelalterlichen Baukomplexen wie Kirchen, Klöstern oder Burgen. Gärtnerische oder parkähnliche Gestaltung erfuhren aber oft auch die ausgedehnten Umwallungen mittelalterlicher Städte. Stiche und Abbildungen belegen überdies landschaftliche oder gärtnerische Gestaltung von etwas abgelegenen Randzonen mittelalterlicher Städte entlang der Innenseite von Stadtmauern. Franken bietet mannigfache gut erhaltene Beispiele für Gärten entlang der Innen- oder Außenfront von Stadt- und Dorfmauern.
- Weitere Zugänge zur Frage mittelalterlicher Gartenkultur eröffnen schließlich archäologisch-paläobotanische Forschungen, die in zunehmendem Maße während der vergangenen Jahre durchgeführt wurden. Sie ergaben sich mit der Entstehung der Archäologie des Mittelalters nach Ende des 2. Weltkrieges. Nicht zu verwechseln mit der teilweise auch archäologisch verfahrenden Kunst- und Baugeschichte, wandte sich die Archäolgie des Mittelalters von Anfang an allen Lebensbereichen mittelalterlicher Sachkultur zu. Unausweichlich stieß sie dabei bei Burgen, Klöstern, in Städten oder ländlichen Niederlassungen auf Relikte mittelalterlicher Gärten. Auf diese Weise wurde der mittelalterliche Garten zum Gegenstand archäologischer Forschung und in ihrem Gefolge zum Interessenfeld der Paläo-Ethno-Botanik. Auf dieser erweiterten Quellenbasis, die Archäologie und Paläo-Ethno-Botanik bereithalten, ist es heute möglich, neue Fragestellungen zum mittelalterlichen Garten zu entwickeln und zu beantworten, die über den bisherigen Kenntnisstand hinausführen. Vor allem wird es möglich, mittelalterliche Gartenkultur in siedlungs-, wirtschafts- und sozialgeschichtliche Fragestellungen einzubetten.

Klostergärten

Gläubige Menschen des Mittelalters verbanden mit dem Begriff »Garten« vor allem jene Gärten, die in der Bibel mit bedeutsamen Ereignissen der Heilsgeschichte im Zusammenhang stehen: der Garten Eden, aus dem Adam und Eva nach dem Sündenfall vertrieben werden (Abb. 2); der Garten Gethsemane mit den schlafenden Jüngern oder der Garten der Auferstehung. Nicht selten wird Christus selbst als Gärtner dargestellt. Bestimmte Elemente kehren in Gartendarstellungen mit diesem Bedeu-

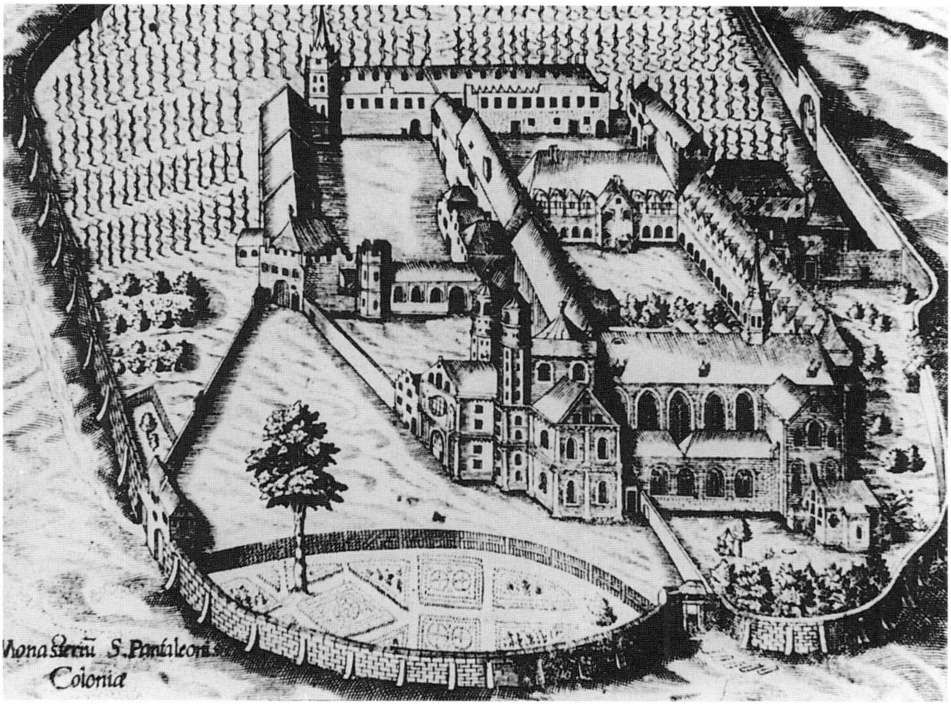

Abb. 1 Ansicht der Abtei St. Pantaleon in Köln

Abb. 2 Der Garten Eden. Darstellung von 1610

Abb. 3 Vorstellungen vom mittelalterlichen Garten um 1600

Abb. 4 Der Liebesgarten um 1610

Abb. 5 Lilien. Aus dem Hausbuch der Cerutto (Ende 14. Jahrhundert)

Abb. 6: Knoblauch. Aus dem Hausbuch der Cerutto

tungshintergrund häufig wieder: In der Mitte ist oft ein Brunnen angeordnet, manchmal auch ein danebenstehender Baum. Es fehlt nie eine Umzäunung; sie kann als kompakte Mauer aus Quadermauerwerk oder auch als Holzzaun gestaltet sein; auch Hecken, Bohlenwände oder Planken, Holzzäune verschiedener Bauweise umschließen solche Gärten. Ganz bewußt hebt sich der Garten auf diese Weise von der lärmenden Außenwelt ab. Er ist der Ruhe und religiösen Einkehr vorbehalten. Ganz in diesem Sinne sind die mittelalterlichen Klostergärten konzipiert: als Orte, die der vita contemplativa vorbehalten sind. Dies schließt nun aber keineswegs die unmittelbare Nähe jenes Gartens aus, der der vita activa vorbehalten ist: des Wirtschaftsgartens, in dem Gemüse, Kräuter aller Art, ferner Obstpflanzen kultiviert werden. Im St. Galler Klosterplan wird dieser Gemüsegarten hortus genannt. Daneben gibt es dort einen medizinischen Kräutergarten, herbularius, sowie einen Baumgarten, den das auf dem Plan eingezeichnete Hochkreuz zugleich als Friedhof ausweist.

Mit diesen Beobachtungen hat sich unversehens die Betrachtungsebene verändert: Zur geistlich-geistigen Funktion sind ökonomische und damit sehr weltliche Aspekte hinzugetreten. Es wäre aber wohl kaum richtig, hier von einer Ablösung der einen durch die andere Funktionsweise zu sprechen. Beide Aufgaben blieben in den Gärten des Mittelalters auch weiterhin miteinander verbunden. Auf dem St. Galler Klosterplan lagen alle Gärten innerhalb der Klostermauern. Sie sind verschieden groß und jeder für sich eingefriedet. Gemüse- und Kräutergarten sind in schmale rechteckige Beete aufgeteilt, die jeweils zu zwei Reihen angeordnet sind. Beim Kräutergarten schließen zusätzlich Randbeete auf allen vier Seiten die Innenbeete ein. Im Obstgarten stehen Bäume und Sträucher in Reihen. Die Kulturpflanzen der St. Galler Gärten sind mehrfach behandelt worden.[3] Eine kurze Aufzählung vermittelt zumindest einen Eindruck von der Fülle der angebauten Nutzpflanzen.

a) Gemüsegarten: 1. Zwiebeln, 2. Porree, 3. Sellerie, 4. Koriander, 5. Dill, 6. Mohn, 7. Rettiche, 8. Feldmohn, 9. Mangold, 10. Knoblauch, 11. Schalotten, 12. Petersilie, 13. Kerbel, 14. Salat, 15. Bohnenkraut, 16. Pastinakwurzeln oder Mohrrüben, 17. Kohl, 18. Schwarzkümmel.

b) Medizinischer Kräutergarten. Außenbeete: 1. Lilie, 2. Rose, 3. Bohne, 4. Bohnenkraut, 5. Frauenminze, 6. Griechisch Heu, 7. Rosmarin, 8. Minze, Innenbeete: 9. Salbei, 10. Raute, 11. Schwertlilie, 12. Polei (pulegium), 13. Krauseminze, 14. Kreuzkümmel, 15. Liebstöckel, 16. Fenchel.

c) Obstbaumgarten: 1. Apfelbaum, 2. Birnbaum, 3. Pflaumenbaum, 4. Pinie, 5. Speierling, 6. Mispel, 7. Lorbeer, 8. Edelkastanie, 9. Feigenbaum, 10. Quittenbaum, 11. Pfirsichbaum, 12. Haselnußstrauch, 13. Mandelbaum, 14. Maulbeerbaum, 15. Walnußbaum.

In leicht veränderter Form kehrt die Pflanzenliste des St.Galler Klosterplanes im Capitulare de villis Karls des Großen und im Hortulus des Mönchs Walahfrid Strabo wieder. In den mehr oder weniger gleichlautenden Pflanzenverzeichnissen der

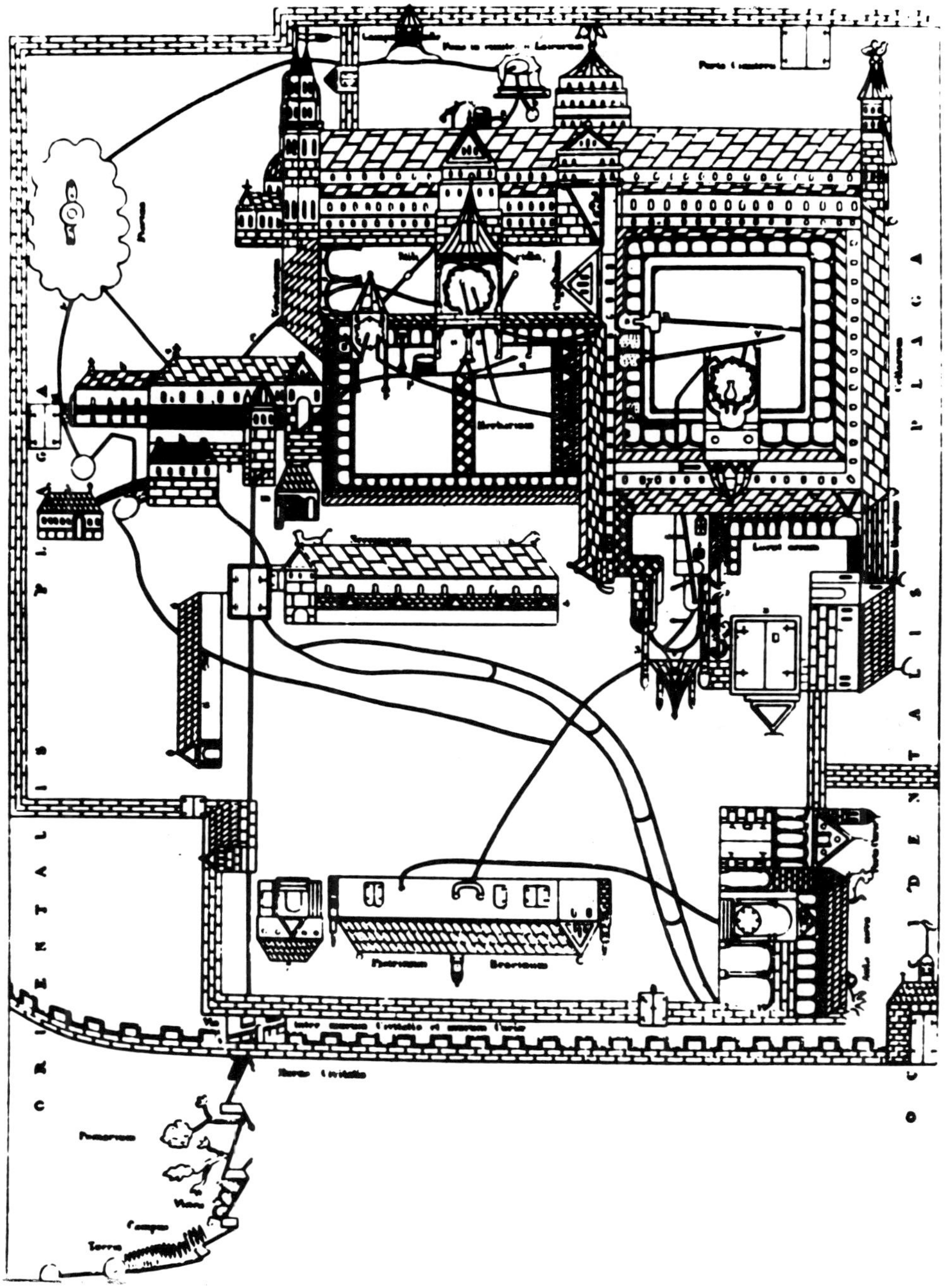

Abb. 7 Der Klosterplan von Canterbury

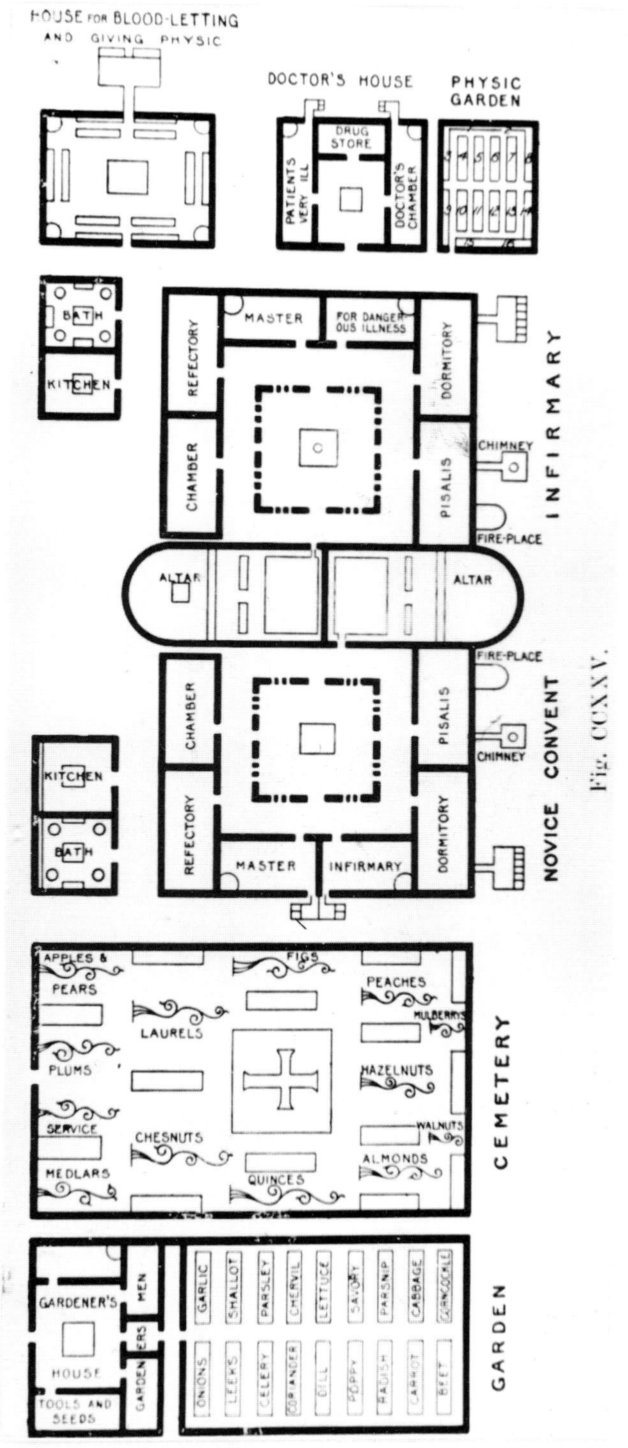

Abb. 8 Die Gärten des Klosterplanes von St. Gallen

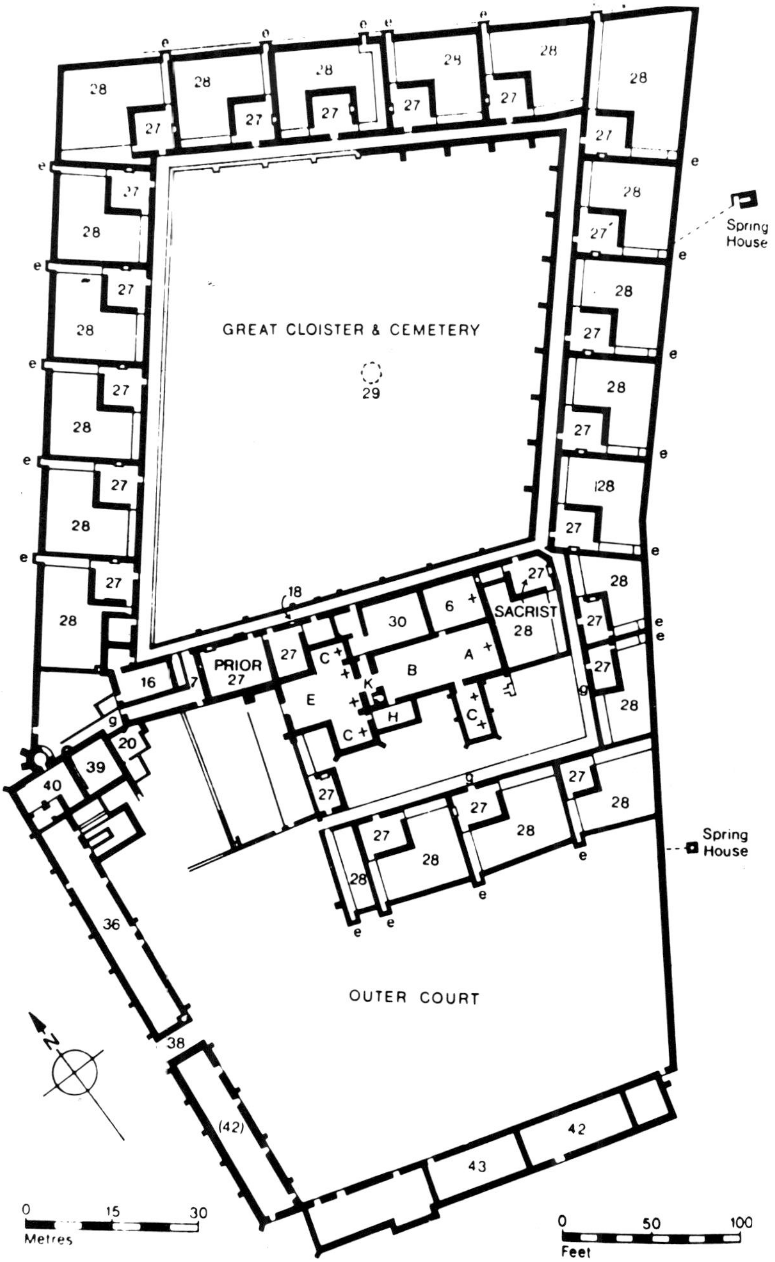

Abb. 9 Die Individualgärten der Karthause auf dem Mount Grace

Karolingerzeit scheint sich also ein mehr oder weniger übereinstimmender Bestand an Kulturpflanzen zu manifestieren, der, vielleicht mit klima- und landschaftsbedingten Abwandlungen, auch an weiteren Fundplätzen der Karolingerzeit anzutreffen ist.[4]

Leider stehen bis heute paläo-ethno-botanische Forschungen in geeigneten Bodenaufschlüssen innerhalb des Klosterbereichs von St. Gallen noch aus. Deswegen kann das Wissen über die St.Galler Gärten noch nicht von naturwissenschaftlicher Seite her kontrolliert und ergänzt werden.

Städtische Gärten

Mit der Herausbildung städtischer Siedel- und Lebensformen erscheinen Gärten auch in Städten. Die Geschichte des Gartens innerhalb der mittelalterlichen Stadt muß in drei Zeitphasen gegliedert werden:

a) Die Zeit der frühstädtischen Zentren und Handelsplätze des 9. - 11. Jahrhunderts vom Typ Birka-Haithabu-Mikulcice,

b) die Zeit der hochentwickelten Handelsstadt vom Typ Lübeck-Neuss-Braunschweig,

c) die Zeit der spätmittelalterlichen Großstädte vom Typ Köln oder Nürnberg.

Die Verhältnisse in der frühstädtischen Handelsniederlassung Haithabu,[5] die von etwa 800 bis 1200 bestanden hat, lassen sich auf Grund paläo-ethno-botanischer Forschungen[6] recht gut überschauen. Innerhalb des wikingischen Halbkreiswalles scheint es demnach keine Gärten gegeben zu haben. Die in Haithabu nachgewiesenen Kulturpflanzen Pflaume, Süßkirsche, Apfel, Hopfen, Schlehe, Himbeere, Gagel, Sellerie, Lein, Pferdebohne dürften in nächster Umgebung der Wikingerstadt im Feld- oder Gartenbau kultiviert worden sein. Die Züchtung von Obstsorten im Raum Haithabu-Schleswig ist wahrscheinlich: Pflaumen aus dem hochmittelalterlichen Schleswig zeigen besseren Züchtungsstand als diejenigen aus dem zeitlich vorangehenden Haithabu. Das Pfropfen war ebenfalls im 11./12. Jahrhundert bekannt. Fortschritte bei der Züchtung von Tieren und Pflanzen werden im Norden mit der Errichtung von Klöstern in Zusammenhang gebracht.[7]

Ähnliche Verhältnisse wie in Haithabu bieten sich in frühmittelalterlichen Burgstätten des slawischen Siedlungsbereichs. Die am besten untersuchte Anlage dieser Art ist der Hauptort des Großmährischen Reiches Mikulcice. Es steht nicht in Frage, daß es entwickelte Gartenkulturen in Mikulcice bereits zwischen dem 8. und dem 9. Jahrhundert gegeben hat.[8]

In dicht bebauten hochmittelalterlichen Städten boten sich die rückwärtigen Teile der schmalen Grundstücke, die nur zum Teil oder gar nicht bebaut waren, zur Anlage von Gärten an (Abb. 8) Zunächst sind dort, wie Beispiele aus Lübeck beweisen, Brunnen und Kloake angeordnet, oft genug gefährlich dicht beieinander. Durch entsprechende Vorschriften, nach denen Mindestabstände zwischen beiden einzuhalten waren, verminderten sich die Infektionsgefahren. Brunnen und Kloaken bieten kulturgeschichtlich orientierten Botanikern und Archäologen von heute hervorragende Fundorte für paläo-ethno-botanisches Material. Nicht selten wurden Gartenabfälle in Kloaken versenkt, wo sie, bei Stadtgrabungen vorsichtig geborgen, dem Botaniker als wertvolles Quellenmaterial zur Verfügung stehen[9]. Aus der Göttinger Innenstadt wie aus dem näheren Umland der Stadt sind zahlreiche Gartenerzeugnisse archäologisch sowie durch archäologisch-paläobotanische Funde gesichert, so für 1313 verschiedene Gemüsearten, Obstsorten, Wein, Gewürzpflanzen und Blumen wie Lilie, Osterglocke, Iris, Maiglöckchen, Akelei, Malve, ferner Heilpflanzen. Die in städtischen Gärten oder in vorstädtischen Gärten kultivierten Pflanzen fanden vielseitige Ergänzung durch meist aus dem Süden importierte Gartenerzeugnisse wie Anis, Nelke, Ingwer, Muskatnuß, Pfeffer, Safran, Zimt, Feige, Dattel, Pfirsich u.a.m. Eine Reihe der archäobotanisch in Göttingen nachgewiesenen Gartenpflanzen findet sich auf einem Noli-me-tangere-Bild des Meisters vom Göttinger Barfüßer-Altar (1621) wieder.[10]

Hinweise auf mittelalterliche Gartenkultur in und um Braunschweig ergeben sich aus Darstellungen von Braun und Hogenberg sowie Spitzers und Daums. Sie betreffen die Zustände des 17. und 18. Jahrhunderts. Manchmal sind auf derartigen Bildern und Holzschnitten auch Zäune zwischen den einzelnen Nutzungsarealen zu erkennen. Sie fassen Gartenbeete ein und sind nicht selten als Flechtwerk- oder Staketenzäune ausgeführt.

Aus der Stadtgrabung 32 in Braunschweig stammt ein geradezu ungeheuerer Komplex von Nutzpflanzen aus Gärten, die in einer Kloake vorgefunden wurden.[11] Einzelheiten zu diesem archäo-botanischen Fund können an dieser Stelle nicht vorgelegt werden. Es sei lediglich auf ein Vorkommen von Reis im mittelalterlichen Braunschweig hingewiesen.

Paläo-ethno-botanische und archäologische Forschungen zu mittelalterlichen Gärten konzentrieren sich oft auf die Frage nach den typischen, im Garten kultivierten Pflanzen. Weniger oft richtet sich der Blick auf die mit der Hortikultur verbundenen Formen der Landnutzung. Auch zu diesem Fragenkreis leistet die Paläo-Ethno-Botanik wichtige Beiträge.[12] Bereits der St.Galler Klosterplan weist drei verschiedene Gärten aus, die klar voneinander abgegrenzt sind. Im Gemüse- oder Kräutergarten finden sich rechteckige Beete mit zwischengestalteten Wegen. Regelhafte Gliederungsschemata von Gärten begleiten das ganze Mittelalter bis zu seinem Ausgang. Streng geometrisch eingeteilte Gärten, orientiert auf die Mittelachse renaissancezeitlicher und barocker Schlösser, kennzeichnen nachmittelalterliche, also frühneuzeitliche Gartenkultur. Würzburg bietet ein typisches Beispiel für diese Entwicklung.[13]

Gartenkultur des Mittelalters stellt sich bei näherem Eindringen in den Stoff als wahrhaft gemeineuropäisches Thema der Kulturgeschichte dar. Von Skandinavien

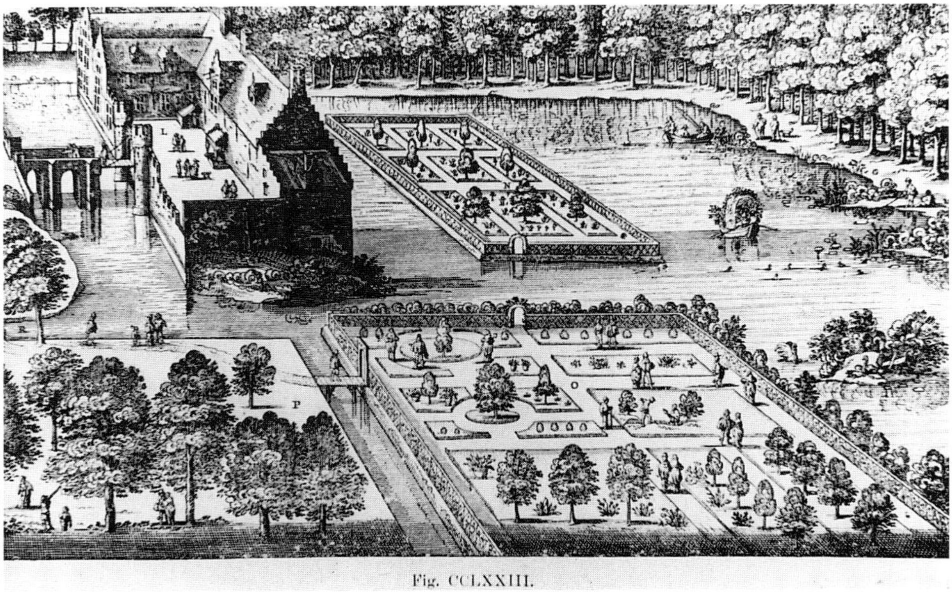

Abb. 10 Das Schloß von Vaquen in Flandern mit seinen Gärten um 1600

bis zum Balkan und bis in die Mittelmeerländer ist der Garten in vielfältiger Weise zum Gegenstand von Forschung und öffentlichem Interesse geworden. Dieser breitangelegten Interessenlage entspricht, zumindest teilweise, der Artikel »Garten« im Lexikon des Mittelalters.[14] Bedauerlicherweise verschließt sich aber dieses Lexikon allen Erkenntnismöglichkeiten, die von Seiten der Archöologie und der Paläo-Ethno-Botanik seit Jahren zum Thema »Garten« beigesteuert werden. Auf Erweiterung des Blickes in künftigen Auflagen bleibt zu hoffen.

Bereits 1961 wurden in Neuss aus zwei Faßlatrinen und aus einem Steinbrunnen umfangreiche botanische Reste geborgen[15], die auf die Existenz innerstädtischer Gärten hinweisen. Aus dem 15. und 16. Jahrhundert wurden hier z.B. Steinobst, Kernobst, Beerenpflanzen, Gemüsepflanzen, Heilpflanzen, Zierpflanzen, Ölpflanzen und Nüsse aufgefunden. Weitere Bodenaufschlüsse aus Neuss erweitern die Liste der Gartengewächse für die Zeit vom 12. bis 18. Jahrhundert.[16] In Neuss finden sich allein vier verschiedene Pflaumenarten, die in der Stadt oder in stadtnahen Gärten gezogen worden sein müssen. Auch Apfel, Birne, Mispel und Speierling sind typische Gartenfrüchte; dazu treten in Neuss Himbeere, Brombeere, Erdbeere und die Gemüsepflanzen Amarant, Sellerie, Mangoldrübe, Möhre, Pastinak, Portulak, Linse und Erbse. Aus Gärten stammen ferner Dill, Kümmel, Koriander, Fenchel, Petersilie, Bohnenkraut, das Arzneimittel Bilsenkraut sowie die Zierpflanzen Margerite, Vergißmeinnicht, Akelei, Judenkirsche, Rose.

Auf mittelalterlichen Gartenbau weisen nicht nur ausgegrabene Reste von Gartenpflanzen selbst hin; nicht weniger deutliche Hinweise liefern die Unkräuter, die mit dem Gartenbau verbunden sind.

Für Göttingen ist die Existenz städtischer Gemüsegärten nicht nur durch Schriftquellen, sondern auch durch entsprechende paläobotanische Reste für das Spätmittelalter einwandfrei erwiesen.[17] Neben Gemüse- und Gewürzgärten sind in dieser Stadt als Ergebnis umfangreicher Stadtgrabungen auch Obstgärten nachweisbar, so durch geschriebene Dokumente für die Jahre 1313 und 1417, deren Aussagen sich mit Ausgrabungsbefunden decken. Innerhalb und außerhalb der Stadtmauern müssen Gärten als gesichert gelten.[18] Zierpflanzen werden um diese Zeit in Gärten oder in Kästen an den Fenstern gezogen, so etwa Akelei (Aquilegia vulgaris), Madonnenlilie (Lilium candidum), Maiglöckchen (Convallaria majalis), Osterglocke (Narcissus pseudonarcissus), Pfingstrose (Paeonia officinalis), Rose (Rosa sp.), Schwertlilie (Iris germanica) und Veilchen (Viola odorata). In einer Schriftquelle von 1313 ist für Göttingen ausdrücklich umfangreicher Obstanbau sowie das Vorhandensein von Hopfengärten bezeugt. Viele Göttinger Gärten lagen knapp außerhalb der Stadtmauer auf dem Gelände ehemaliger Stadtbefestigungen, die man später zugeschüttet hatte.

Auch in Duisburg ist innerstädtischer Gartenbau im Zuge der neueren Ausgrabungen einwandfrei nachgewiesen.[19] Gemüse- und Salatpflanzen, Obstfrüchte und Heilpflanzen und anderes wurden dort in innerstädtischen Gärten gezogen.

Ein breites Spektrum mittelalterlicher Gartenpflanzen stammt ferner aus dem Städtchen Zons am Rhein, wenig südlich von Neuss.[20] In einer Kloake wurden die Reste von nicht weniger als 75 Pflanzenarten festgestellt. Unter ihnen befinden sich folgende Nahrungspflanzen:

Dill (Anethum graveolens), Zwetschge (Prunus domestica), Kohl (Brassica spec.), Pflaume (Prunus insititia), Haselnuß (Corylus avellana), Schlehe (Prunus spinosa), Feige (Ficus carica), Birne (Pyrus communis), Erdbeere (Fragaria vesca), Apfel (Pyrus malus), Gerste (Hordeum vulgare), Kratzbeere (Rubun caesius), Hopfen (Humulus lupulus), Brombeere (Rubus fructiosus),, Maulbeere (Morus nigra), Roggen (Secale cereale), Schlafmohn (Papaver somniferum), Ackersenf (Sinapis arvensis), Erbse (Pisum sativum), Waldbeere (Vaccinium myrtillus), Süßkirsche (Prunus avium), Weintraube (Vitis vinifera), Sauerkirsche (Prinus cerasus)

Sieht man einmal von wenigen Nutzpflanzen ab, die im Feldbau kultiviert wurden, z.B. Gerste oder Roggen, so erscheinen in der Pflanzenliste von Zons zahlreiche Gewächse, die dem innerstädtischen Gartenbau in Zons im späten Mittelalter zuzuweisen sind.

Ein besonders schönes Beispiel für innerstädtischen Gartenbau liegt aus Klosterneuburg vor. Hier wurde der rückwärtige Teil des Grundstücks Wilhelm-Lebsaft-Gasse 3 archäologisch untersucht. Bodenfunde ermöglichten es, auf dem an der Stadtmauer gelegenen Grundstück den Hausgarten, einen Baumgarten und mehrere darin gelegene Brunnen zu Zisternen sowie den »langen Safrangarten« zu identifizieren.[21]

Diese Art innerstädtischen Gartenbaus war in Klosterneuburg wie auch in vielen anderen Städten für die Versorgung der städtischen Bevölkerung mit frischer pflanzlicher Nahrung von großer Bedeutung [22]. Auf diese Weise wurde vor allem der Vitaminbedarf gedeckt.

Als die böhmische Stadt Most (Büx) dem Braunkohlen-Tagebau geopfert wurde, konnten Paläo- Ethno-Botaniker[23] eine Pflanzenliste des 14. Jahrhunderts gewinnen, wie sie bis dahin in dieser Vollständigkeit noch kaum zur Verfügung gestanden hatte. Unter den Kulturpflanzen, deren Herkunft aus Gärten naheliegt, finden sich u.a. Dill, Hanf, Kirsche, Gurke, Feigenbaum, Walnuß, Apfelbaum, Mispel, Pflaume, Weinrebe, Erdbeere, Vogelkirsche. Dazu treten zahlreiche Sammelfrüchte wie Hopfen, Eichel, Hagebutte, Himbeere, Erdbeere und Efeu als Droge. Auch in Most stammen die Gartenfrüchte und Heilkräuter vorwiegend aus Kloaken. Stets muß auch an diesem wichtigen Fundplatz geprüft werden, ob die Pflanzenfunde aus eigenem Anbau stammten oder auf dem Wege des Importes in die Stadt gelangt waren. Die Reihe der Pflanzenfunde aus städtischem Kontext ist bereits fast unübersehbar. Nachdem nunmehr so viele städtische Fundkomplexe vorliegen, ist es an der Zeit, sie miteinander zu vergleichen. Übereinstimmungen und Unterschiede in der jeweiligen Zusammensetzung dürften zu neuen Fragestellungen führen, unter denen Aspekte der Ernährungsweise der verschiedenen sozialen Schichten des Mittelalters hohen Rang beanspruchen.

Burggärten

Ihre Lage und Funktion erschließt sich unter anderem durch die Ergebnisse zahlloser Ausgrabungen, die in ganz Europa durchgeführt wurden.

Es ist an dieser Stelle kaum möglich, die bis heute vorliegenden Resultate archäologischer Forschung auf Burgen des Mittelalters und insbesondere zum Thema »Gartenkultur auf Burgen« vorzulegen oder auch nur zu erwähnen. Eine Beschränkung auf ein gut ausgegrabenes und dazu außerordentlich ertragreiches Beispiel ist angezeigt. Es handelt sich um die Niederungsburg bei Haus Meer, die in einer versumpften Altrheinschlinge nördlich von Neuss vollständig ausgegraben wurde. Die ungemein reichen Ergebnisse dieser Ausgrabungen sind erst zum Teil veröffentlicht.[24]

Die Anlage war vom Ende des 10. bis Ende des 12. Jahrhunderts bewohnt. Sie beginnt mit einer auf den sumpfigen Boden des halbverlandeten Rheinlaufs aufgesetzten Flachsiedlung, die über mehrere Ausbaustufen zu einer Plansiedlung mit zwei Reihen in Holz errichteter Wohnbauten schließlich zu einer Niederungsburg vom Typ der sogenannten »Motten« führt. Aus jeder dieser Entwicklungsphasen stammt umfangreiches botanisches Fundmaterial, welches neben vielen anderen Fragen auch zu der Gartenkultur auf einer Burg des 10. – 12. Jahrhunderts Beiträge liefern kann.

Aus dem Zusammenwirken guter historischer Überlieferung, vollständig erfaßtem archäologischem Befund und reichstem paläo-ethno-botanischem Material ergibt sich ein umfassendes Bild von Geschichte, Entwicklung und Funktion dieser Burganlage. Es handelt sich um eine sog. curtis, also einen Wirtschaftshof der nahe bei einer Steinburg lebenden Grafen von Meer; in diesem Wirtschaftshof lebten Bewaffnete, also Lehnsleute der Grafen, Ministerialen somit, wie sie in salischer Zeit allenthalben als neue politische und soziale Schicht anzutreffen sind. Alle archäologisch erschlossenen Befunde von der Niederungsburg bei Haus Meer sind somit, wie auch die botanischen Funde, sozialgeschichtlich klar zuzuweisen (Abb. 11-13). Auf diesem Hintergrund ist die nachfolgende Liste der Kulturpflanzen von der Niederungsburg bei Haus Meer zu verstehen. Viele der verzeichneten Pflanzen wurden in Gärten angebaut, die sich in allernächster Nähe der Niederungsburg, wahrscheinlich auf der Niederterrasse des Altrheinlaufs, befunden haben müssen. Im einzelnen wurden folgende Nutzpflanzen ermittelt:

Amaranthus sativus – Amarant, Lens culinaris – Linse, Anethum graveolens –Dill, Allium sativum – Knoblauch, Apium graveolens – Sellerie, Brassica spec. – Kohl, Cannabis sativa – Hanf, Cicer arietinum – Kichererbse, Daucus carota – Karotte (Möhre), Ficus carica – Feige, Fragaria vesca – Erdbeere, Trigonella foenum grae-

Abb. 11 Obstfunde aus der salierzeitlichen Niederungsburg bei Haus Meer, nördlich von Neuss am Rhein

Abb. 12 Obstfunde aus der mittelalterlichen Niederungsburg bei Haus Meer, nördlich von Neuss am Rhein

Abb. 13 Reste von Obstpflanzen und Wein aus der mittelalterlichen Niederungsburg bei Haus Meer

cum – Bockshornklee, Pisum sativum – Erbse, Coriandrum sativum – Koriander, Sambucus ebulus – Attich, Petroselium sativum – Petersilie, Sinapis arvensis – Senf, Valerianella dentata – Feldsalat, Centaurium umbellatum – Tausendgüldenkraut, Valerianella rimosa – Feldsalat, Portulaca sativa – Portulak, Hyoscyamus niger – Bilsenkraut, Pastinaca sativa – Pastinak, Physalis alkekengi – Judenkirsche, Vicia faba – Pferdebohne, Papaver somniferum – Schlafmohn, Reseda luterola – Färber-Reseda.

Schon längst geht es bei paläo-ethno-boanischen Untersuchungen dieser Art nicht mehr nur um die Bestimmung der Kultur- und Nutzpflanzen an einem bestimmten Fundort. Andere Fundplätze bieten vergleichbar gute Erhaltungsbedingungen für organische Reste. Aus dem Rheinland wären z.B. botanische Funde von Burg Brüggen zu erwähnen.[25] In der Burg Brüggen kommen u.a. als Gartenerzeugnisse in Betracht: Dill, Rübenkohl, Koriander, Fenchel, Gagel, Petersilie, Senf; vielleicht auch Anis u.a.m. Fenchel und Anis dienten als Mittel gegen Mundgeruch.[26] Gagel, in größeren Mengen in Brüggen festgestellt, diente der Herstellung von Bier. In Dänemark ist für das frühe Mittelalter Gagel häufig nachzuweisen.[27] In Burg Brüggen sind fernerhin Erbsen, Lein, Feldsalat vertreten. Über die im Burggarten angepflanzten Blumen informieren am besten Gemälde der spätgotischen und renaissancezeitlichen Malerei.

Als Fundort mit hervorragenden Erhaltungsbedingungen für paläo-ethno-botanische Funde sind auch die Wasserburg Eschelbronn in Baden-Württemberg und die Wasserburg Mülenen in der Schweiz zu nennen. Je mehr gut ausgegrabene Burgen mit gut erhaltenem paläo-ethno-botanischem Material zur Verfügung stehen, desto größer sind Vergleichsmöglichkeiten zwischen einzelnen Fundorten und Regionen möglich. Wandlungen im Laufe der Zeit lassen sich ermitteln. Schließlich wird, durch Vergleiche, Allgemeines und Besonderes sich erkennen lassen. Nach meinem Empfinden ist es deshalb an der Zeit, aus der Fülle des archäologischen, des historischen und des paläo-ethno-botanischen Materials, das heute zur Verfügung steht, eine »Geschichte des mittelalterlichen Gartens« auf interdisziplinärer Grundlage anzustreben. Sie müßte sowohl die Ergebnisse der traditionellen historisch-kunsthistorischen Gartenforschung als auch diejenigen der neuen archäo-botanischen Richtung aufgreifen und verarbeiten.

Gärten im ländlichen Raum

Verglichen mit archäologischen und botanischen Befunden aus Klöstern, Städten und Burgen ist entsprechendes Material aus ländlichen Siedlungen als verhältnismäßig ärmlich zu bezeichnen. Das hängt wiederum mit den Auffindungs- und Erhaltungsbedingungen zusammen, die der Archäologe in ländlichen Siedlungen des flachen Landes antrifft. Gewiß stehen zahlreiche Wüstungen des Mittelalters, die mehr oder weniger vollständig ausgegraben wurden, zur Lösung von Fragen mittelalterlicher Gartenkultur zur Verfügung (Abb. 14). Aber nur wenige von ihnen bieten dezidierte Ergebnisse zu diesem Thema. Dabei ist als geradezu sicher vorauszusetzen, daß mittelalterliche Dörfer und Höfe Hausgärten besaßen, in denen zahlreiche Nutzpflanzen zur Eigenversorgung angebaut wurden. Nicht zuletzt stellten Hausgärten während des Mittelalters einen großen Teil des Vitaminbedarfs breiter Bevölkerungsschichten sicher. Sofern Arzneipflanzen nicht in der freien Natur gesammelt wurden, erscheinen sie auch als kultivierte Heilpflanzen in hofanschließenden Gärten ländlicher Anwesen. Einige Beispiele für diesen Sachverhalt sollen vorgestellt werden. Aus Böhmen sind die Wüstungen Sekanka bei Hradistko in Böhmen und Klasterka bei Pohorelice in Mähren zu nennen.[28] Botanische Funde stammen meist aus Abfallgruben und Brunnen, die im Zusammenhang mit Wüstungen untersucht wurden. So stammen beispielsweise aus einem Brunnen in der Wüstung Sekanka Wildkirschen, Hainbuchenreste, Haselzweigbruchstücke. Sie können freilich auch aus Arealen außerhalb ländlicher Gärten stammen. Andere Wüstungen in der Tschechoslowakei enthalten botanische Funde, die über die Entwicklung des mittelalterlichen Obstbaus[29] Auskunft geben.

Wein- und Obstfunde ergaben ferner die Ausgrabungen in der arpadenzeitlichen Siedlung von Fonyód-Bélatelep am Balaton-See.[30]

Die Siedlung bestand im 10. und 11. Jahrhundert. Aus feuchten Arealen der Siedlung wurden zahlreiche botanische Funde geborgen, die zum Teil auch aus Gärten stammen dürften. Vertreten sind Aprikose, Süßkirsche, Weichselkirsche, Dost, Haselnuß, Weißdorn, Apfel, Traubenkirsche, Pfirsich, Zwetschge, Pflaume, Schlehe, Birne, Speierling und Wein. Ein Teil dieser Kulturpflanzen scheint im Mittelalter aus Tradition der römischen Epoche Pannoniens zu stammen.

Aus der mittelalterlichen Wüstung Pfaffenschlag in Mähren stammen Pollen, die ebenfalls z.T. Gartenpflanzen zuzuweisen sind.[31]

Die archäologische Erforschung mittelalterlicher Wüstungen bietet noch einen weiteren Ansatz zur Frage der Gärten im ländlichen Raum. V. Nekuda hat seiner Abschlußpublikation über die Wüstung Pfaffenschlag (Abb. 15) eine Modelldarstellung beigefügt[32], die m.E. gute Hinweise auf die Rolle von Gartenarealen in dieser Siedlung bietet. Für das 15. Jahrhundert zeigt die isometrische Rekonstruktion der Siedlung Pfaffenschlag haus- und hofanschließende Areale, die mit Holzzäunen eingefriedet waren. Diese hofanschließenden Areale waren nicht etwa Feldfluren. Diese schlossen sich erst jenseits der eingezäunten Flächen an. Die hofanschließenden eingezäunten Areale können selbstverständlich auch Nutzflächen darstellen, auf denen bäuerliches Gerät abgestellt oder der Mist abgelagert wurde. Oft aber sind sie so groß, daß man in den Umzäunungen tatsächlich Gärten vermuten muß. Ähnliche Befunde liegen aus der ebenfalls von V. Nekuda untersuchten Wüstung Mstenice in Mähren vor.[33]

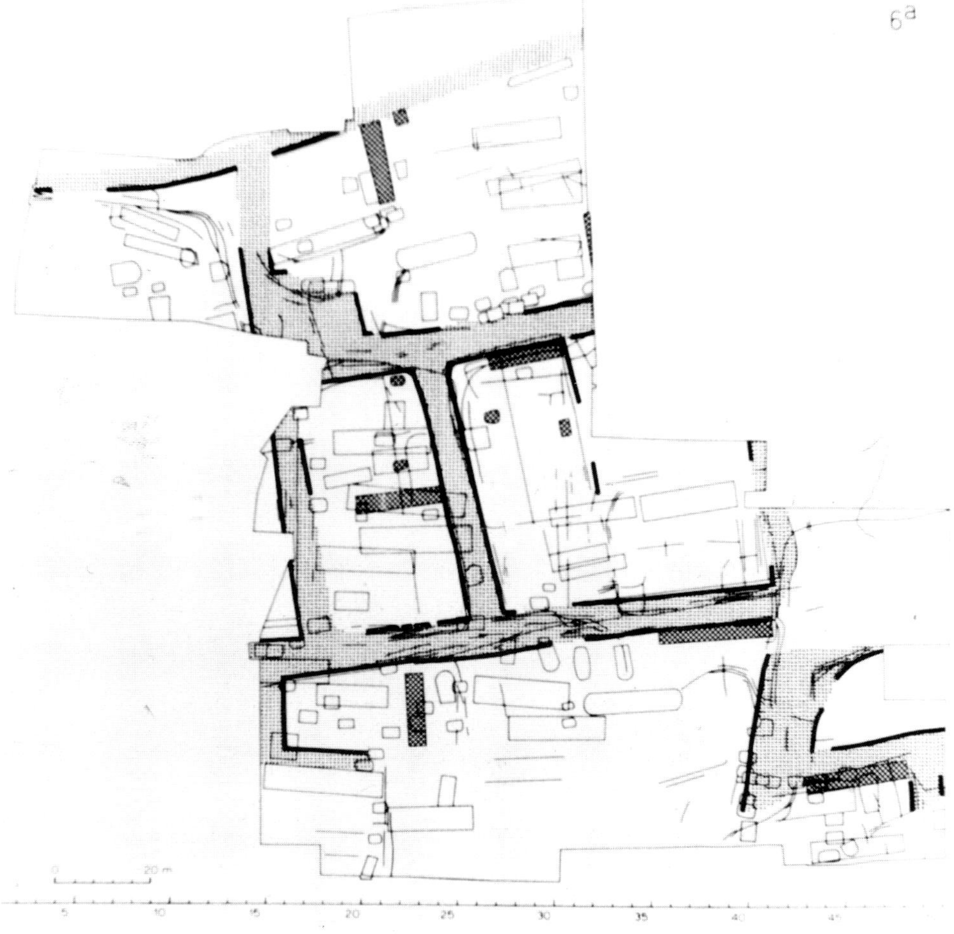

Abb. 14 Frühmittelalterliche Hofeinfriedungen in der Siedlung Odoorn, Niederland

Garteneinfriedungen müssen aber keineswegs immer die Form von Holzzäunen oder kleinen Mauern annehmen. Aus den Niederlanden und aus Dänemark stammen archäologische Befunde, wonach auch kleine Erdwälle oder Gräbchen Hofareale samt den Gärten einschließen.[34] In der zweiphasigen völkerwanderungszeitlichen Siedlung von Vorbasse bilden Palisadenreihen die Hofeinfriedung.[35] Weitere Beispiele für frühgeschichtliche Hofeinzäunungen müssen noch dahingehend überprüft werden, ob in diesen Einschlüssen auch wirklich Gärten gelegen haben. Was also die früh- und hochmittelalterlichen Gärten anbelangt, so ist die Forschungslage im Bereich der Archäologie noch nicht so gut wie bei Kloster-, Burg- und Stadtgärten. Jeder einzelne archöologische Befund von hausanschließenden umzäunten Flächen muß

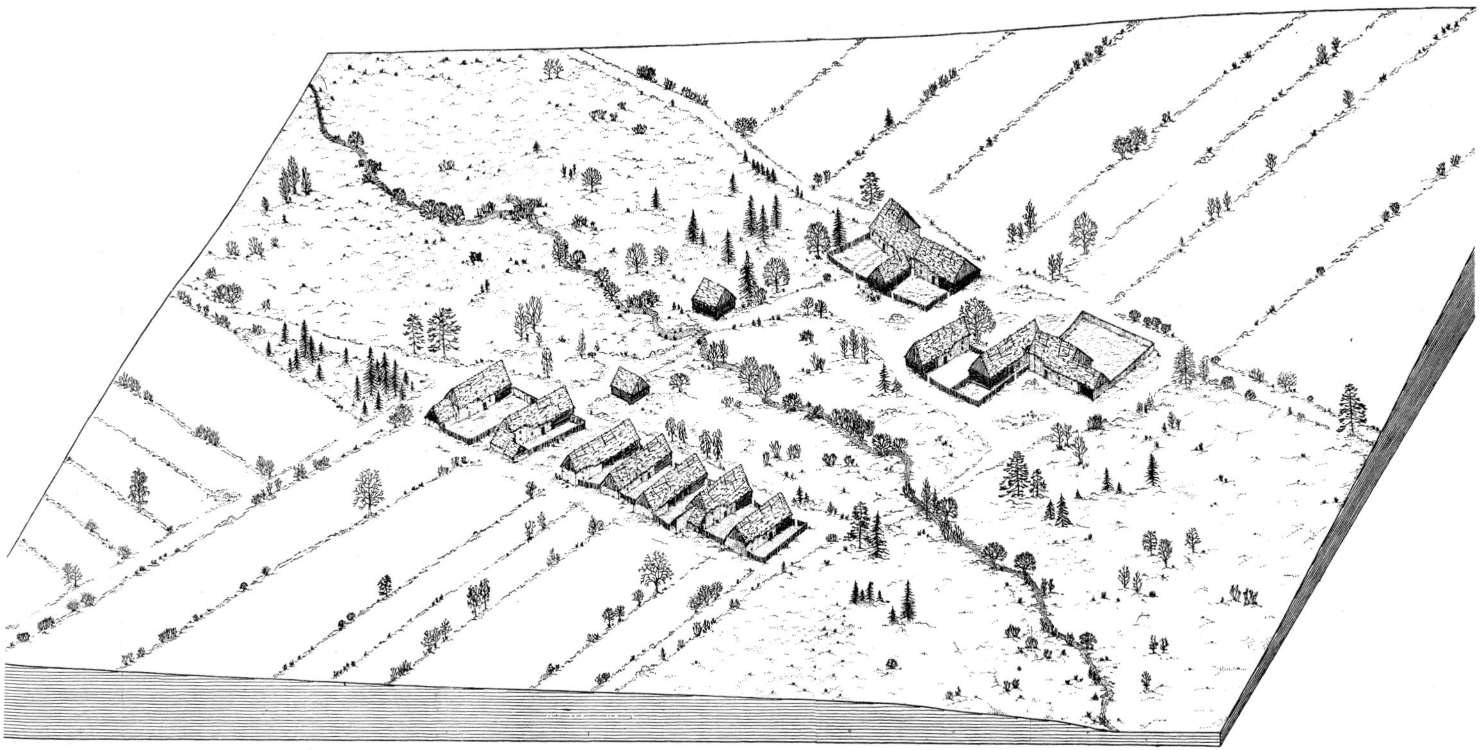

Abb. 15 Mittelalterliche Wüstung Pfaffenschlag in Mähren. Isometrische Darstellung der Dorfanlage mit Hausgärten und hofanschließenden Fluren

im einzelnen auf seine Nutzung hin überprüft werden. Zweifelsfreie Nachweise von Gärten sind wiederum von engster Zusammenarbeit von Archäologie und Paläo-Ethno-Botanik zu erwarten. Vielleicht vermag aber auch die Phosphatanalyse spezifische Beiträge zu leisten. Vor allem aber bleibt die Archäologie des Mittelalters aufgefordert, ihre Wüstungsgrabungen auch auf Feldfluren und Gartenanlagen auszuweiten, um den gestellten Fragen nachzugehen.

Die vorgetragenen Fragen und Ergebnisse zur mittelalterlichen Gartenkultur mögen dokumentieren, daß in Ergänzung zusätzlich zu den bisher schon tätigen Forschungszweigen neue Erkenntnismöglichkeiten erschlossen werden, die im wesentlichen von der Archäologie des Mittelalters im Zusammenwirken mit der Paläo-Ethno-Botanik ausgehen. Sie führten in den letzten Jahren zu einer Fülle neuer Forschungsergebnisse, die bisher noch kaum bekannt geworden sind. Die konsequente Weiterführung dieser Ansätze dürfte es für die Zukunft ermöglichen, bisher noch offene Fragen der Gartenkultur des Mittelalters einer Lösung näherzubringen. Was Würzburg betrifft, so hat die Stadt im Vergleich zu anderen deutschen Städten ihre archäobotanische Erforschung noch vor sich.

Anmerkungen

1 Janssen 1986
2 Wimmer (1989)
3 Fischer 1929, Metz und Verhulste 1983, Vogellehner 1984
4 Janssen 1986, S. 227-229
5 Jankuhn 1986
6 K.E. Behre 1983
7 Behre 1983, S. 79
8 Opravil 1978, S. 98
9 Willerding 1985 Bd. 3, S. 569 ff., bes. 583 f.
10 dazu vgl. Abschnitt Haus und Familie in: Stadt im Wandel Bd. 1 (1985) S. 314-328, bearb. v. U. Willerding
11 Matthies 1985, S. 215-219. Seine Auswertung im Rahmen einer Dissertation dauert noch an. Sie wird neue Ergebnisse zu Fragen des Gartenbaus in und bei mittelalterlichen Städten bringen
12 Willerding 1989, 207-223
13 vgl. den Beitrag Kummer in diesem Band. S. ff.
14 Bd. IV, 6. Lieferung
15 Knörzer und Müller 1968, S. 131 ff.
16 Knörzer 1975
17 Willerding 1984a
18 Willerding 1984a
19 Knörzer 1983, S. 78 ff.
20 Knörzer 1988, S. 138-140
21 Eisterer 1984, S. 53 ff.
22 Abel 1967, S. 95
23 Opravil 1979
24 Janssen/Knörzer 1971; Janssen 1980. K.-H. Knörzer hält die botanischen Reste aus der Niederungsburg bei Haus Meer für die reichsten Funde dieser Art, die jemals aus dieser Zeit in der Bundesrepublik Deutschland geborgen wurden
25 Grabungen Rech 1979, botanische Untersuchungen Knörzer 1979
26 Tuchman 1983, S. 57
27 Behre 1983, S. 52 f.; 59 ff
28 Opravil 1988
29 Opravil 1985, 186 ff
30 Gyula 1988, 395 ff.
31 Nekuda 1975, S. 195 ff, mit Taf. LXIX
32 Nekuda 1975, Abb. 154 a und b f.
33 Nekuda 1985, Abb. 231 aufs. 179, S. 189 ff.
34 über entsprechende archäologische Befunde aus den frühmittelalterlichen Siedlungen Kootwijk und Odoorn in den Niederlanden berichten u.a. H.A. Heidinga (1987) und H. Th. Waterbolk (1982). Eine Zusammenstellung für Dänemark bietet H. Hinz (1989, S. 103 ff. mit Abb. 65 ff.)
35 Hinz Abb. 68

Literatur

Abel, W.: Geschichte der deutschen Landwirtschaft vom frühen Mittelalter bis zum 19. Jahrhundert. In: Deutsche Agrargeschichte, hrsg. v. G. Franz, Bd. II. Stuttgart 1967.
Behre, K.-E.: Formenkreise von Prunus domestica L. von der Wikingerzeit bis in die frühe Neuzeit nach Fruchtsteinen aus Haithabu und Alt-Schleswig. Ber. der Deutschen Botanischen Gesellschaft 91 (1978), S. 161 ff.
Behre, K.-E.: Ernährung und Umwelt der wikingerzeitlichen Siedlung Haithabu. Die Ergebnisse der Untersuchungen der Pflanzenreste. Neumünster 1983.
Berndt, H. und W. Neugebauer: Lübeck. Eine medizinhistorische Studie. In: Res Mediaevales, Fs. Ragnar Blomqvist, Karlshamn 1968, S. 53 - 90.
Brühl, C.: Capitulare de villis. Codex Guelf. 254 Helmstadiensis d. Herzog August-Bibliothek. Wolfenbüttel 1971.
Christ, H.: Zur Geschichte des alten Bauerngartens der Schweiz und angrenzender Gegenden. Basel 1923.
Cortonesi, A.: Le spese in victualibus della Domus Helemosine sancti Petri di Roma. Archeologia Medievale 8 (1981), S. 193 - 225.
Crisp, F.: Mediaeval Gardens. 2 vols. London 1924.
Czygan, F.-Chr.: 400 Jahre Ätherische Öle, eine kunst- und kulturhistorische Exkursion: In: Informationen der Bayerischen Maximilian-Universität Würzburg, Heft 1 (1985), S. 6 - 12.
Dörfliche Vegetation im Freilichtmuseum. Erhaltung dörflicher Pflanzengesellschaften und historischer Nutzpflanzenkulturen. Internationales Symposium im Rheinischen Freilichtmuseum in Kommern. 1981.
Donat, P.L.: Haus, Hof und Dorf in Mitteleuropa vom 7. - 12. Jahrhundert. Berlin 1980.
Eisterer, H.-D.: Der Garten. In: Ausstellungskatalog der Sonderausstellung Klosterneuburg 1440 - 1519. 1984, S. 53 - 56.
Fischer, H.: Mittelalterliche Pflanzenkunde. München 1929, Neudruck Hildesheim 1967.
Franz, G. (Ed.): Quellen zur Geschichte des Deutschen Bauernstandes im Mittelalter. Freiherr v. Stein-Gedächtnisausgabe, hrsg. v. R. Buchner, Bd. XXXI. Nr. 22. Wiss. Buchgesellschaft, Darmstadt 1974.
Franz, G. (Ed.): Geschichte des deutschen Gartenbaues. Deutsche Agrargeschichte, Bd. 6. Stuttgart 1984.
Genewein, C.: Des Walahfrid Strabo von der Reichenau Hortulus und seine Pflanzen. Ungedruckte Med. Diss. München 1947.
Gyulai, F.: Obst- und Weinfunde aus der Arpadenzeit (10. Jahrhundert) in Fonyód-Bélatelep am Balaton. In: Der prähistorische Mensch und seine Umwelt. Festschrift für Udelgard Körber-Grohne zum 65. Geburtstag (Stuttgart 1988), S. 395 - 402.
Hauser, A.: Bauerngärten der Schweiz. Zürich 1976.
Hecht, K.: Der St. Galler Klosterplan. Sigmaringen 1983.
Heidinger, H.A.: Medieval Settlement and Economy North of the Lower Rhine. Archaeology and history of Kootwijk and the Veluwe (the Netherlands). (Assen-Maastricht 1987).
Hennebo, D. und A. Hoffmann: Geschichte der Deutschen Gartenkunst; bes. Bd. I: Hennebo, D.: Gärten des Mittelalters. Hamburg 1962.
Hinz, H. Ländlicher Hausbau in Skandinavien vom 6. bis 14. Jahrhundert. Stova -- Eldhus -- Bur. Beiheft 5 der Zeitschrift für Archäologie des Mittelalters (ZAM). Köln, Bonn 1989.
Hopf, M.: Walnüsse und Eßkastanie in Holzschalen als Beilagen im fränkischen Grab von Krefeld (Gellep). Jahrb. RGZM 10 (1963).
Hvass, S.: Ländliche Siedlungen der Kaiser- und Völkerwanderungszeit in Dänemark. Offa 39 (1982), S. 184 - 215.
Irsigler, F.: Die Gestaltung der Kulturlandschaft am Niederrhein unter dem Einfluß städtischer Wirtschaft. In: Wirtschaftsentwicklung und Umweltbeeinflussung (14.-20. Jh.), hrsg. v. H. Kellenbenz. Wiesbaden 1982, S. 173-195.
Janssen, W. und Knörzer, K.H.: Die frühmittelalterliche Niederungsburg bei Haus Meer. Stadt Meerbusch, Kreis Grevenbroich. Schriftenreihe des Kreises Grevenbroich, Nr. 8 Neuss 1971.
Janssen, W.: Die frühmittelalterliche Niederungsburg bei Haus Meer, Büderich, Stadt Meerbusch, Kreis Neuss (Mainz 1990).
Knörzer, K.H. und G. Müller: Mittelalterliche Fäkalien-Faßgrube mit Pflanzenresten aus Neuss. In: Rheinische Ausgrabungen 1 (1968), S. 131 - 169.
Knörzer, K.-H.: Mittelalterliche und jüngere Pflanzenkunde aus Neuss am Rhein. In: Z. f. Archäol. d. Mittelalters 3 (1975), S. 129 - 181.
Knörzer, K..H.: Spätmittelalterliche Pflanzenreste aus der Burg Brüggen, Kr. Viersen. Bonner Jahrb. 179 (1979), S. 595 - 611.
Knörzer, K.-H.: Mittelalterliche Pflanzenfunde unter dem Alten Markt. In: Duisburg im Mittelalter. 1100 Jahre

Duisburg 883-1983. Begleitschrift zur Ausstellung. Duisburg 1983.

Knörzer, K.-H.: Pflanzenfunde in einer spätmittelalterlichen Latrine in Zons. In: Archäologie im Rheinland 1987 (Köln, Bonn 1988) S. 138 - 140.

Koenig, G.G.: Schamane und Schmied, Medicus und Mönch. Ein Einblick zur Archäologie der merowingerzeitlichen Medizin im südlichen Mitteleuropa. In: helvetia archaeologia 13 (1982), S. 75 - 154, bes. S. 96 ff.

Kroll, H.: Kirschfunde aus dem 13./14. und 16. Jahrhundert aus der Lübecker Innenstadt. Ber. d. Dt. Botan. Ges. Bd. 91 (1978), S. 181 - 185.

Lynch, A. und N. Paap: Untersuchungen an botanischen Funden aus der Lübecker Innenstadt. Ein Vorbericht. Lübecker Schriften zur Archäol. u. Kunstgeschichte 6 (1982), S. 339 - 360.

Metz, W.: Zur Erforschung des karolingischen Reichsgutes. München 1971, bes. S. 8 - 21.

Metz, W. und A.E. Verhulst: Capitulare de villis. In: Lexikon des Mittelalters, 2. Bd., 7. Liefer. (1983), S. 1482 f.

Müller-Wille, M.: Eine Niederungsburg bei Haus Meer, Gem. Büderich, Kreis Grevenbroich. In: Rheinische Ausgrabungen 1. Köln-Graz 1968, S. 1 - 55.

Nekuda, V.: Pfaffenschlag, Zankilá strcdoveká ves u Slavonic. Brno 1975.

Nekuda, V.: Das mittelalterliche Dorf Mährens im Licht der archöologischen Forschung. Ausstellungskatalog. Brünn 1982.

Nekuda, V.: Mstenice, Zaniklá stredoveká ves u Hrotovic. Vol. I (Brno -- Brünn 1985).

Opravil, E.: Synanthrope Pflanzengesellschaften aus der Burgwallzeit (8.-10. Jh.) in der Tschechoslowakei. Ber. d. Dt. Bot. Ges. Bd. 91, Heft 1 (1978), S. 97 bid 106.

Opravil, E.: Efeu Hedera helix L., aus der mittelalterlichen Stadt Most (Tschechoslowakei). In: Festschrift Maria Hopf (Köln, Bonn 1979) S. 209 - 215.

Opravil, E.: Mittelalterliche Pflanzenreste aus städtischen und dörflichen Brunnen und Gruben. In.: Der prähistorische Mensch und seine Umwelt. Festschrift für Udelgard Körber-Grohne zum 65. Geburtstag (Stuttgart 1988) S. 389 - 394.

Papp, N.: Botanischer Beitrag zu archäologisch-baugeschichtlichen Beobachtungen und Teiluntersuchungen im Haus Engelsgrube 56 und seine Nachbarhäusern in Lübeck. Lübecker Schriften zur Archäol. u. Kunstgeschichte 6 (1982), S. 172 bis 183.

Roth, H.J.: Die Pflanzen in der Bauplastik des Altenberger Domes. Ein Beitrag zur Kunstgeschichte und zur mittelalterlichen Botanik. Bergisch Gladbach 1978.

Stoffler, H.-D.: Der Hortulus des Walahfrid Strabo. Sigmaringen 1978.

Tuchmann, B.: Der ferne Spiegel. Das dramatische 14. Jahrhundert. München 1983.

Verhulst, A.E.: Karolingische Agrarpolitik. Das Capitulare de villis und die Hungersnöte von 792/793 und 805/806. Z. f. Agrargesch. u. Agrarsoziol. 13 (1965) S. 175 - 189.

Vogellehner, D.: Garten und Pflanzen im Mittelalter. In: G. Franz (Ed.): Geschichte des deutschen Gartenbaues. Stuttgart 1984, S. 69 - 98.

Waterbolk, H.T.: Odoorn im frühen Mittelalter. Bericht der Grabung 1966. Neue Ausgrabungen und Forschungen in Niedersachsen 8 (1973), S. 25 - 89.

Weidemann, M.: Kulturgeschichte der Merowingerzeit nach den Werken des Gregor von Tours. Mainz 1982.

Willerding, U.: Paläo-ethnobotanische Befunde an mittelalterlichen Pflanzenresten aus Süd-Niedersachsen, Nord-Hessen und dem östlichen Westfalen. Ber. d. Dt. Botan. Gesell. Bd. 91, Heft 1 (1978), S. 129 - 160.

Willerding, U.: Funde mittelalterlicher Pflanzenreste aus der Altstadt von Göttingen. In: Das neue Bild des alten Göttingen. 5 Jahre Stadtarchäologie. Hrsg. v. S. Schütte. Göttingen 1984 a, S. 57 - 62.

Willerding, U.: Ur- und Frühgeschichte des Gartenbaues. In: G. Franz (Ed.): Geschichte des deutschen Gartenbaues. Stuttgart 1984 b, S. 39 - 68.

Willerding, U.: Ernährung, Gartenbau und Landwirtschaft im Bereich der Stadt. In: Stadt im Wandel. Landesausstellung Niedersachsen 1985. Ausstellungskatalog Bd. 3 (Braunschweig 1985) S. 569 - 605.

Willerding, U.: Relikte alter Landnutzungsformen. In: Naturwissenschaftliche und historische Beiträge zu einer ökologischen Grundbildung. Sommerschule »Natur und Geschichte« vom 14. bis 27. September 1989 (Göttingen 1990) S. 207 - 223.

Wimmer, C.A.: Geschichte der Gartentheorie (Darmstadt 1989).

Winkelmann, W.: Die Ausgrabungen in der frühmittelalterlichen Siedlung bei Warendorf in Westfalen. Neue Ausgrabungen in Deutschland. Hrsg. v. W. Krämer. Berlin 1958.

Winter, J.M. van: Van Soeter Cokene. Bussum 1971.

Zeist, W. van: Prehistoric an early historic Food Plants in the Netherlands, Palaeohistoria 14 (1968/1970), S. 14-173; u.a. über Dorestadt und Odoorn.

Abbildungen

Abb. 1: Ansicht der Abtei St. Pantaleon in Köln. Aus: H. Kellenbenz (Hrsg.), Zwei Jahrtausende Kölner Wirtschaft (1975) Bd. 1, S. 106, Abb. 11.

Abb. 2: Der Garten Eden. Darstellung von 1610. Nach Frank Crisp, Medieval Gardens (London 1924) Vol. II, Fig. V.

Abb. 3: Vorstellungen vom mittelalterlichen Garten um 1600. Nach Frank Crisp, Medieval Gardens (London 1924) Vol. II, Fig. XCIII und XCIV.

Abb. 4: Der Liebesgarten um 1610. Nach Frank Crisp, Medievale Gardens (London 1924) Fig. CCIII und CCIV.

Abb. 5: Lilien. Aus dem Hausbuch der Cerutto (Ende 14. Jahrhundert) hrsg. v. F. Unterkircher (Dortmund 1979) S. 74.

Abb. 6: Knoblauch. Aus dem Hausbuch der Cerutti (Ende 14. Jahrhunderts) hrsg. v. F. Unterkircher (Dortmund 1979) S. 49.

Abb. 7: Der Klosterplan von Canterbury (nach K. Hecht, S. 100).

Abb. 8: Die Gärten des Klosterplanes von St. Gallen. Ausschnitt. Nach Frank Crisp, Medieval Gardens (London 1924) Vol. II, Fig. CCXXV.

Abb. 9: Die Individualgärten der Karthause auf dem Mount Grace (Nach Cilyard – Beer, Abbeys Fig. 17.

Abb. 10: Das Schloß von Vaquen in Flandern mit seinen Gärten um 1600. Nach Frank Crisp, Medieval Gardens (London 1924) Vol. II, Fig. CCLXXIII.

Abb. 11: Obstfunde aus der salierzeitelichen Niederungsburg bei Haus Meer, nördlich von Neuss am Rhein (nach Janssen und Knörzer 1971, S. 139).

Abb. 12: Obstfunde aus der mittelalterlichen Niederungsburg bei Haus Meer, nördlich von Neuss am Rhein (nach Janssen und Knörzer 1971, S. 153).

Abb. 13: Reste von Obstpflanzen und Wein aus der mittelalterlichen Niederungsburg bei Haus Meer, nördlich von Neuss am Rhein (nach Janssen und Knörzer 1971, S. 149).

Abb. 14: Frühmittelalterliche Hofeinfriedungen in der Siedlung Odoorn, Niederland (Neue Ausgrabungen in Niedersachsen 8, 1973).

Abb. 15: Mittelalterliche Wüstung Pfaffenschlag in Mähren. Isometrische Darstellung der Dorfanlage mit Hausgärten und hofanschließenden Fluren (nach V. Nekuda, Brünn 1975, Faltabb. 154 b).

Der Hofgarten der Würzburger Residenz

Stefan Kummer

Die Würzburger Residenz und der sie begleitende Hofgarten[1] bilden eine seltene, glückliche Einheit. Auch wenn der Garten nicht diesselbe Berühmtheit wie der Bau von Balthasar Neumann erlangt hat, so stellt er doch etwas Besonderes in der Geschichte der deutschen barocken Gartenkunst dar, weil er wie kaum ein anderer ein bedeutender Bestandteil der Schloßanlage selbst ist. Die Wirkung dieses »Schlosses über allen Schlössern«, wie man die Residenz gerne bezeichnet, verdankt Entscheidendes dem Verhältnis der Architektur zu ihrer Umgebung, wobei dem Hofgarten eine wichtige Rolle zukommt.

Die günstige Lage der Residenz am Rande der Altstadt, jenseits des mittelalterlichen und diesseits des barocken Berings, in einem damals wie heute nur dünn bebauten Gelände erlaubte nicht nur eine großzügige Bauplanung, sondern auch die Anlage eines geräumigen, wenn auch nicht allzu großen Gartens, der dem Fürsten und seinem Hofstaat als Stätte der Kurzweil, der Erholung und prachtvoller Feste dienen konnte. Im Gegensatz zu dem Versailler Schloß oder zu Schloß Schönbrunn in Wien, die, als Lustschlösser konzipiert, über riesige Gartenanlagen verfügten, war die Würzburger Residenz ein Stadtschloß[2], woraus sich die beschränkte Größe unseres Hofgartens erklärt. Im 18. Jahrhundert nahm die Residenz nicht nur die Hofhaltung des Fürstbischofs auf, sondern sie diente auch als Sitz der Regierung des Hochstiftes Würzburg, war »goldener Fürstenkäfig«, wie sie Friedrich Carl von Schönborn nannte[3], und Verwaltungsgebäude zugleich. Ihre Stadtnähe machte sie zu einem Zentrum urbanen Lebens. Um der Verbindung mit der Residenzstadt einen anschaulichen Ausdruck zu verleihen, wurde bald nach der Grundsteinlegung des Schlosses eine neue Straßenachse angelegt, die Hofstraße, die geraden Wegs den in der Stadtmitte gelegenen Dom mit dem Corps de Logis des Schlosses verbindet.[4] Zur Stadt hin präsentiert sich der hochgereckte Bau mit ernster, fast abweisender Miene; der weite Platz hält jeden Ankömmling auf Distanz. Die Rückseite der Residenz nimmt indessen Züge eines Lustschlosses an: Breit und behaglich lagert die Baumasse im Gelände, so daß sich der Eindruck von Gelöstheit und Festesstimmung einstellt. Dem entspricht der freundliche, intime Garten, der sich zwischen der langgestreckten Ostfassade und der barocken Stadtbefestigung erstreckt. Der südlichen Seitenfassade, der das ovaloid vorgewölbte Mittelrisalit mit der prallen Kuppelhaube einen heiteren Anstrich verleiht, ist ebenfalls eine Grünanlage vorgelagert, die durch eine Allee mit dem sogenannten Ostgarten verbunden ist. Dieser insgesamt recht beträchtliche Ziergarten war im 18. Jahrhundert der größte seiner Art im Bereich der Würzburger Altstadt, und das blieb so, bis in der zweiten Hälfte des 19. Jahrhunderts der Ringpark[5] geschaffen wurde.

Entscheidendes verdankt die Gestalt des Hofgartens dem Mainzer Kurfürsten Lothar Franz von Schönborn, der seinem Neffen Johann Philipp Franz, dem Würzburger Fürstbischof und ersten Bauherrn der Residenz, in der kritischen Zeit der Bauplanung beratend zur Seite stand.[6] Der kunstsinnige Oheim hatte im Winter 1719/20 den großartigen Einfall, das neue Schloß auf dem vorgesehenen Baugelände, dem Rennweg, so zu plazieren, daß nicht nur Raum für eine grandiose Platzanlage gegen die Stadt, sondern auch für einen regelmäßigen Garten geschaffen wurde. Von besonderem Gewicht war die Anregung des Mainzer Kurfürsten, die Mittelachse der benachbarten Bastion des barocken Befestigungsgürtels mit der des Schlosses zusammenfallen zu lassen, wodurch sich erstaunliche Möglichkeiten für die Gartenanlage ergaben.

Allerdings war es ein recht langer Weg, bis der Hofgarten seine endgültige Gestalt erhielt. Man hat seine Entstehungsgeschichte in fünf Perioden unterteilt[7], allerdings sind von diesen nur drei von eigentlicher Bedeutung. Um die Gestalt des Gartens besser zu verstehen, ist eine nähere Betrachtung seiner Genese unumgänglich.

Schon in der Frühphase der Residenzplanung hat man sich ernstlich Gedanken um die künftige Gartenanlage gemacht.[8] Zwar galt zunächst, am Anfang der Zwanziger Jahre des 18. Jahrhunderts, die Aufmerksamkeit fast gänzlich dem Schloßbau, aber darüber haben der Bauherr und die von ihm beauftragten Architekten Balthasar Neumann und Maximilian von Welsch keineswegs die künftige Einbettung des Gebäudes in seine Umgebung aus den Augen verloren. Dies ist ein für die Planungstätigkeit im Barockzeitalter sehr kennzeichnender Zug: Generell begriff man das einzelne Bauwerk als Teil eines größeren, übergeordneten Ganzen. Gemäß dieser Auffassung entstanden schon in den Jahren 1720/23 die ersten Vorschläge zur Gestaltung des Hofgartens, die von grundlegender Bedeutung werden sollten. Den Ausgangspunkt der Überlegungen bildete naturgemäß die Plazierung des Baukörpers, so wie sie Lothar Franz von Schönborn angeregt hatte. Das bekannte, im Jahre 1723 nach Angaben Balthasar Neumanns von Salver geschaffene Thesenblatt des Freiherrn von Reitzenstein erläutert nicht nur die topographische und bauliche Situation des Schloßbezirkes (Abb. 1-2), sondern enthält auch bereits eine Summe der frühen Überlegungen zur Hofgartenanlage[9]: Der Baukörper der Residenz orientiert sich mit seinen Fluchten an den Vorgaben der benachbarten Bastion, deren Mittelachse auf einer Linie mit der des Schlosses liegt. Vor der Residenz erstreckt sich ein weiter rechteckiger Platz, den links das Rosenbach-Palais flankiert und rechts ein weitläufiges Wirtschaftsgebäude, das zur Versorgung des Hofes gedacht war, begrenzt. Der langgestreckten rückwärtigen Front der Residenz, die gegen das Befestigungswerk blickt, ist jenseits einer entlang der Gartenfassade geführten breiten Promenade ein fast mitraförmiges Gartenparterre vorgelegt, das wie in einem Hohlraum im Inneren der Bastion geborgen erscheint. Futtermauern schließen den Gartenbereich gegen den Wall auf der Krone der Bastei ab. Die Spitze des mitraförmigen Parterre nimmt eine leicht erhöhte Terrasse ein, auf der ein Belvedere und eine Kaskade einen Point-de-vue zur Fassade des Schlosses bilden. Ein rasterartiges Wegesystem gliedert das Parterre nach Art eines Schachbrettmusters und sorgt für eine mittelaxiale Verbindung zwischen Bastionsspitze und Corps de Logis der Gartenfront. Die erwähnte Promenade zwischen Schloß und Parterre findet nach Süden eine Fortsetzung in Gestalt einer langen Allee, die den Gartenbereich vor der Südfassade erschließt. Vor dieser erstreckt sich ein ausgedehntes, von einem Wegekreuz geteiltes Parterre mit einem kreisförmigen Zentrum, in dem ein Brunnen Platz gefunden hat. Die Wege schaffen eine strenge axiale Beziehung zwischen dem Mittelrisalit der Schloßfassade und einem Belvedere im Süden des Parterre einerseits sowie zwischen der Mittelachse der Wirtschaftsgebäude im Westen und der Hauptallee im Osten andererseits. Ein langes schmales Boskett füllt den Raum zwischen Allee und Befestigungsgürtel. Im Inneren einer zweiten, gegen Südosten gelegenen Bastion befinden sich Gewächshäuser und regelmäßig angelegte Beete.

Das Gartenprojekt des Thesenblattes enthält schon fast alle fundamentalen Gedanken der wesentlich später dann verwirklichten Gartenanlage: Dies ist zum einen die Einbettung des Ostgartens in die Substanz der dem Schloß gegenüberliegenden Bastion, zum anderen die Verbindung von Ost- und Südgarten mittels einer durchgehenden großen Hauptachse, welche die Promenade vor der Gartenfassade und die Allee bilden, und zum dritten die Zentrierung des Gartenparterres vor der Südfassade.

Obwohl im Laufe der Dreißiger und Vierziger Jahre manches im Detail abgeändert wurde[10] – so etwa die Gestaltung der Wegeführung in den Parterres –, hielt man doch an den grundlegenden ersten Ideen fest. Eine wichtige Neuerung verdient noch der Erwähnung: Bereits gegen 1730 kam Neumann der Einfall, parallel den Futtermauern des in der Bastion gelegenen Ostgartens gemächlich ansteigende Rampen auf eine hoch über dem Parterre gelegene Terrasse zu führen, von der aus wiederum über breite Treppenanlagen die Wallkrone der Bastei erreicht werden konnte. Auf dem Wall war eine Allee geplant, die um den Ostgarten herumgeführt und auf dem Wall der benachbarten Bastion fortgesetzt werden sollte.[11] Ein 1750 von dem Neumann-Schüler Johann Michel Fischer gezeichneter Plan (SE 335)[12] gibt eine anschauliche Vorstellung von der außergewöhnlichen, großartigen Idee Neumanns: Der Garten hatte entschieden an Größe gewonnen, die Perspektiven und Sichtbezüge, vor allem zur Gartenfassade der Residenz, waren unvergleichlich vielfältig und reizvoll geworden, und nicht zuletzt erschien nun der ganze Ostgarten wie ein großes halbiertes Amphitheater, zu dem die Residenz den Prospekt abgab. Vielleicht angeregt von ita-

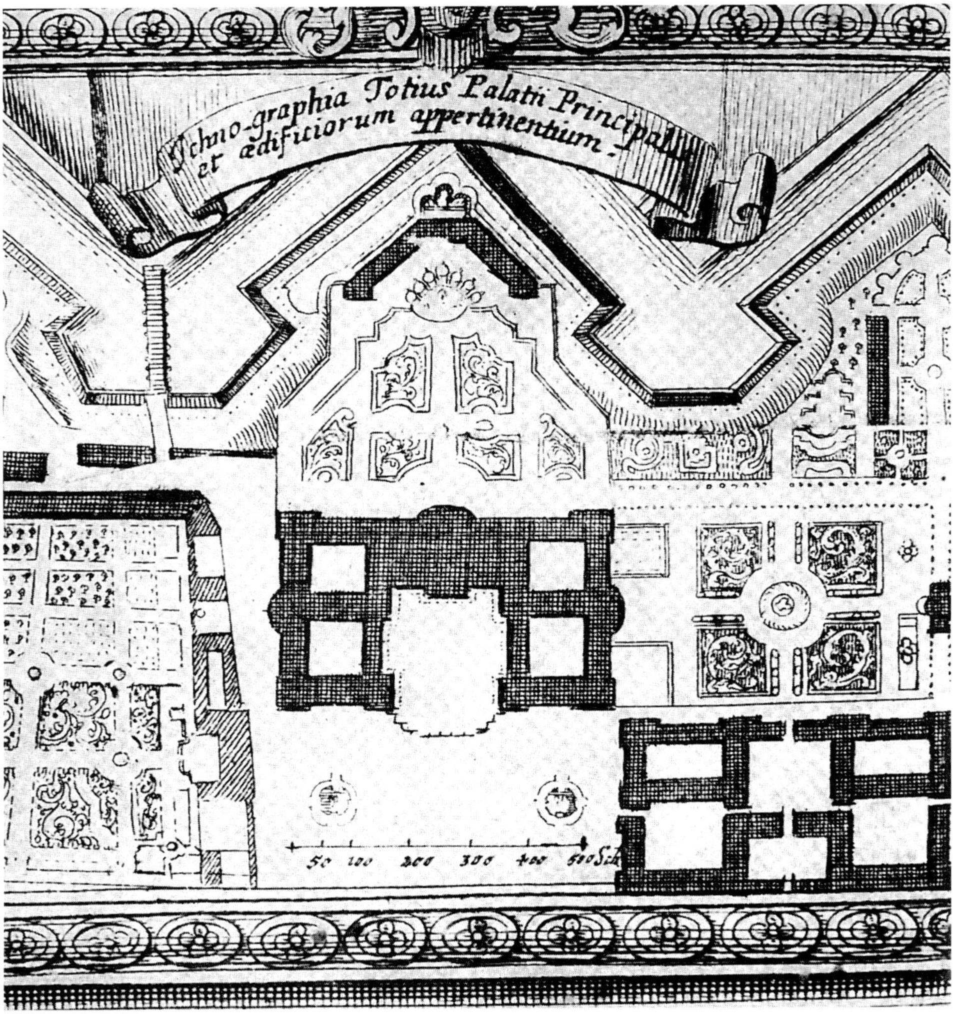

Abb. 1 Thesenblatt des Freiherrn von Reitzenstein aus dem Jahre 1723 (Ausschnitt)

lienischen Terrassengärten[13], hatte Neumann eine Lösung gefunden, die in der Kunst des Gartenbaus einzigartig dasteht.

Zu Lebzeiten Neumanns war von den Gartenplanungen der Zwanziger, Dreißiger und Fünfziger Jahre kaum etwas verwirklicht worden. Wahrscheinlich hat man sich zunächst mit provisorischen gärtnerischen Maßnahmen begnügt, denn jahrzehntelang verschlangen der Schloßbau und seine Ausstattung Unsummen. So ist die erste Periode der Entstehungsgeschichte des Hofgartens, die bis 1770 währte, also fünfzig Jahre umfaßte, eigentlich nur eine Inkubationszeit gewesen. Die barocke Hofgesellschaft mußte ohne einen repräsentativen Garten auskommen, da man über Pla-

Abb. 2 Thesenblatt des Freiherrn von Reitzenstein (Ausschnitt)

nungen nicht hinausgelangte. Diese zeugen indessen davon, daß man eine Gartenanlage schaffen wollte, die sich an den wichtigsten Prinzipien barocker Gartenkunst orientierte.[14] Das ist einmal die strenge Axialität aller Wege, die ungehinderte Fernblicke ermöglichen und nach streng rationalen Gesichtspunkten das Gartengelände erschließen soll. Besondere Wichtigkeit kommt bei der Anlage der meist rasterförmigen, bisweilen auch sternartigen Wegeführung den Ausblicken auf das Schloß zu, das der Bezugspunkt für die gesamte Gartenanlage ist.[15] Der barocke Garten ist primär ein architektonisches Gebilde, das die Prinzipien der Baukunst auf die Landschaft überträgt. Von dem Schlüsselwerk der Epoche, dem Garten von Schloß Vaux-le-

Vicomte, den der französische Finanzminister Fouquet durch Le Nostre anlegen ließ, hieß es 1652, daß hier »höchst angenehm« die Kunst mit der Natur streite.[16] Und Salomon Kleiner äußerte im Zusammenhang mit dem Garten der Favorite bei Mainz, daß die Kunst der Natur »Beihilfe« gebe.[17] In all diesen Äußerungen verbirgt sich die alte Forderung der Renaissance, daß die Kunst bestrebt sein sollte, die Natur zu übertreffen. Schon im 16. Jahrhundert wurde die Gartenkunst zu einer Schwester der Baukunst. Architektur und Gartenbau folgten denselben Prinzipien der Regularität und der Varietät. Auch im Detail bezeugen die Würzburger Planungen die Grundsätze der barocken Gartenkunst, wie sie vor allem in Frankreich ausgebildet wurden: Verwiesen sei nur auf die Broderieparterres, das heißt die »Blumenstickereien«, die freilich wieder größter Regelmäßigkeit unterworfen wurden, wie dies ein namhafter Theoretiker der barocken Gartenkunst, D'Aviler, gefordert hatte[18]; ferner auf die Alleen, die zahlreichen Wasserbassins und die Kaskade, um das Wichtigste zu nennen.

Es ist eine Ironie der Geschichte, daß die Grundgedanken der barocken Gartenplanungen für den Würzburger Hofgarten erst zu einem Zeitpunkt verwirklicht wurden, als das Barockzeitalter schon vorüber war. Zwar hatte man in den Fünfziger Jahren, nach Neumanns Tod, im Bereich des Südgartens eine Orangerie als Pendant zur Südfassade der Residenz errichtet und auch mit der Anlage des Gartens begonnen, aber sehr weit war man nicht gekommen.[19] Dies änderte sich erst mit der Berufung des genialen, aus Böhmen stammenden Johann Prokop Mayer, der von Fürstbischof Adam Friedrich von Seinsheim 1770 zum Hofgärtner ernannt wurde.[20] Mayer hatte eine Ausbildung in den königlichen Gärten von Versailles und Issy absolviert und Holland sowie England bereist, bevor er nach Würzburg kam. Obwohl ihm sicherlich die neueste Mode in der Gartenkunst, der englische Landschaftsgarten, gut bekannt war, entwarf er für den Würzburger Hofgarten eine Anlage wesentlich altertümlicheren Charakters. Es mag der Wunsch des Auftraggebers dabei mitgespielt haben, der ungeachtet seiner Vorliebe für den »goût grec«, doch vom Lebensgefühl des Barocks erfüllt war, wie etwa der von Seinsheim angelegte Garten in Veitshöchheim beweist.[21] Entscheidend dürfte indessen die Einsicht Mayers gewesen sein, daß der Garten »in einem dem Pallaste... würdigen« Schmuck erscheinen sollte, wie er in seinem berühmten Werk »Pomona Franconica« schrieb.[22]

Mayers Vorstellungen überliefern zwei Zeichnungsserien, einige Einzelblätter und eine 1775 in Paris erschienene Stichserie, die jüngst vom Martin-von-Wagner-Museum der Universität Würzburg aus dem Kunsthandel erworben werden konnte.[23] Anhand dieser bisher kaum bekannten, beziehungsweise wenig beachteten Kupferstiche[24] seien Mayers Vorstellungen, die zu einem guten Teil in den Siebziger Jahren verwirklicht wurden, erläutert. Drastisch beschreibt er die Situation, die er vorfand: »Ein wenig geraumiger Platz, zwischen Gebäuden und Wällen eingeschlossen, durch die seltsam zig-sagk der Vestungswerke begränzt, keine andere Aussicht als die hohen Füllungsmauern; so angenehm sah die Grundlage aus, worauf ich mein Gemählde anlegen muste«.[25]

Tatsächlich entwarf er ein herrliches Bild, wie die Zeichnungen und Stiche überliefern.

Der Gesamtplan[26] (Abb. 3) demonstriert, daß Mayer die wichtigsten Gedanken der barocken Gartenplanung aufgegriffen hat, so das axiale Bezugssystem, das Ost- und Südgarten zu einer Einheit zusammenfaßt, und den gesamten Garten auf die Residenzarchitektur hin ordnet; ferner knüpft Mayer an Neumanns Idee, den Ostgarten als amphitheatralische Anlage zu gestalten, wieder an. Erst bei näherer Betrachtung fallen die Rokoko-Elemente auf, die die barocke Strenge der Gesamtanlage beträchtlich mildern. Sehen wir uns zunächst den Ostgarten (Abb. 4) an, den unser Kupferstich, der eine verlorene Zeichnung Mayers reproduziert, besonders getreu überliefert: In den Grundzügen folgt der Hofgärtner Neumanns Vorstellungen. Die ansteigenden Rampen, die hochgelegene Terrasse, die Treppen, die auf den Wall führen, die Wallpromenade, und nicht zuletzt die symmetrische Anlage des Ganzen, wobei die Mittelachse mit der großen Kaskade den Ton angibt – all dies wurde von Neumanns Projekt angeregt. Wie dieser nimmt Mayer die Vorgaben der Residenzarchitektur sehr ernst, wovon der am unteren Blattrand angeschnittene Grundriß der Gartenfassade beredtes Zeugnis ablegt. Besonders interessierte Mayer die Umgestaltung des Bastionsinneren zu einem annähernd halbrunden Theaterraum mit stufenweise ansteigenden Rängen. Einem Laubengang mit Kreisschwüngen opfert er fast das halbe Parterre, um die amphitheatralische Wirkung zu erhöhen. Demselben Zweck dient die Verkomplizierung der Rampenanlage. Insofern vollendet Mayer Neumanns Konzeption, zugleich nimmt er dieser aber die barocke Strenge durch eine bizarre Wegeführung im Parterre, durch eine Fülle laubgedeckter Bogengänge, durch schwungvolle Rabatten und eine Fülle zierlichen Skulpturenschmucks. Ein ungemein prächtiges, dabei aber nicht minder heiteres und abwechslungsreiches Bild bietet sich dem Auge, das die Fülle der Eindrücke kaum zu fassen vermag. Und doch entsteht kein Chaos, weil entweder strenge geometrische Figuren, wie das Rondell mit dem Brunnen im Zentrum des Parterre oder Längs- und Querachsen dem Ganzen Festigkeit und Halt verleihen.

Dasselbe gilt für den Südgarten (Abb. 5). Die Grundzüge der Anlage rekurrieren wiederum auf die barocken Planungen. Und wieder ist Mayer bestrebt, die allzu große Strenge zu mildern. Bezeichnend sind die diagonal geführten Wege, die das ursprünglich so nüchterne Raster durchbrechen und vielfältigere Blickrichtungen ermöglichen. Die Broderien sind höchst abwechslungsreich und schwungvoll gestaltet, im Süden gar wird das Parterre durch ein Heckentheater mit raffiniert verschlungenen Wegen unterbrochen: Bewußte Asymmetrie versucht die Rationalität der Grundkonzeption zu konterkarien, aber nicht in Frage zu stellen. Dies sind charakteristische Züge der Gartenkunst des Rokoko, das einerseits eine Entarchitektonisierung und Entgeometrisierung des Gartengrundrisses anstrebt, sich andererseits aber nicht gänzlich

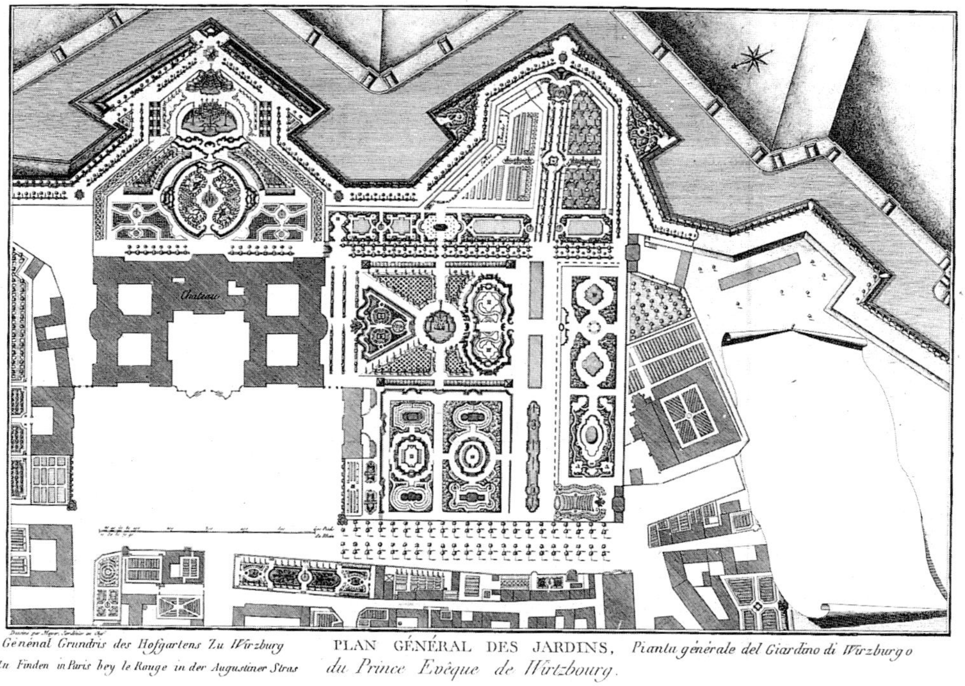

Abb. 3 Johann Prokop Mayer: Gesamtplan des Würzburger Hofgartens

Abb. 4 Johann Prokop Mayer: Der Hofgarten gegen Osten

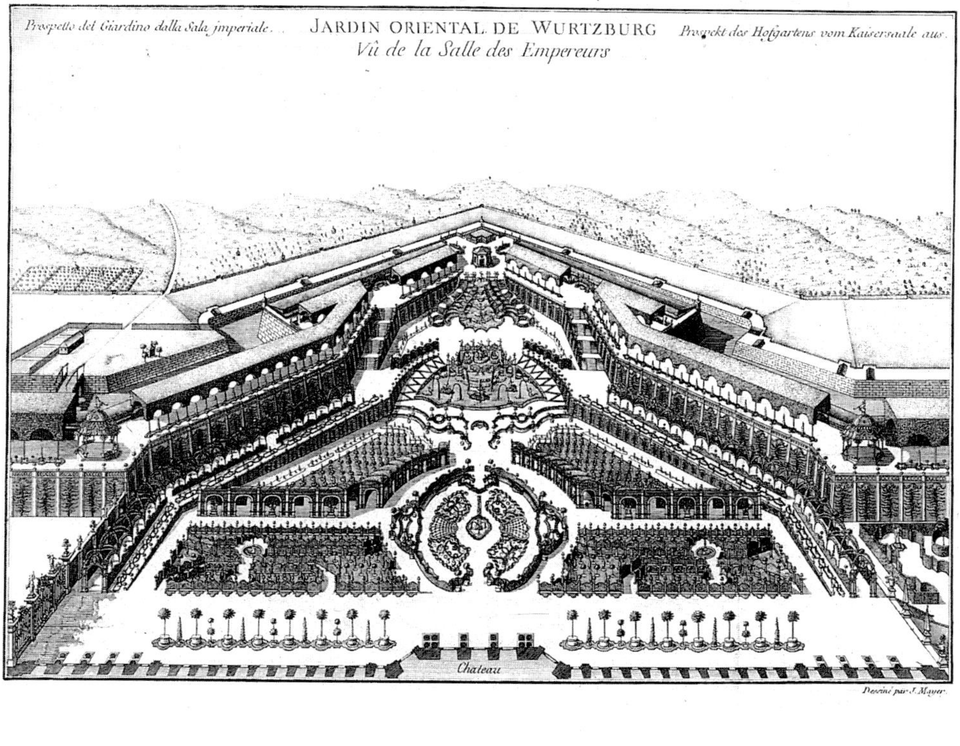

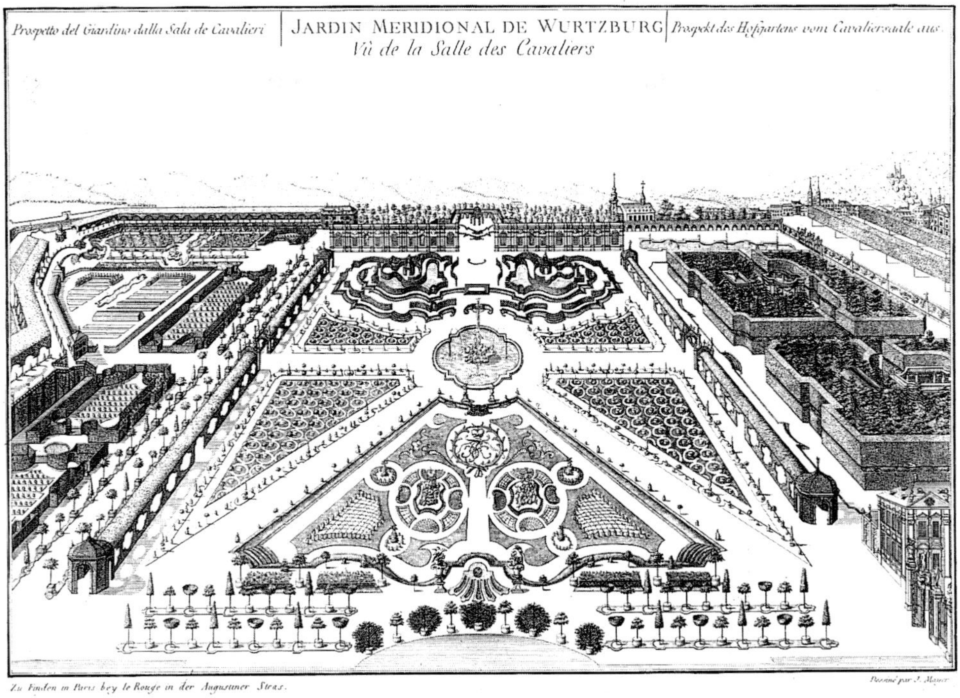

Abb. 5 Jchann Prokop Mayer: Der Hofgarten gegen Süden

Abb. 6 Johann Prokop Mayer: Der Hofgarten gegen Südwesten

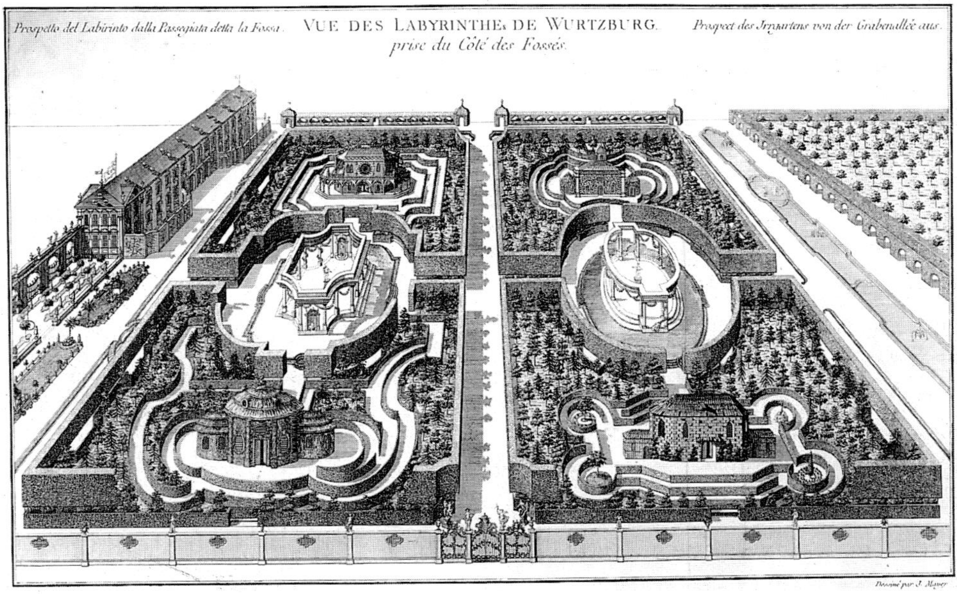

von den Prinzipien des klassischen barocken Gartens verabschiedet.[27] So schimmert auch durch die heitere Bewegtheit von Mayers Gartenanlage immer wieder das Ordnungsdenken des Barockzeitalters durch.

Anstelle der ursprünglich geplanten Wirtschaftsgebäude westlich des Südgartens, auf deren Errichtung aus Kostengründen verzichtet wurde, plante Mayer ein Boskett, das von hohen gestutzten Hecken gerahmt werden sollte (Abb. 6). Das Grundkonzept ist barocker Tradition verpflichtet, den Vorstellungen des Rokoko entsprechen indessen die kleinen Tempelarchitekturen, eine Stroh- und eine Köhlerhütte sowie eine Eremitage und eine Klausnerei (Abb. 7). In den Hütten und Eremitagen offenbart sich ein Kokettieren mit mehr und mehr im Laufe des 18. Jahrhunderts sich verbreitenden Sehnsüchten nach ursprünglichem Leben und sentimentaler Besinnlichkeit.[28] Freilich ging es Mayer nur um den sinnlichen Reiz solcher Vorstellungen, nicht um deren moralische Seite, und es ist sehr wahrscheinlich, daß er das Ganze genauso wenig ernst nahm wie wir Heutigen. In jedem Falle plante er ein für die Gartenkunst des Rokoko sehr bezeichnendes Ensemble, dessen Ausführung allerdings unterblieb.

Überhaupt war es Johann Prokop Mayer nicht vergönnt, seine Gesamtplanung zu vollenden. Als Adam Friedrich von Seinsheim 1779 starb, waren nur Teile der großartigen Konzeption verwirklicht.[29] Im einzelnen wissen wir nicht genau, wie weit die Arbeiten gediehen waren. Sicher ist, daß der Ostgarten in großen Zügen angelegt war, allerdings ohne die geplante prächtige Kaskade (Abb. 8). Ob die von Mayer vorgesehene kostbare Bepflanzung verwirklicht wurde, ob die vielfältigen Obstbäume, die gestutzten Hecken, die Form- und Orangenbäumchen jemals den Garten zierten, ist bisher unbekannt. Der Südgarten dürfte, wie spätere Bildquellen bezeugen[30], weitgehend gemäß Mayers Vorstellungen angelegt worden sein. Aber wie die Bepflanzung tatsächlich beschaffen war, entzieht sich unserer Kenntnis.

Das, was von Mayer verwirklicht worden war, wurde einer grundlegenden Umgestaltung des Hofgartens in der dritten und letzten Phase seiner Entstehungsgeschichte unterworfen. Mit Franz Ludwig Erthal gelangte ein Fürst auf den Stuhl des hl. Kilian, der erfüllt war vom Gedankengut der Aufklärung. Das Mayersche Gartenkonzept fand nichts weniger als den Beifall Erthals und wurde dann offenbar auch nicht weiter verfolgt.[31] Stattdessen entstand im Südwesten des Hofgartens eine Anlage im Englischen Gartenstil, so wie man ihn in Würzburg begriffen hatte. Ein häßliches Gehölz mit schlangenförmigen Wegen sollte den Bürgern die neuen Gesinnungen am Hofe vor Augen führen. Bezeichnenderweise wurde dieser »modernste«, gleichwohl bis heute unattraktivste Teil des Hofgartens als erster dem allgemeinen Publikumsverkehr geöffnet, und zwar im Jahre 1791.[32] Spätestens 1805 war der gesamte Hofgarten für Besucher zugänglich.[33]

Verschiedene Bildquellen demonstrieren[34], wie im Laufe der Toscana-Zeit und des fortschreitenden 19. Jahrhunderts nun auch der übrige Hofgarten im Sinne des Eng-

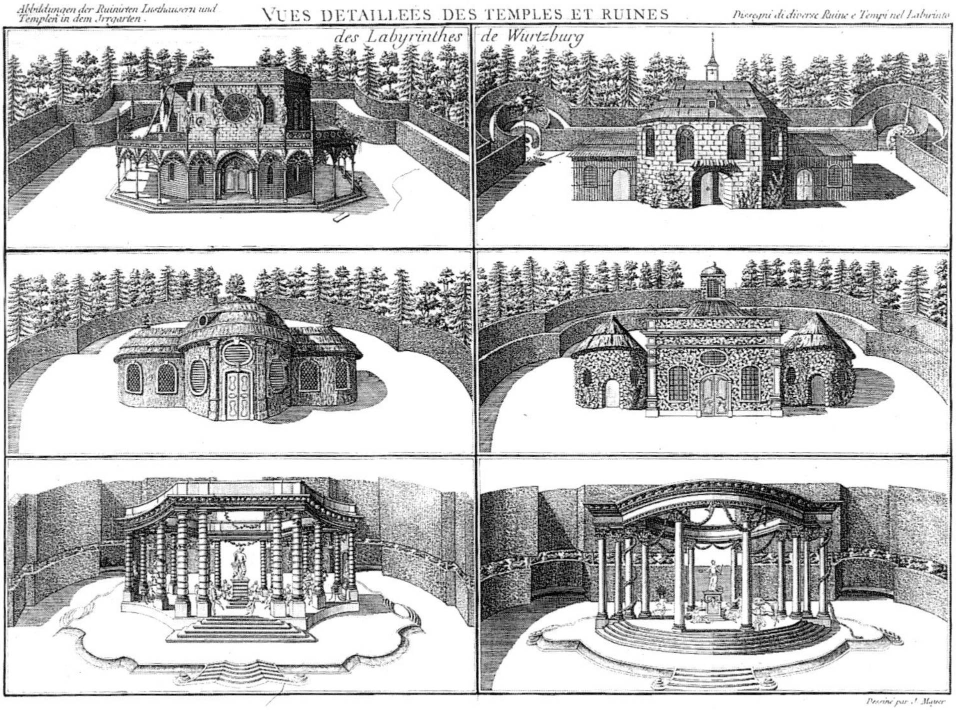

Abb. 8 Johann Prokop Mayer: Die große Kaskade im Ostgarten

Abb. 7 Johann Prokop Mayer: Die Architektur des Südwestgartens

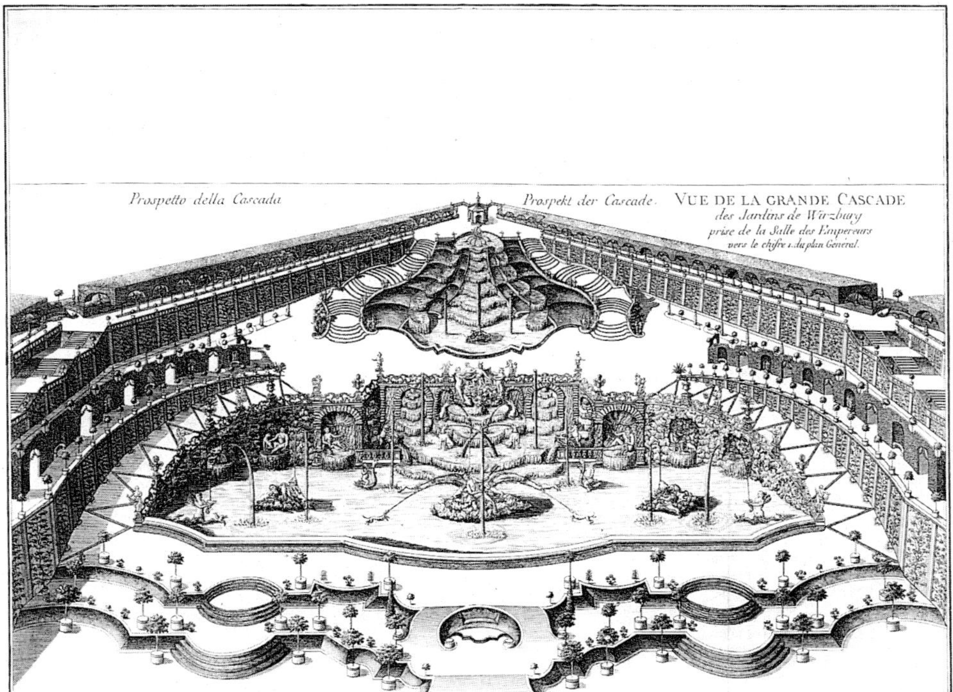

lischen Gartenstils umgestaltet wurde. Galt die Regelmäßigkeit der Barock- und Rokokogärten schon in der englischen Gartentheorie des 18. Jahrhunderts als ein Mißbrauch der Kunst, da die »Gegenstände der Natur Freyheit« erforderten[35], so wurde diese Auffassung, ungeachtet mancher gegensätzlicher Meinungen, im Laufe des darauffolgenden Jahrhunderts zur allgemein herrschenden. Anstelle streng gestutzter Hecken und zierlicher, geometrisierender Formbäumchen begannen mehr und mehr üppiges, dichtes Strauchwerk und hochwüchsiger Baumbestand das Erscheinungsbild des Hofgartens zu prägen. Die Broderien wurden durch Rasenflächen ersetzt, geschlungene Wege verunklärten die Wegeführung. Einen Höhepunkt erreichte diese Entwicklung zu Anfang unseres Jahrhunderts, als die Gartenanlage den Eindruck eines Englischen Parkes machte. Und doch hatten sich unter den ausladenden, schattenden Baumkronen und im Dickicht des Buschwerks die Strukturen der Gartengestaltung des Barock und des Rokoko erhalten. In den Zwanziger Jahren unseres Jahrhunderts entdeckte man den Reiz des Rokokogartens wieder und dämmte behutsam die Vorherrschaft des Englischen Gartenstils ein. Die Parterres wurden von Bäumen und Sträuchern befreit und teils getreu, teils frei rekonstruierend in einen dem Mayerschen Konzept angenäherten Zustand zurückgeführt.[36] In diesem historistischen, inzwischen längst schon wieder historischen Zustand präsentiert sich bis heute der Würzburger Hofgarten, wenn auch die Bepflanzung sich natürlich ständig erneuert. Die architektonische Strenge des Barock, die Gelöstheit des Rokoko und die parkartige Weitläufigkeit eines Englischen Landschaftsgartens verbinden sich, obwohl die verschiedenen historischen Schichten sich unterscheiden lassen, zu einer überraschend überzeugenden Synthese.

Werfen wir einen Blick in den Hofgarten, so wie er sich heute dem Zuschauer darbietet. In der Regel betritt man ihn durch das schmiedeeiserne Tor zwischen dem Südflügel der Residenz und dem Gesandtenbau, also vom Residenzplatz aus. Den Besucher erwartet ein ausgedehntes, an allen vier Seiten von Alleen gesäumtes Parterre. Das längliche Karree gliedern in Kreuz- und Diagonalrichtung geführte Wege, die sich mit einem zentralen Rondell zu einem sternförmigen Gebilde verbinden, dessen Zentrum ein rundes Wasserbassin mit einem Springbrunnen einnimmt. Die Grundzüge der Anordnung gehen auf Balthasar Neumann, die diagonalen Wege auf Johann Prokop Mayer zurück. Relikt des Mayer-Konzepts ist auch der plastische Schmuck, so die Europa- und die Proserpina-Gruppe, die allerdings an anderen Plätzen aufgestellt waren. Die zu Kegelform gestutzten Bäume am Teichrondell verstehen sich als moderne, sehr freie Anspielungen auf die Vorstellungen Mayers. Die Broderien des 18. Jahrhunderts wurden gänzlich von Rasen verdrängt. Von romantischem Geist zeugt der Tuffelsen im Bassin, der übrigens erst vor wenigen Jahrzehnten zu einem kläglichen Stumpf zersägt wurde. Im Bereich der Alleen wirkt der Hofgarten wie ein Park, da die dichten Baumkronen die im Barockzeitalter so geschätzten Fernblicke verhindern. Und doch zeigt sich in der Regelmäßigkeit der Wegefluchten deutlich der barocke Ursprung der Anlage.

Von der Hauptallee aus könnte man direkt in den Ostgarten gelangen, doch wesentlich reizvoller ist der bereits von Neumann projektierte hochgelegene Gürtelweg, der südöstlich der Orangerie beginnt und auf den Wällen der barocken Befestigungswerke verläuft. Zunächst erwartet uns der Wall der Südostbastion, die, wie schon von Neumann geplant, die Hofgärtnerei beherbergt. Eine Kurtine, deren Wall durch eine auf der Mittelachse angeordnete Baumreihe geteilt wird, stellt die Verbindung zur Bastion des Ostgartens her. Von hier oben kann man über eine figurengeschmückte Balustrade hinunter auf den Südgarten blicken oder in den östlich gelegenen Ringpark mit dem sogenannten »Klein Nizza«. Der dichte Baumbestand zu beiden Seiten der Kurtine läßt den Eindruck eines Englischen Gartens entstehen. Am Ende der Kurtine haben wir den südlichen, obersten »Rang« des amphitheatralischen Ostgartens erreicht. Wir überblicken das im Sinne Mayers gegliederte Parterre sowie die mit Laubengängen und Zierrabatten geschmückten Rampen. Das Rondell mit dem Bassin im Zentrum des Parterre geht ebenso auf die Rokokozeit zurück wie die im Osten sich anschließende Heckenkulisse, die als Bogenarkade gestaltet wurde. Die großen Rasenflächen indessen und die Tuffontäne sind eine Hinterlassenschaft des 19. Jahrhunderts. Verfolgen wir nun die zweigeteilte Wallallee, entfaltet sich jenseits der prächtigen Balustrade die amphitheatralische Wirkung. Ständig bieten sich wechselnde Ausblicke auf die Residenz, die zunächst dem Betrachter zum Greifen nahe ist, dann aber in immer größere Fernen rückt. Am weitesten ist man im Bereich der Bastionsspitze von der Gartenfassade entfernt: Hier ergibt sich eine eindrucksvolle, für den Barock bezeichnende Sichtachse. Seitliche Treppenanlagen vermitteln zwischen dem Wall, einer Terrasse auf halber Höhe und dem Parterre. Gegen Nordwesten nähern wir uns wieder der Residenz, um schließlich den Blick auf das gesamte Parterre, diesmal gegen Süden, ein zweites Mal zu genießen. Über die erwähnten Treppen gelangt der Spaziergänger hinunter auf die Terrasse, welche die Kaskade einnehmen sollte. Von dort führen halbkreisförmige Rampen direkt ins Parterre hinunter; reizvoller ist aber der Weg über die Laubengänge auf den langgezogenen seitlichen Rampen. Auch wenn zum Teil dichter Baumbestand das Amphitheater romantisch verunklärt, so blieb der große Reiz der barocken Anlage doch erhalten. Dem Rokoko indessen verdanken wir die verschwenderische Fülle zierlicher Skulpturen, die die Balustraden der Wallmauern und der Treppenläufe schmücken. Die schönsten und beliebtsten Bildwerke sind aber die Puttengruppen Johann Peter Wagners in den Laubarkaden, die das große, grüne Rondell im Parterre begleiten. In diesen Wandelgängen mit den vielfältigen, von den Putti belebten Durchblicken erlebt man am eindrucksvollsten jene glückliche Einheit von Architektur und Gartenkunst, die den besondern Rang des Würzburger Hofgartens ausmacht.

Anmerkungen

1 Wichtigste Literatur zum Würzburger Hofgarten: Richard Sedlmaier-Rudolf Pfister, Die fürstbischöfliche Residenz zu Würzburg, I, München 1923, 142-148; Christian Bauer, Der Würzburger Hofgarten. Werden, Abwandlung und Weiterentwicklung der Gärten der Würzburger Residenz, Mainfränkisches Jahrbuch für Geschichte und Kunst, XIII (1961), 1-31; Dieter Hennebo-Alfred Hoffmann, Geschichte der deutschen Gartenkunst, II (Der architektonische Garten. Renaissance und Barock), Hamburg 1965, 352-359; Erich Bachmann-Burkard von Roda, Residenz Würzburg und Hofgarten. Amtlicher Führer, München 1985[10], 23-30; Otto Meyer, «... wahrlich ein königlicher Garten... «. Würzburgs Garten-Tradition zwischen Barock, Rokoko, Klassizismus und Romantik, Würzburg heute, IL (1990), 18-26.

2 s. dazu: Erich Hubala-Otto Mayer, Die Residenz zu Würzburg, Würzburg 1987, 55-80.

3 Max H. von Freeden, Würzburgs Residenz und Fürstenhof zur Schönbornzeit (Mainfränkische Hefte I), Würzburg 1948, 27.

4 Zur Anlage der Hofstraße s. Max H. von Freeden, Balthasar Neumann als Stadtbaumeister, Berlin 1937, 49-52.

5 Zur Geschichte des Ringparks s. Arno Herzig, Das Würzburger Glacis und seine Wandlung zum Ringpark, in: Das Würzburger Glacis. Geschichte und Probleme eines wertvollen Kulturdenkmals (Hrsg. Verschönerungsverein Würzburg e.V.), Würzburg 1964, 7-72.

6 s. hierzu zuletzt: Stefan Kummer, Balthasar Neumann und die frühe Planungsphase der Würzburger Residenz, in: Thomas Korth-Joachim Poeschke (Hrsg.), Balthasar Neumann. Kunstgeschichtliche Beiträge zum Jubiläumsjahr 1987, München 1987, 79-91.

7 Christian Bauer (wie Anm. 1), 3-4.

8 Richard Sedlmaier-Rudolf Pfister (wie Anm. 1), 142 ff.; Christian Bauer (wie Anm. 1), 4 ff.

9 ibid., 5-7 sowie Taf. 2 und 4.

10 ibid., 9 ff.

11 ibid., 10 und Taf. 6 b).

12 Richard Sedlmaier-Rudolf Pfister (wie Anm. 1), 52, Abb. 52, 53; Christian Bauer (wie Anm. 1), 13 ff. u. Taf. 10; Sammlung Eckert. Plansammlung aus dem Nachlaß Balthasar Neumanns im Mainfränkischen Museum Würzburg. Unter Mitverwendung der Vorarbeiten von Joachim Hotz (+) bearbeitet von Hanswernfried Muth, Elisabeth Sperzel und Hans-Peter Trenschel, Würzburg 1987, 78.

13 Marie Luise Gothein, Geschichte der Gartenkunst, II (Von der Renaissance in Frankreich bis zur Gegenwart), Jena 1926, 238; Erich Bachmann-Burkard von Roda (wie Anm. 1), 24.

14 s. hierzu: Hans Rose, Spätbarock. Studien zur Geschichte des Profanbaues in den Jahren 1660-1760, München 1922, 25 ff.; Marie Luise Gothein (wie Anm. 13), 129 ff.; Dieter Hennebo-Alfred Hoffmann (wie Anm. 1), 153 ff.; Clemens Alexander Wimmer, Geschichte der Gartentheorie, Darmstadt 1989, 112 ff., 423 f.

15 Der Gartentheoretiker Charles d'Aviler (1653-1701) schreibt: »Vor allem muß man darauf achten, daß man die schönsten Ansichten des Gebäudes aus weiterer Entfernung ja nicht aus dem Gesicht verliert.« (zit. nach Clemens Alexander Wimmer (wie Anm. 14), 113.

16 Marie Luise Gothein (wie Anm. 13), 130.

17 ibid., 231.

18 s. Clemens Alexander Wimmer (wie Anm. 14), 113: »Die Broderieornamente (...) dürfen nicht verworren sein.«

19 Christian Bauer (wie Anm. 1), 17 ff.

20 ibid., 18 ff. – zu J.P. Mayer s. ferner: Karl Schäfer, Johann Prokop Mayer 1735-1804. Ein Würzburger Hofgärtner, Mainfränkisches Jahrbuch für Geschichte und Kunst, XXXII (1980), 165-176.

21 Zur Persönlichkeit des Fürstbischofs s. Burkard von Roda, Adam Friedrich von Seinsheim. Auftraggeber zwischen Rokoko und Klassizismus. Zur Würzburger und Bamberger Hofkunst anhand der Privatkorrespondenz des Fürstbischofs (1755-1779) (Veröffentlichungen der Gesellschaft für Fränkische Geschichte, VIII. Reihe, VI), Neustadt/Aisch 1980.

22 Christian Bauer (wie Anm. 1), 18; Karl Schäfer (wie Anm. 20), 166.

23 Erworben im Jahre 1988 (Inv. Nr. 11 474-11 479). Zu den Zeichnungen Mayers s. Christian Bauer (wie Anm. 1), 19 ff.; Karl Schäfer (wie Anm. 20), 167 f.; Sammlung Eckert (wie Anm. 12), 79-81.

24 Teilweise publiziert von Christian Bauer (wie Anm. 1), Taf. 17 und 19.

25 ibid., 19.

26 Von diesem gibt es verschiedene Varianten (vgl. Christian Bauer (wie Anm. 1), Taf. 14, 15 etc.), die aber alle im Grundsätzlichen übereinstimmen.

27 s. hierzu: Ingrid Dennerlein, Die Gartenkunst der Régence und des Rokoko in Frankreich, (Grüne Reihe. Quellen und Forschungen zur Gartenkunst IV), Worms 1981, 171 ff.

28 Clemens Alexander Wimmer (wie Anm. 14), 415. – Zu dem Phänomen der Eremitage im Rokoko s. Luisa Hager, s. v., »Eremitage«, in: Reallexikon zur deutschen Kunstgeschichte, V, Stuttgart 1967, Sp. 1213 ff.

29 Christian Bauer (wie Anm. 1), 25 ff.

30 ibid., Taf. 25 und 26.

31 ibid., 25 ff.

32 Richard Sedlmaier-Rudolf Pfister (wie Anm. 1), 148, 242, Anm. 487.

33 Carl Gottfried Scharold, Würzburg und die umliegende Gegend, für Fremde und Einheimische kurz beschrieben, Würzburg 1805, 189: »Was ganz vorzüglich zur Schönheit des Pallastes beyträgt, ist der Garten... Eine fleißige und reinliche Unterhaltung erhöht seine Heiterkeit und Gefälligkeit, und alles ladet zum Besuche ein, der auch den Einwohnern und jedem Fremden immer gestattet ist.«

34 s. Christian Bauer (wie Anm. 1), Taf. 26, 28, 29 b), 30, 31 und 32; Richard Sedlmaier-Rudolf Pfister (wie Anm. 1), Abb. 121, Taf. 3, 5, 209, 210-219.

35 So Thomas Whately (gest. 1772): »Die Baukunst erfordert Symmetrie; die Gegenstände der Natur aber Freyheit« (zit. nach Clemens Alexander Wimmer (wie Anm. 14), 173-174. – s. auch: Adrian von Buttlar, Der Landschaftsgarten (Heyne Stilkunde XXII), München 1980, passim.

36 Christian Bauer (wie Anm, 1), 4.

Abbildungen

Bildnachweis

Abb. 1-2 Institut für Kunstgeschichte der Universität Würzburg
Abb. 3-8 Martin-von-Wagner-Museum der Universität Würzburg

II. Garten-Politik und Freiraumplanung

Pariser Promenaden. Eine politische Gartenkunde

Paul-Ludwig Weinacht

Die Literatur, die über Hausgärten handelte, hieß bis ins 18. Jahrhundert hinein Ökonomie, Wirtschaftslehre vom ganzen Haus.[1] Die Literatur über die später entstandenen Staats- und Volksgärten hätte politische Gartenkunde heißen können. Tatsächlich gibt es eine politische Gartenkunde als Literaturgattung nicht. Ansätze dazu finden sich in Schriften zur Architektur, zur Politik, zur politischen Ökonomie. Letztere drückt die Ausweitung des Interesses vom Haus zum Staat am deutlichsten aus. Der Dramatiker Antoine de Montchrétien hat den ersten Traktat über Economie politique geschrieben.[2] Aber eine Gartenkunde finden wir nicht darin.

Politische Gartenkunde muß also rekonstruiert werden. Der Leitsatz, von dem her wir den Versuch unternehmen wollen, entnehmen wir einer Pariser Flugschrift aus dem Jahr 1781: »Wer Geschichte gelesen hat,« so heißt es da, »weiß, daß Promenaden allezeit das Interesse der Regierung fanden« (entrèrent dans les vues du Gouvernement).[3] Das Wort Promenade war damals noch – wie das deutsche Wort Spaziergang – ein topographisches Wort: Spaziergänge machte man nicht nur, man suchte sie auf unter Alleebäumen, auf Wällen, in Gärten und Parks. Und solche Promenaden galten in Frankreich, wie wir hörten, für etwas Politisches.

Sie stachen den Regierungen ins Auge als Teil residenzstädtischer Grünplanung, als mögliches Verkehrsproblem, zum Beispiel wenn Personen von Kondition in Karossen zwischen dichten Fußgängerreihen hindurchfuhren, oder als Sittenproblem, wenn in bestimmten Gärten der Bettel überhandnahm, oder eben als Kollision herrschaftlicher und bürgerschaftlicher Interessen. Kollisionen der Art gab es in der Stadtgeschichte von Paris viele. Sie sollen uns für unsere politische Gartenkunde den Stoff liefern.

Was das Herren-Interesse am Garten angeht, so verrät uns das Beispiel Ludwigs XIV., wie stark es war und nach welchen Maximen es sich regelte. Zwei solcher Maximen lassen sich aus dem Handeln des Monarchen erschließen:

(1) Dulde in Deinem Reich keinen, der einen prächtigeren Garten besitzt als Du.

Die Maxime variiert den Anspruch auf innerstaatliche Souveränität. Ihre Anwendung kostete dem Bankier Fouquet seinen wunderschönen, von Le Nôtre entworfenen und gestalteten Garten bei Vaux le Vicomte. Der König nahm ihn an sich, nachdem er den Eigentümer ins Gefängnis hatte werfen lassen.[4]

Eine andere Maxime lautete:

(2) Brüstet sich ein äußerer Feind vor Dir, dann demütige ihn mitsamt seinem Prunkgarten.

Die Maxime variiert den Anspruch auf äußere Souveränität. Ihre Anwendung im Pfälzischen Erbfolgekrieg führte dazu, daß nach der Einäscherung von Stadt und Schloß Heidelberg durch französische Truppen auch der berühmte Heidelberger Schloßgarten, der hortus palatinus, dem Erdboden gleich gemacht wurde. Der Herr von Versailles wollte das Ereignis auf einer Gedenkmünze festgehalten sehen: »Heidelberga deleta.«[5] Wo Frankreichs Sonne strahlte, durfte kein fremder Stern leuchten.

Wohlgemerkt: wir sprechen von Staatsräson-Maximen. Gärten kann man auch aus ganz anderen Motiven zerstören, und sie wurden auch aus vielerlei Gründen zerstört. Die französischen Revolutionstruppen in Mainz begrüßten dort die erste Republik auf deutschem Boden mit der Zerstörung der vom Erzkanzler des Reichs am Rheinufer kostbar angelegten und für Emigrés offengehaltenen Garten Favorita: in den Augen der Söhne des Vaterlands nichts als ein provozierender Tyrannensitz.

Die königliche Renommiersucht mit Gärten mußte keineswegs bürgerfeindlich sein. Ludwig XIV. Großeltern hatten der Pariser Bürgerschaft königliche Gärten eröffnet und Promenaden zum Geschenk gemacht.

Unsere politische Gartenkunde soll auf fünf Teilstücke entworfen werden und entsprechend fünf Kapitel umfassen. Zunächst den herrschaftlichen Aspekt: den königlichen Garten oder Park; zweitens sodann die Eingelassenen, die als Publikum auf öffentlich gemachten Promenaden verkehren; drittens die Regeln, die für sie gelten, also die Gartenpolizei; viertens die Konflikte, die Publikum und Gartenherr miteinander austragen – wofür konkrete historische Beispiele gegeben werden sollen; und fünftens und abschließend den aktuellen Sachstand, also Promenaden in der Sicht heutiger Stadtplaner. Hier wollen wir auch eine Antwort versuchen auf die Symposiums-Frage.

I.

Beginnen wir mit einigen Anmerkungen zum ersten Lehrstück: dem Schloßgarten. Da im Rahmen unseres Symposiums mehrere Vorträge von ihm handeln, kann ich mich hier kurz fassen und werde nur auf das 17. Jahrhundert Bezug nehmen.

Der Park beim Schloß wird in der Epoche der neuzeitlichen Staatsbildung zum Staatsgarten. Indem er zwischen Fürstenresidenz und Stadt Distanz schafft, erlaubt er es dem Monarchen, ohne Rücksicht auf die Bürgerschaft seinen fürstlichen Stand und Rang zu genießen. Die Augenlust, auf welche Barock-Gärten berechnet waren, nimmt mit der Weite ihrer Perspektiven zu.[6] Versailles war insofern ein gemäßerer Ausdruck barocker Staatsdemonstration als die Stadt Paris, in der die stilistische und organisatorische Kraft des Königtums an Grenzen stieß.[7]

Wir haben durch die beiden Staatsräson-Maximen bereits darauf aufmerksam gemacht, was es bedeutete, daß der Park dem Souveränitäts-Anspruch seines Herrn Ausdruck gab. Nur in seiner Abwesenheit durften Besucher in den Park von Versailles. Kam der König, dann trieben die Garden die Spaziergänger zu den Toren hinaus.[8]

Gärten erhöhten den Ruhm und den Glanz ihrer Herren, auch der Stadt, in der sie gelegen waren. Für Paris wurden sie in Verbindung mit Boulevards, Plätzen und Alleen das wichtigste Moment naturnaher Stadtverschönerung. Noch heute liest man in einer prominenten Publikation über die Gärten der Stadt: Sie und »die Promenaden waren der wahrhaftige Ruhm von Paris und das, was die Fremden am meisten bewunderten.«[9]

II.

Wenden wir uns nun in einem breiteren geschichtlichen Zugriff dem zweiten Lehrstück, dem Publikum solcher Gärten, zu.[10]

Schon um die Mitte des 16. Jahrhunderts hatte Königin Katharina dafür gesorgt, daß die Gärten der Tuilerien am königlichen Stadtschloß für Besucher geöffnet wurden. Zum Publikum wurden diese, als zur Hofgesellschaft bürgerliche Familien traten. Schildwachen an den Toren kontrollierten die Kleidung, die den Stand verriet. Dienstboten und die Kanaille mußten am Betreten gehindert werden, wenn man die gute Gesellschaft unter sich lassen und den guten Ruf einer Promenade sichern wollte. Als Anfang des 18. Jahrhunderts Mme de Berry ins Palais du Luxembourg einzog, stellte sie als erstes die adelig-bürgerliche Öffentlichkeit ihres Gartens wieder her, die hier zwischenzeitlich abhanden gekommen war. Das Gartenpublikum nahm, in Paris rascher, in Deutschland langsamer, die Gewohnheiten der adeligen Vorbilder in sein Repertoire auf. Das Zedlersche Universallexikon von 1737 beschreibt den Spaziergang von Leipziger Bürgern auf einer königlichen Promenade so: »Hier fand der Bürger Gelegenheit zu würdevoller Darstellung seiner Persönlichkeit, wie sie bisher nur der Hofgesellschaft geboten war.« Wer dächte nicht daran, daß in unseren Tagen auf Leipzigs Straßen eine politisch folgenschwere Neu-Identifikation stattgefunden hat. Nicht die Aristokratie, die Vorhut der Arbeiterklasse wurde eingeholt.

Sorge für ein gutes Publikum war keine bloße Geschmacksfrage, sondern verband sich mit Sorgen um neuangelegte, neubepflanzte Gärten. Als Le Nôtre die Tuilerien nach seinem und des Königs Geschmack vollendet hatte, wollte der Finanzminister die Tore nicht mehr öffnen lassen. Er befürchtete Beschädigungen. Der Architekt erwiderte: »Nach meiner Überzeugung sind die Gärten der Könige nur darum so groß

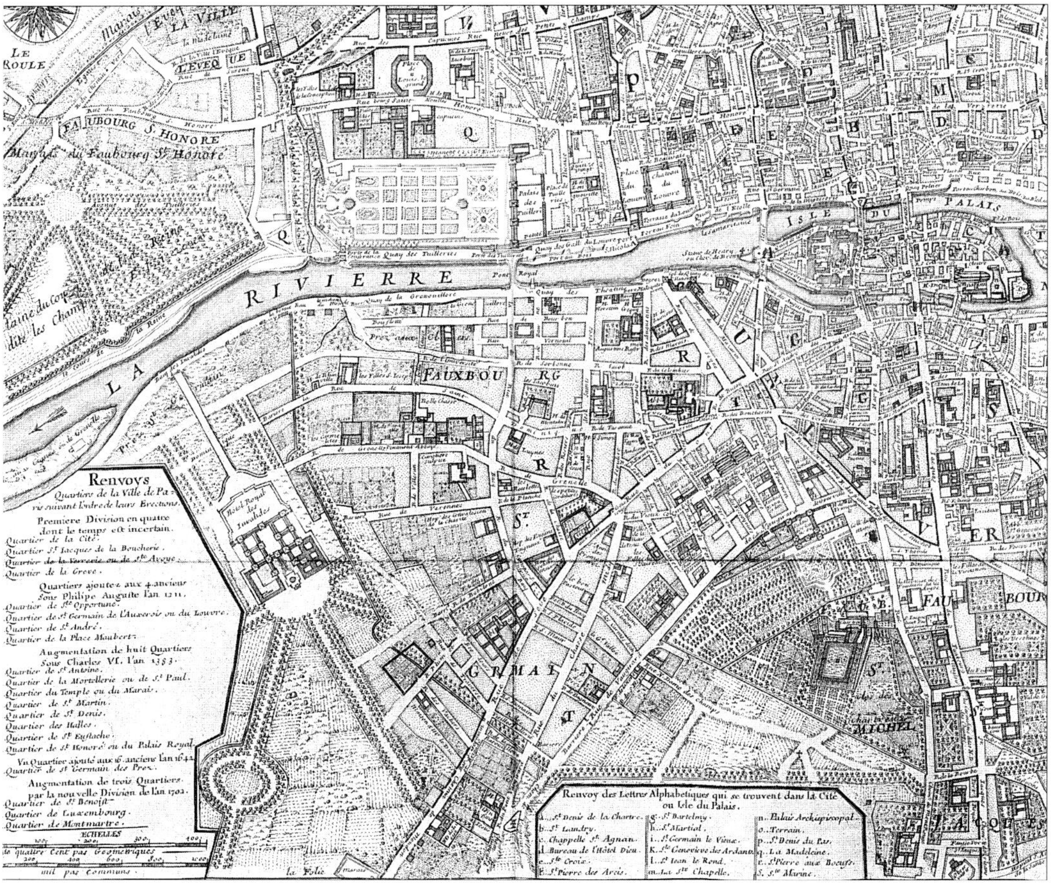

Abb. 1 Plan von Paris am Ende der Regierungszeit Ludwigs XIV mit Wallpromenade (aus: De la Mare, Traité de Police, Bd. 3/1, S.102). Man erkennt die ursprüngliche Größe der Gärten beim Palais du Luxembourg am unteren Rand in der Mitte, den zusammenhängenden Komplex von Cours-la-Reine und Tuilerien in der mittleren linken Bildhälfte. Der Palais Royal liegt etwas darüber.

und weiträumig, damit ihre Kinder darin spazieren gehen können.«[11] Der Minister ließ sich zu einem Kompromiß herbei, der die Ordnung der gesellschaftlichen Stände für die Achtung der guten Gartenordnung in Anschlag brachte: wochentags sollten die Tuilerien Standespersonen vorbehalten sein, sonntags sollten die Bourgeois, am Namensfest der Könige, also am St. Ludwigs-Tag, auch der Pöbel zugelassen werden.[12] Die ständische Schranke zum Bürgertum hielt nicht lange, dann wurden die Tuilerien – wie zuvor die Promenade Cours-la-Reine – die Maria von Medici ganz in der Nähe hatte anlegen lassen,[13] für gemischtes bürgerlich-adeliges Publikum geöffnet.

Gemischtes Publikum hatte für Zeitgenossen, vor allem wenn sich die Kanaille einmischte oder die Vekehrsverhältnisse unübersichtlich wurden, einen Beigeschmack von Chaos. 1699 beschreibt ein Satiriker, was sich auf dem Cours-la-Reine abspielt[14]:

> Die Menge hier – ach, ich ersticke,
> sie mischt sich und wächst mit jedem Augenblicke,
> Fiaker und Karrosse und Gespann,
> Aristokrat – und mit ihm gleichen Schrittes –
> ein Bürgermann.
> Sagen wir's mit einemal:
> lauter Masken, es ist ein Karneval.

Und da damals auch die Tuilerien einem gemischten Publikum geöffnet waren, fährt der Poet fort, ganz Paris gebe sich in diesem Garten ein Stelldichein:

> Gehen wir also zu den Linden,
> so können wir Allerleiware finden.
> Denn unterm Blätterdach beisammen
> stehn Stubenmädchen und Standesdamen:
> und sehen können wir hie
> den Bourgeois bei dem Marquis.

Pariser Promenaden bildeten also nicht die alte Gesellschaft ab, sondern setzten deren hierarchisches Ordnungsbild zeitlich und örtlich begrenzt außer Kraft. Die – im Wortsinn – vorübergehende Aufgehobenheit des ständischen Gefüges besaß damals ganz offenbar einen abgründigen Reiz und ein geheimes Risiko, das sich in den Begriffen Karneval und Allerleiware spiegelt.

Im Jahrzehnt vor der Revolution konzentrierte sich die Aufmerksamkeit der Pariser auf die Promenade im Garten des Palais Royal. Um zu beweisen, daß wirklich das ganze Volk von Paris dort verkehrte, zählte ein Autor über 30 Rangklassen von Besuchern auf – angefangen vom Prinzen über den Bürger bis zu den Dienstboten beiderlei Geschlechts.[15] Ein anderer Beobachter griff sich die »nouvellistes« heraus, die Zeitungsleser, die dort den Courrier de l'Europe, oder die Gazette de Leyde lasen, wobei die Polen und ihre Sympathisanten unter einem Baum mit Namen Krakau ihre Versammlung abhielten.[16]

Zehn Jahre danach gab es dieses Publikum nicht mehr. Die Revolution führte Krieg mit Europas Fürsten, und Ludwig XVI. galt als Hochverräter. Anfang Juni 1792 demonstrierten täglich zehntausende von Menschen in den Tuilerien und bildeten ein Publikum neuer Art. Es sah anders aus, wenn die Erschreckten es gewahrten und anders, wenn es sich selbst erlebte. Eine Jakobinerin, Mme Lockray, schreibt darüber als Teilnehmerin: »Ich befand mich in den Tuilerien inmitten von 50 000 Seelen und die majestätische Bewegung (agitation), in der wir waren, hat nicht die geringste Unordnung bewirkt. Man verstand überall: Respekt vor dem Gesetz, Gehorsam gegenüber dem Gesetz. Der Himmel selbst bewaffnet sich, um die großen Verbrechen zu bestrafen. Die reine und eindrucksvolle Masse der Nation hat die Tugend der Medusa; sie erstaunt und erschreckt unsere Feinde.«[17] Dasselbe Publikum wird drei Wochen später den Respekt vor dem Gesetz vergessen und in die Gemächer der königlichen Familie eindringen.

In der Mitte des 19. Jahrhunderts sprach man über das Publikum im Jardin du Luxembourg. Grund dafür war, daß man sich nicht einigen konnte, ob jeder, der den Garten frequentierte, zu seinem Publikum zähle oder nur Leute, die die mondäne[19] Gesellschaft dort zu treffen hoffte: Philosophen, Liebhaber, Leute von Welt. Dieser Standpunkt führte dazu – und das war beabsichtigt – daß man von Teilen des Gartens sagen konnte, sie hätten kein Publikum, warum also sie offenhalten? Die Vertreter der anderen Meinung wünschten das gesamte Gartengelände erhalten. Für sie gehörte die Bevölkerung des Quartiers zum Publikum: Arbeiter, Rentner, Pensionisten, Studenten, Frauen, bonnes mit Kindern, Genesung Suchende, Alte. Was sie jeweils in den Garten trieb, sollte ihre Sache sein: Die Arbeiter gingen zur Baumschule wie in ihren eigenen Garten, die Genesenden, denen die Provence zu weit und wohl auch zu teuer war, zog das warme Klein-Klima an.[20]

III.

Wenn es erst in einen Streit hineingezogen ist, wird das Publikum zu einem mehrdeutigen Gebilde. Wer es definiert, wir sahen dies im Falle der Mme de Berry, die ihre Türwächter zu sozialer Selektion anhielt, macht sich zu seinem Herrn. Damit haben wir den Anschluß zum dritten Lehrstück: zur Gartenpolizei.

Sie zerfällt – rechtlich betrachtet – in Herrschaft und Aufsicht. Die erste setzt die Zwecke, um deretwillen öffentliche Gärten und Promenaden angelegt und erhalten werden, die letztere sanktioniert die Regeln, nach denen sie verwaltet werden.

Im alten Königreich stand unter den hauptsächlichen Zwecken die Stadtverschönerung (embellissement de la ville) und das Vergnügen der Untertanen (les délices) obenan[21], aber auch gesundheitspolizeiliche Zwecke – Luftaustausch in verrußten Wohnquartieren, individuelles Wohlergehen von Genesungssuchenden – spielten eine Rolle. Eine medizinische Kapazität der Sorbonne war im 18. Jahrhundert dafür bekannt, daß sie den Patienten zehn Runden im Garten beim Palais Royal verordnete. Die Aufklärung hat die Vergnügungs-Funktion der Gärten moralisiert: man organisierte für die Müßiggänger der Residenzstadt, die überhand nahmen, sozialverträgliche Zerstreuungen gegen die Laster der Langeweile, indem man Promenaden anbot.[22] Ernsthaftes Vergnügen war angesagt, und Lehrgärten für Botanik sollten ihm dienen.

Gartenpolizei im engeren Sinn ordnete den Einlaß, achtete auf Verkehrs- und Verhaltensregeln, um so die Anlagen in gutem Zustand zu erhalten und die Sicherheit des Publikums zu gewährleisten. Der Kontrollaufwand war zuweilen erheblich. Es gab die nachlässig Gekleideten, die Blumen- und Strauchdiebe, diejenigen, die ihre Namen in der Baumrinde oder auf Parkbänken hinterließen, die Fische angelten, Vogelnester ausnahmen oder ihre Hunde badeten. Manchmal trieben es jugendliche Banden gar zu arg und verängstigten die Frauenwelt. Nahmen Vandalismus oder Zuchtlosigkeit in den Gärten überhand, antworteten die Gartenherren mit Schließung. Strafen auf Sachbeschädigung oder Belästigung konnten sehr streng sein, sie zielten überwiegend auf Unterschicht-Angehörige.[23] Ein deutscher Dichter rühmte daher im Jahre 1799 Karl August von Weimar, der jedem Einheimischen und Fremden den freiesten Genuß des Parks gewährte: »Man liest die Humanität des Besitzers auf der einzigen Veto-Tafel des ganzen Gartens, welche am Wege die Vorübergehenden bittet, Blumen und Bäume zu verschonen; welches dann auch zur billigen Folge hat, daß im ganzen Jahr nicht das Mindeste beschädigt und keine einzige Schönheit des Ortes entweiht wird.« Rückert, vom Geist der Zeit angerührt, schließt daran die voreilige Schlußfolgerung: »ein neuer Beweis, daß den Menschen im Allgemeinen mehr durch Vertrauen und Humanität als durch mißtrauisches Verbieten und den Polizeiknecht ausgerichtet wird. Traut ihnen nur das Bessere zu, so werden sie es bald auch tun.«[24] Was wir heute als Umwelterziehung unserer Öffentlichkeit und der Schuljugend nahezubringen versuchen, kann als eine Fortsetzung der im 16. Jahrhundert begonnenen sozialen Disziplinierung, sprich: polizeilicher Bemühungen um gute Gartenmanieren, verstanden werden.

Des Abends nach dem Läuten schloß man die Gärten. Man tut es noch heute. Lichtscheues Gesindel sollte keine Zuflucht darin haben. Mit den Dirnen ging man in Paris stets glimpflich um. Sie waren in den königlichen Gärten geduldet und wurden nur, wenn sie es zu arg trieben, ausgewiesen. Im Jahr 1766 gab es wieder eine Ausweisung. Eine Broschüre: Die Klage der Mädchen, vermutlich aus der Feder eines Freiers, geißelte diese Maßnahme als Verschwörung, die auf die »Ehre der Mädchen«

ziele. Treuherzig heißt es: Vormals habe man doch »nie etwas dabei gefunden, daß wir hier morgens und abends Amor bei der Hand nahmen«.[25]

Promenaden waren nicht nur Orte der Freizügigkeit, sondern auch Orte der Freiheit. Ich zitiere aus einer vorrevolutionären Flugschrift: »Ein Bürger, von Sorgen und Geschäften niedergeworfen, ist Sklave in seinem Haus. Freiheit gewinnt er erst auf der Promenade. Auf ihr fühlt er sich unabhängig von der ganzen Menschheit. Die Türken, die keine öffentlichen Promenaden haben, sind die sklavischsten Völker des Erdballs.« Und in einer Fußnote: »In Konstantinopel gehen die Christen in den Friedhöfen spazieren.«[26] Eine andere Schranke gegen die Obrigkeit bestand in polizeifreien Gärten, sogenannten enclos. Hier mußte der Grundherr selbst für Ordnungsleistungen aufkommen. Das mitten in der Stadt gelegene Palais-Royal war ein solcher enclos und dadurch in den späten 80er Jahren des 18. Jahrhunderts ein recht anarchischer Ort. Gentilshommes beschwerten sich, man könne kaum mehr in den Garten, ohne Beleidigungen zu riskieren. Gewaltvorfälle nahmen zu, Strafverfolgung unterblieb mangels Polizei. Daß sich an solchen Stätten Vor-Revolution zusammenbraute, kann nicht Wunder nehmen. Kommen wir also zu unserem nächsten Kapitel, in dem Politik vom Garten her entfaltet werden soll.

IV.

Auf vielerlei Weisen ist ein öffentlicher Garten mit Politik verbunden. Von der ersten war schon zu Anfang die Rede: von der Regierklugheit der Könige, ihren Untertanen Zutritt zum Garten zu gewähren, um durch väterliches Wohlwollen ihren Sinn zu gewinnen. Und den gewannen sie, weil die Leute in Paris übers Geschäft, über Eheschließung und über Politik lieber im Garten als in einer Kirche diskutierten.

Die zweite Verbindung zur Politik führt über die letztgenannte Gewohnheit des Publikums, auf Promenaden zu politisieren. Je nach Zeit und Gelegenheit kommt es dabei zu Ansammlungen erregter Menschen. Gärten werden zu Aufmarschräumen, Reden schlägt in Handeln um. Ausgangs der 80er Jahre des 18. Jahrhunderts erschienen Flugschriften, die alarmierende Nachrichten vom Palais-Royal enthielten: von einer Meuterei war die Rede, von Gerüchteküche, von politischer Brandstiftung.[27] Im Juli 1789 agitierte hier der junge Anwalt Camille Desmoulin, hier pflückte er die grüne Kokarde von einem Baum, was ihm die Menge nachtat, so daß am Ende die Bäume in Griffhöhe entlaubt gewesen sein sollen. Vom Garten aus ging es zu den Waffenkammern der Stadt, von dort zur Bastille.[28] An die Jakobiner-Züge durch die Tuilerien-Gärten habe ich schon zuvor erinnert.[29]

Neben dem Garten als Politik-Arena steht eine dritte Verbindung zur Politik: in ihr wird der Garten zum Symbol seines Herrn und stellvertretend für diesen in Anspruch genommen. Wir hörten vom Vandalismus der Truppen Ludwigs XIV. im hortus palatinus[30] und von dem Aristrokraten-Haß, den Revolutionssoldaten aus Frankreich an der Mainzer Favorita ausließen.[31] (Einige der alten Gärten, die unzerstört geblieben waren, kamen erst im 19. Jh. durch ihre bürgerlichen Nachbesitzer zu Schaden, als diese sie ihren Gewohnheiten und Bedürfnissen entsprechend umgestalteten. Paul de Wint klagt 1855: »Was einst groß war, verkommt. Was tun gegen diesen modernen Vandalismus?«)

Es gibt schließlich einen vierten Bezug zur Politik, und zwar im Blick auf die Treuhandstellung, die ein an einen öffentlichen Garten gewöhntes Publikum sich zuschreibt. Dieser Bezug wird akut, wenn der Herr des Gartens sich zu einer Nutzungsänderung entschließt, die vom Publikum so nicht akzeptiert wird. Konflikte der Art liegen typischerweise den Verhinderungs-Aktionen zugrunde, mit denen moderne Bürgerinitiativen Bau- und Naturdenkmäler gegen Eingriffe des Eigentümers in Schutz nehmen sollen. Das ist keine Erscheinung erst des 20. Jahrhunderts. Es gibt sie schon im 19. Jahrhundert bei Gelegenheit der Stadtsanierung von Paris unter Napoleon III., ja sogar im vorrevolutionären Frankreich. Drehbücher zu solchen Sozialkonflikten finden sich in der Bibliothèque Nationale in Paris – ich möchte auf zwei davon zurückgreifen.

Das erste Stück spielt im Jahr 1781 im Zentrum der Stadt, am Palais Royal. Es hat drei Akteure: 1. den Herzog von Chartres (Vetter des Königs, nachmals Philippe Egalité), 2. das Gartenpublikum beim Palais, das wir schon kennen – über 30 Rangstufen waren damals an ihm bemerkt worden, ein rechtes Volksgarten-Publikum[32] und 3. die Eigentümer der unmittelbar anrainenden Häuser. Die Art des Konfliks brachte es mit sich, daß das Publikum von den Anrainern an Härte und Konsequenz, wenn auch nicht an dramatischer Ausdrucksstärke, überholt wurde. Worum ging es?

Der Herzog wollte das Palais Royal, das ihm zur Apanage übergeben war, neu und prächtig umbauen. In diesem Fall war geplant, die Baukosten durch Verkauf von Reihenhausanteilen zu finanzieren, die auf Gartengrund neu entstehen sollten. Was immer das Projekt an Großartigem enthielt – wir kennen es in seiner heutigen Gestalt – der Garten würde verlieren: an Fläche und an Baumbestand. Die damaligen Gartenanrainer würden – das sahen sie rasch – nicht nur ihre bevorzugte Lage einbüßen, sondern an einer schmalen Straße (rue de Montpensier und rue de Valois) in den Schatten der vor ihrer Nase hochgezogenen Hausreihen geraten. Wohnqualität, Mietzins, Immobilienwert mußten fallen. Kaum waren die Baupläne ausgelegt, da tat sich die Eigentümer-Partei zu einer Klage-Gemeinschaft zusammen. Nach dieser Exposition begann im Drama um den Garten der erste Akt: Der Prozeß.[33] Um ihn zu verstehen, zwei Vorbemerkungen. Der Herzog durfte den Boden, der zur Apanage gehörte, nicht ohne weiteres zu Geld machen; er brauchte dafür eine Sondererlaubnis des Königs, die dieser in lettres patentes zu geben hatte. Ansatzpunkt für ein rechtliches Verfahren gegen den Gartenherrn war das Erfordernis zur Registrierung dieser lettres patentes beim Parlament von Paris; hier konnten die Anrainer Opposition anmelden -- war sie erhoben, entstand eine Pause, nichts lief mehr. Der König hatte die Sondererlaubnis Anfang Juli 1781 erteilt. Als sie beim Parlament registriert werden sollte, opponierten die Anrainer. Es schien, als sei der Baulöwe im Netz der Justiz eingefangen. Allein er entzog sich. Durch findige Berater gelenkt, zog der Herzog seinen Plan für Grundstücksverkäufe zurück und wandelte ihn in einen Verpachtungsplan um. Damit war er frei, einer Sondererlaubnis des Königs bedurfte es nicht mehr, und den Anrainern fehlte der Klagetitel.

Anfang August 1781 begann mit dem Signal zu den Bauarbeiten der zweite Akt des Dramas. Ort und Handlung ist jetzt der Garten des Palais Royal selbst. Eine Flugschrift illustriert und dokumentiert das Geschehen.[34] Danach rief bereits der Beginn der Abholz-Arbeiten an der alten Allee im Garten die Quartierbevölkerung massenhaft auf den Plan. Die geäußerten Reaktionen waren herzzerreißend: Männer, die hier seit Jahren zu promenieren pflegten (im Text ist von zwanzig, dreißig Jahren die Rede), stellten sich unter die bedrohten über hundertjährigen Bäume, wie um sich von ihnen erschlagen zu lassen. Frauen warfen sich vor dem Chef der Holzhauertruppe auf die Knie, damit er sein Zerstörungswerk einstelle. Aus den Fenstern der umliegenden Häuser schrien Anwohner auf die Holzhauer im Garten ein.[35]

Der Lärm um den Beginn der Bauarbeiten, so groß er gewesen sein mag, blieb ebenso wirkungslos wie Versuche der Anrainer, für eine einstweilige Verfügung einen Richter zu finden. So beginnt der dritte Akt: Die öffentliche Meinung der Stadt soll gewonnen und die Position des Herzogs in der Gesellschaft erschüttert werden. Drei wohlkalkulierte Appelle kommen von einem Flugschriftenverfasser. Die erste ist ständisch-konservativer Natur und macht Anspruch auf die Moral eines königlichen Gartenherrn, dem es wohl anstehe, den Franzosen ein Huhn in den Topf hineinzulegen, anstatt es herauszuangeln und anschließend noch den Topf zu zerschlagen. Ein Fürst sollte nicht nur versuchen, Recht zu bekommen, sondern Rat anzunehmen.

Der zweite Appell ist rechtspolitischer Art: Wege- und Straßenrechte seien auf Gewohnheit begründet, man solle das Gewohnheitsrecht in Frankreich ebenso ernst nehmen wie in Deutschland, wo es dem Publikum in Weg-Streitigkeiten eine rechte Hilfe sei. Auch benötige die Stadt den Garten und die Promenade aus Gemeinwohlgründen, weshalb sie nicht der Bauspekulation zum Opfer fallen dürften.

Der dritte Appell riecht stark nach Revolution und Umsturz. So warnt der Pamphletist, die Zerstörung der großen Allee werde in den Gemütern eine Revolution hervorrufen. Das Motto der Flugschrift deutet den kritischen Gegensatz deutlich an: »Die Völker sind die Opfer der Torheiten der Fürsten.« Der Herzog solle nicht nach Art eines Krämers handeln, wenn er nicht am Ende selbst mit dem Maß für Krämer gemessen werden wolle. Wenn ihm aber an der Meinung des Dritten Standes nichts gelegen sei, möge er sich einmal vorstellen, es gebe ihn nicht mehr. Wer würde dann Steuern zahlen? Wer Heeresdienst leisten? (Bekanntlich hat der Abbé de Sièyes wenige Jahre später auf die selbstgestellte Frage: Wer ist der Dritte Stand? mit ganz ähnli-

Abb. 2 Titelkupfer zu der Flugschrift Observations sur la destruction de la promenade du Jardin du Palais-Royal

chen Worten geantwortet und damit Epoche gemacht.[36]) So virtuos unser Pamphletist auf der Klaviatur der öffentlichen Meinung spielte – die Bauaktion nahm ihren Verlauf, Frechheit siegt. Und bald lief alle Welt herzu, um die neuen Galerien, die drei Theater, darunter die Comédie Française, und den im Garten aufgebauten Zirkus zu bewundern.

Indes gab es ein Nachspiel, in dem die unterlegene Partei noch einmal auftrat: die Revolution. Ein Teil der radikalen Jakobiner rekrutierte sich nämlich just aus dem Quartier, auf das die Nachteile der Neuerung abgeladen worden war. Ein Bouquinist, der mit dem Umbau seinen Stand im alten Garten des Palais eingebüßt hatte und der im neuen (Palais Egalité) die höhere Standmiete nicht aufbringen konnte, denunzierte 1793 den revolutionären Magistrat der Stadt als konterrevolutionär. Er paktiere – so lautete der Vorwurf – mit dem vormaligen Eigentümer des Palais Royal, Philippe Egalité.[37] Die Revolution begann, ihre Kinder zu fressen.

Unter den mancherlei politischen Gartenereignissen, die in der 1. Hälfte des 19. Jahrhunderts die Ära Napoleons, die Reaktion und das Juli-Königtum begleiteten, verdient eines besondere Erwähnung, das die Gesellschaft und Staatsverfassung des Second Empire widerspiegelte. In seinem Mittelpunkt steht der Präfekt und Stadtbaumeister Haussmann.[38]: die Affäre um den Jardin du Luxembourg.

Handelnde Parteien sind jetzt nicht Hof gegen Stadt und umgekehrt, sondern verschiedene Teile der bürgerlichen Gesellschaft, die bei dem großen deal jener Jahre, der Stadtsanierung, entweder auf die Gewinn- oder die Verlustseite der Modernisierung gerieten. Hier die Arbeiterbevölkerung, die auf billige Mietwohnungen angewiesen war, die kleinen Rentner und Pensionisten in ihren Häuschen, dort die Baugesellschaften, die Architekten, die Makler, die Banken. Solange es um mittelalterlichenge Gassen, dumpfe Wohnungen, dunkle Höfe ging, rollte der Fortschritt über die Verteidiger von Alt-Paris hinweg, blieb der Widerstand im vorpolitischen Raum stecken. Die Lage änderte sich, als die Neuplanung aufs linke Seine-Ufer vorstieß und an das Verkehrshindernis und mögliche innerstädtische Baugebiet des Gartens beim Palais du Luxembourg kam. Hier stand mehr auf dem Spiel, und die Verteidiger von Alt-Paris bekamen aus den oberen Rängen der Bourgeoisie Zulauf. Wer an der Sorbonne studiert und an den Luxembourg-Garten sentimentale Erinnerungen hatte, wurde aufgeschreckt. Ein großer Teil der städtischen Presse nahm nun gegen Haussmann Partei. Die Meinung war: der Luxembourg-Garten sei ein Ganzes und müsse als solches bewahrt werden. Jede Regulierung, jede Beschneidung sei ein Frevel. Die Planer hielten dagegen, daß der Garten mitnichten ein Ganzes bilde, vielmehr ein Konglomerat von Gärten, aus dem der Teil, der seit siebzig Jahren erst zum Park dazugekommen und z. T. auf tieferem Niveau lag, als städtische Landreserve genutzt werden könne. Freilich waren gerade diese Teile des Gartens bei den Leuten im Quartier beliebt, besonders – wir erwähnten sie schon – die Baumschule (la pépinière).[39] Die Planer wollten das Gelände nivellieren, Straßendurchbrüche anlegen, die vom

Garten geschiedenen Quartiere miteinander verbinden, den Verkehr beschleunigen und nicht zuletzt Baugrund gewinnen, der an Privat verkauft werden sollte, um darüber einen Teil der Infrastruktur-Kosten abzudecken.[40]

Kompliziert wurde es, als sich 1861 auch der Senat in die Sache einmischte, dessen Amtssitz das Palais du Luxembourg war. Die Senatoren erklärten nämlich, daß die neuen Straßen auf Abstand zum Palais bleiben müßten. Es kostete Haussmann viel Mühe, er war selbst Mitglied der Körperschaft, seine Kollegen zu besänftigen.[41] Nach vier Jahren – im November 1865 – war es soweit, daß Napoleon III. das den Garten betreffende Dekret unterzeichnete und publizierte. Welcher Sturm der Entrüstung erhob sich! Von Umwidmung sei hier die Rede, in Wahrheit handele es sich um Verkauf, und dafür bedürfe es eines gesetzgeberischen Aktes, den man umgangen habe, um nicht ein utilité-publique-Verfahren durchführen zu müssen. (Das meint: ein Verfahren zur gesetzlichen Anerkennung überwiegender öffentlicher Interessen für die Veräußerung von Staatseigentum.)

Juristische Federn eilten über das Papier.[42] Ein Anwalt wandte sich mit einer Petition, für die er hunderte von Unterschriften beibrachte, an den Senat, um ihn zu bewegen, den Streit als Verfassungsfrage zu diskutieren. Ein anderer unterbreitete dem Parlament vorsorglich ein Gutachten, in dem er nachwies, daß nie und nimmer ein Stück aus dem Kronschatz der Nation verkäuflich sei unter Aspekten des öffentlichen Nutzens. Paris bebte in jenen Winter-Monaten 1865/66, und viele angesehene Juristen machten Front gegen die Regierung und den Kaiser.

Wohl wissend, daß der seine Legitimation aus Plebisziten bezog, verlangte die Gartenopposition eine Volksabstimmung: Männer, Frauen, Kinder, Greise sollten zu einem Votum über den Garten aufgerufen werden. »Wir sind hunderttausend gegen hundert!«[43] Um die Stimmung zu beruhigen, entschloß sich Napoleon III. im Mai des Jahres 1866 zu einer Promenade im umstrittenen Garten und zog nach diesem Lokaltermin das November-Dekret zurück. Sein neues Dekret versuchte insofern einen Kompromiß, als der größere Teil der Pépinière geschont werden sollte; im übrigen aber blieb es bei Haussmanns Plänen.[44]

Die Affäre um den Luxembourg ist gewiß ein Gartenstreit gewesen und gehört in eine politische Gartenkunde hinein. Aber es ging um mehr: kulturell um die Behauptung der älteren akademischen Intelligenz gegenüber den Mächten des Geldes und der Technik, die das Gesicht der Hauptstadt umprägten; sozial um die Frage, ob die Wohnungen in den oberen Stockwerken der Neubauten ausreichen würden, den Bedarf an Billigwohnraum zu befriedigen; politisch um die Frage, ob die plebiszitäre Legitimität des Kaisers ausreiche, um den Umbau der Kapitale zur »postliberalen Stadt« (Benevolo) zu überstehen. Der Garten am Luxembourg bildete den symbolischen Schauplatz, auf dem das biedermännische Frankreich gegen die »schwarzen Banden« des Geldes und der Spekulation antrat oder – anders herum gesehen – das fleißige, tüchtige und fortschrittliche Frankreich gegen die Faulpelze, die ihr Recht auf Ruhe und Müßiggang dort einzuklagen sich getrauten, wo es volkswirtschaftlich am teuersten war.[45, 46]

Was die Legitimität des Kaisers angeht, so sah man, daß Volksabstimmungen nicht alles waren, sondern populäre Gesetze hinzukommen mußten. 1850 hatte der General Grammont im Parlament das erste Gesetz gegen Tierquälerei durchgebracht.[47] Der Journalist Arnaud, ein Sympathisant der Gartenopposition gegen Haussmann, griff diesen Vorgang auf. Er fragte, wie lange es wohl dauern werde, bis die Bäume, die von der Axt bedroht sind, ihre Verteidiger bekämen. »Die Botanik« – so sein schöner Satz – »hat noch nicht ihren schützenden Abgeordneten gefunden, aber das wird kommen.«[48]

Tatsächlich werden heute im Zeichen einer Natur- und Denkmalschutz einbeziehenden Stadtplanung Grünflächen und Baumindividuen neu bewertet. Das Schlußkapitel unserer politischen Gartenkunde soll daher zeigen, wie man heute in Paris damit umgeht.

Abb. 3 Der landschaftsplanerische Grüngürtel um Paris (118 000 ha)

V.

Paris, das bis zu Haussmann aus der Substanz seiner Gärten leben konnte, wurde mit den Verschönerungsarbeiten dieses großen Stadtplaners in seinen Grünressourcen kräftig geschröpft. 1913 existierten noch 637 ha private Gärten in der Stadt. Ende der 60er Jahre waren daraus ganze 150 ha geworden.[49] Mißt man die pro Einwohner verfügbare freie Grünfläche in den großen Städten der Welt, dann verfügt ein Bewohner Washingtons über 50 m^2, ein Wiener über 25 m^2, ein Londoner über 9 m^2. Der Pariser muß inzwischen mit 1,4 m^2 auskommen.[50]

Für die Stadtplaner von Paris ist unsere Symposiums-Frage: »Wieviel Garten braucht der Mensch?« ein Teil ihres Berufsalltags. Zu Beginn des II. Weltkriegs einigten sie sich auf Normen für Grünflächen, die 14,5 m^2 pro Einwohner der Hauptstadt lauteten.[51] Seit den 80er Jahren verfolgt die Planungsbehörde der Region Ile de France das Ziel, den Parisern das an Grünflächen zurückzugeben, was ihnen innerstädtisch abhanden kam (Wohlgemerkt: eine Regionalbehörde – noch kaum im Bürgerbewußtsein verankert und von keinerlei Bürgerinitiativen begleitet oder angetrieben). Der neugeschaffene Regionalrat faßte 1983 über das Projekt Beschluß, das seither unter dem Namen Ceinture Verte betrieben wird.[52] Der Grüngürtel umfaßt in unterschiedlichen Zusammenhängen und Dichtigkeitsgraden alle Grünlandreserven innerhalb zweier Radien, die vom Stadtmittelpunkt aus im Abstand von minimal 10 km und maximal 30 km rund um Paris gezogen worden sind. Hier können – mit einem Planungshorizont bis ins Jahr 2010 – landwirtschaftliche Flächen mit Veränderungsverbot belegt werden, private Gärten und Waldstücke für das Publikum eröffnet und so den alten Parks funktional ähnlich gemacht werden, können neue Flächen gekauft, Sport- und Freizeitgelände ausgewiesen werden. Das Wachstum der Stadt in die Region hinein soll dadurch unter Kontrolle kommen, die stadtnahe Landwirtschaft geschützt werden und die erholungssuchende Bevölkerung Aufenthaltsräume finden. Die Grünflächen-Agentur der Region Ile-de-France (Agence des Espaces Verts), betreibt dieses in der breiten Öffentlichkeit so gut wie unbekannte Grüngürtel-Projekt. Als meine Tochter – von mir dazu veranlaßt – in einer Umlandsgemeinde auf dem Rathaus nach der Ceinture Verte fragte, wollte man sie zur Judo-Abteilung des kommunalen Sportvereins weiterschicken. Die Frage nach dem Bedarf wird von der Agentur heute so gesehen: Laut einer Umfrage halten 84 % der Franzosen ein Leben mit Natur für unbedingt notwendig. Ein Teil soll in der Stadt, ein anderer vor der Stadt befriedigt werden. Für den inneren Bedarf wird die Norm 1,4 m^2 genannt, für den äußeren 25 m^2 – man gibt zu, daß man weit davon entfernt ist, dies zu realisieren.[53] Als Behelf böten sich vorerst Sport- und Wanderwege an, auf denen man auch joggen, fahrradfahren, reiten könne. Ein Beispiel dafür ist im Süden der Stadt eine 12 km lange Wege- und Grünanlage entlang der Trasse des TGV Antlantique, die hier unterirdisch verläuft. Solche Wege (»promenades«) gelten derzeit für unverzichtbare Bestandteile einer jeden auf Grünflächen zielenden Politik – à toute politique en faveur des espaces verts.[54]

Die Bilanz ist gleichwohl unbefriedigend. Der Mensch braucht mehr Garten als Politik ihm derzeit zur Verfügung stellen kann.

Wenn wir auf den geschichtlichen Gang zurückschauen, den wir am Pariser Beispiel in fünf Kapiteln einer politischen Gartenkunde durchmessen haben, dann sieht man, wie das, was heute ein regionales, ja ein staatenüberschreitendes politisches Problem geworden ist, aus dem Schoß der Monarchie hervortrieb, ursprünglich ganz dem Großmut der Könige anvertraut, wie sich der Schutz der Gärten in der Hand eines Gartenpublikums gegen die Kräfte des Fortschritts und der Modernität politisierte, bis der Schutz der Gärten und der Natur die Aufgabe der Planer und Neuerer selbst wurde, die allerdings in Frankreich noch immer auf eine kritisch-kooperative Öffentlichkeit warten müssen. Was an Naturdenkmälern in Paris und anderen Städten übrig ist,[55] kann nicht mehr nur in diesen Städten selbst, sondern muß weit vor ihnen verteidigt werden; Parks und Promenaden sind zu Knotenpunkten eines ökologischen Netzwerkes geworden. Entsprechend müssen Gartenordnungen in Leitziele einer bevölkerungsweiten Umwelterziehung transformiert werden. Was vormals Gartenpublikum war und heute Freizeitgesellschaft ist, muß sich als regionale, ja als menschheitliche Gesellschaft konstituieren, für die unsere historischen Kapitel allenfalls die genealogische Einführung gewesen sein können. Politische Strukturen bleiben dafür noch zu finden. Nur dann wird gültig bleiben, was vor über 200 Jahren vorgesprochen worden ist, und womit wir unseren Vortrag eingeleitet haben: »Wer Geschichte aufmerksam studiert, weiß, daß Promenaden allezeit das Interesse der Regierung fanden.«

Anmerkungen

1 Auf die Lehre von der Bewirtschaftung der Güter verweist im Rahmen seiner Geschichte der Polizeiliteratur Hans Maier. Die ältere deutsche Staats- und Verwaltungslehre, dtb ²1980, S. 173 f. mit Verweisen auf Otto Brunner, Adeliges Landleben und europäischer Geist, Salzburg 1949 und den Artikel »Hausväterliteratur« im HStW. Dazu auch Jutta Brückner, Staatswissenschaften, Kameralismus und Naturrecht (= Münchener Studien zur Politik Bd. 27), München 1977, die das Exempel der Hausväterliteratur, Oeconomia oder Hausbuch M. Johannis Coleri; Wittenberg 1593, vorstellt (S. 52 f.)

2 Traicté de l'oeconomie politique, Dédié en 1615 au Roy et à la Reyne Mère du Roy, Slatkine Reprints, genève 1970, dazu A. Nielsen, Die Entstehung der deutschen Kameralwissenschaft im 17. Jh., Jena 1911 (Nachdruck Frankfurt/Main 1966), S. 89

3 Observations sur la destruction de la promenade du Jardin du Palais-Royal. Lettre d'un Anglois établi à Paris, à Milord P à Londres, Amsterdam 1781, S. 4

4 Leonardo Benevolo, Die Geschichte der Stadt, aus dem Italienischen von J. Humburg, Frankfurt/Main, New York 1983, S. 710

5 Hinweise dazu in dem noch immer höchst belehrenden Buch von Paul Ortwin Rave, Gärten der Barockzeit, Von der Pracht und Lust des Gartenlebens, Stuttgart 1951, S. 10. Zur Publikation der Pläne für den Hortus palatinus durch Friedrich von der Pfalz, die Rave als Propaganda-Aktion deutet, durch die der »Winterkönig«, kurz vor Übernahme der böhmischen Krone, aus »politische(n) Gründen« auf seine hochfürstlichen Unternehmungen aufmerksam machen wollte (S. 18f.)

6 Zum Augen-Motiv in der neuzeitlichen Politik der Staatsräson vgl. Gotthard Frühsorge, Der politische Körper, Stuttgart 1974, S. 93 ff.

7 Leonardo Benevolo (Fn.4), S. 712, 720 f. Zum Pariser Boulevard-Ring und der »Grün-Planung« im ganzen vgl. Dieter Hennebo, Entwicklung des Stadtgrüns von der Antike bis in die Zeit des Absolutismus (Geschichte des Stadtgrüns, hg. v. D. Hennebo, Bd. I) Hannover/Berlin ²1979, S. 105 ff

8 Eigentliche Abbildungen der zu Paris und Versailles sich befindlichen vornehmsten Prospekte, Statuen und kostbaren Wasserkünste nebenst einer kurzen Beschreibung, Nürnberg 1751, S. 14

9 Pierre Lavedan u.a., L'urbanisme à l'époque moderne, XVIe – XVIIIe siècles (= Bibliothèque de la société française d'Archéologie, dir. p. F. Salet et A. Erlande-Brandenburg, t.13), Genf/Paris 1982 S. 149. Vgl. zu der im Sommer 1990 gestarteten Werbekampagne »Visitez un jardin en France« (Kulturministerium) den Beitrag von A. Cazenave in: La Vie Nr. 2336, 7. Juni 1990, S. 50 ff. sowie den neuen Gartenführer von M. Racine, Le guide des jardins de France, Paris (Hachette) 1990.

10 Der Begriff Publikum ist in einem weiten Sinne hier gebraucht: teils bezieht er sich auf die virtuellen, teils auf die aktuellen Gartenbesucher, und er appelliert sowohl an die Konnotation bürgerlicher Öffentlichkeit als auch an die Privatheit des Besuchs-Motivs.

11 Zitiert bei Ch. Perrault, nach Lavedan (Fn. 10) S. 149

12 für die Place Royale bei Lavedan, Eine entsprechende Regelung (Fn. 10), S. 150

13 vgl. Lavedan (Fn. 10) S. 150

14 Satyre nouvelle sur les promenades du Cours de la Reine, des Tuilleries et de la Porte S. Bernard, Paris 1699, S. 15 und S. 19

15 Lavedan (Fn. 10), S. 149, Observations (Fn. 1), S. 5

16 Vgl. Fn. 3

17 (Mme, Lockroy), Journal d'une Bourgeoise, Paris 1881, S. 105

18 Zur Konzeption Haussmanns, Atlas de Paris et le la Région Parisienne, établi sous la direction de Jacqueline Beaujeu-Garnier et Jean Bastie (= Association Universitaire de Recherches Géographiques et Cartographiques), Paris 1967, S. 106 ff., ferner Benevolo (Fn. 6), S. 835 ff., Lavedan (Fn. 10), S. 149

19 F. Dubarreau, Le Procès du Luxembourg, Paris 1866, S. 38 ff.

20 Adolphe Joanne, Sauvons le Luxembourg, Paris 1866, S. 15 f., A. Dantès, A Propos du Luxembourg, Paris 1866, S. 6 f.

21 Als die allgemeinste Polizeifunktion gilt bei dem Pariser Altmeister der Polizeiwissenschaft, Nicolas De La Mare, Traité de la Police, Paris 1722 Bd. 1, S. 1 »La vie commode et tranquille«. Eine Stadt werde durch die bürgerliche Gesellschaft gebildet und konstituiert, die sich ihrerseits aus dem Droit public, d.h. dem öffentlichen (Polizei-)Recht, erhält.

22 Weitere Zwecke in Observations (Fn. 3) passim

23 Dazu De La Mare (Fn. 21) T.1.S.390 f. (Des Places publiques), S. 396 (Des promenades Publiques). Ferner Ordonnance de Police rendue en la Prévôté de l'Hôtel du Roi et Grande Prévôté de France, le 11 avril 1769

(BN, Fonds Le Senne); Emeute du Palais Royal, le dimanche 5 juillet 1789 (BN Hennequin). Vgl. auch die Beispiele bei Dieter Hennebo (Fn. 7) S. 99 ff (»Wallpromenaden«)

24 Rückert, zitiert bei Wilfried Lipp, Natur, Geschichte, Denkmal, Zur Entstehung des Denkmalbewußtseins der bürgerlichen Gesellschaft, Frankfurt/New York 1979, S. 209

25 G.H. Marchand, Complainte des filles, Paris 1766

26 Observations (Fn. 3), S. 7

27 Emeute du Palais Royal (Fn. 23); Le Palais Royal Erigé en temple du patriotisme et de la sagesse, 1789, S. 3

28 Vgl. Klaus Harpprecht, Die Wiege der Revolution: Das Palais Royal, in: Beilage zur FAZ Juli 1989, S. 45 ff.

29 Vgl. oben Fn. 17, ferner den schön illustrierten Band Paris Révolution in den Editions Loysel, Paris 1989, S. 50 ff.

30 Vgl. Fn. 5

31 Paul de Wint, Essay historique sur les jardins, 1855

31 Vgl. Fn. 15

33 Wir sind darüber informiert durch Observations (Fn. 3) sowie Prozeßakten in den Beständen Le Senne der BN u.a. Plans relatifs au Palais Royal et Discussion des Questions qu'ils ont fait Naître au procès entre S.A. S.M. le Duc d'Orléans et le Sieur Julien, ferner Mémoire à consulter pour les Propriétaires des Maisons situées autour du Jardin du P.-R., opposants et demandeurs (1781), dann: Réclamation pour les principaux Locataires et Sous-locataires des Bâtiments du P.-R. Der Prozeß im ganzen ist – soviel ich sehe – noch nicht aufgearbeitet und verspricht einem Rechtshistoriker reiche Ausbeute. Eine Kurzfassung der Baugeschichte findet sich bei Arthur Mangin, Histoire des Jardins anciens et modernes, Tours 1887 S. 314

34 Observations (Fn. 3)

35 Die bewegenden Szenen sind auf dem Titelkupfer dargestellt: Observations (Fn. 1)

36 Abbé de Sièyes, Qu'est-ce que le Tiers-Etat? Janvier 1789, dazu: Eberhard Schmitt, Repräsentation und Revolution (= Münchener Studien zur Politik Bd. 10), München 1969, S. 170 ff.

37 Les Dangers du Palais-Royal ou La Liberté trahie par les Ennemis du Bien Public, Soudoyé par l'aristocratie et la liste civile. Im Titel der Schrift steckt die Denunziation

38 Die Geschichte des Luxembourg wird dargestellt in Mangin (Fn. 33), S. 315 ff. Sie war den Zeitgenossen Haussmanns wie diesem selbst vertraut, vgl. Discours prononcés au Sénat par M. le baron Haussman, Sénateur, Préfet de la Seine au sujet de la Pétition contre le Projet de percement d'une rue d'isolement du Jardin du Luxembourg (Séance du 1er mai 1861), Dubarreau (Fn. 19), S. 27 ff. (»Les jardins ont leur histoire«).

39 Vgl. Fn. 18 ff.

40 Joanne (Fn. 20), S. 1, ferner Les Démolitions de Paris par le Dr. Akerlio

41 Dies zu verhindern ist die Funktion der Rede des Baron Haussmann vor dem Senat, vgl. Discours prononcés (Fn. 38)

42 Vgl. Joanne (Fn. 20) und Dubarreau (Fn. 19) passim

43 Joanne (Fn. 20), S. 9

44 Der Kompromiß rettete einen Teil der sog. Pépinière, nicht jedoch ihren Charakter, der vielmehr durch Niveau-Anhebung des Bodens und Öffnung des Gartens zur Umgebung hin völlig verloren ging. Der Kompromiß wurde daher von der »Kultur-Front« gegen Haussmann nicht akzeptiert, vgl. A Propos du Luxembourg par A. Dantes, Paris 1866: A Messieurs les Députés de Paris. Les Spectulateurs et la Mutilation du Luxembourg, par Alcide Dusolier, Paris 1866; Les Nymphes du Luxembourg au Sénat par Gustave Dupin, Ancien Magistrat, Paris 1866

45 Die spitzeste Feder innerhalb der Haussmann-Partei führte der Journalist Dubarreau (= Fn. 19)

46 Man hat auch vom Egoismus der Luxembourg-Partei gesprochen. Auf diesen moralischen Vorwurf hat erst die Bürgerrechtsbewegung unserer Tage einen apologetischen Gegenbegriff entwickelt: »Inklusivinteresse«. Der Begriff führt – wie sein Urheber wohl weiß – freilich nicht sehr weit, da er das Gemeinwohl, auf das er Anspruch macht, in den politischen Streit zieht. Vgl. P.C. Mayer-Tasch, Die Bürgerinitativbewegung, (= rde Bd. 374), Hamburg 1976, S. 82

47 Zur loi Grammont von 1850 vgl. Jérôme Fromageau, Réflexions relatives à l'Histoire du droit et de la protection de la Nature, in: A. Cadoret, Hg., Protection de la Nature, Histoire et Idéologie, Paris 1985, S. 215

48 La Pioche et Le Luxembourg, par Achille Arnaud, Lettre d'un amateur de jardins aux Parisiens de la Rive Gauche, Paris 1865, S. 11 f.

49 Atlas de Paris (= Fn. 18), S. 111 f.

50 Atlas de Paris (= Fn. 18), S. 114

51 Atlas de Paris (= Fn. 18), S. 115

52 Agence des Espaces Verts, Une Priorité Régionale: La Ceinture Verte de la Metropole Parisienne (Institut

d'Aménagement et d'Urbanisme de la Région d'Ile-de-France), Paris 1987
53 Agence (= Fn. 52), S. 15, 37 ff.
54 Agence (= Fn. 52), S. 15
55 Laure Amar, Parks und Plätze in Paris, Eine sozialpsychologische Analyse städtischer Freiraumqualität, München 1986

Abbildungen

Abb. 1: Plan von Paris am Ende der Regierungszeit Ludwigs XIV mit Wallpromenade (aus: De la Mare, Traité de Police, Bd. 3/1, S.102). Man erkennt die ursprüngliche Größe der Gärten beim Palais du Luxembourg am unteren Rand in der Mitte, den zusammenhängenden Komplex von Cours-la-Reine und Tuilerien in der mittleren linken Bildhälfte. Der Palais Royal liegt etwas darüber.

Abb. 2: Titelkupfer zu der Flugschrift Observations sur la destruction de la promenade du Jardin du Palais-Royal, Amsterdam 1781 (Bibl. Nationale, Paris)

Abb. 3: Der landschaftsplanerische Grüngürtel um Paris (118 000 ha), Planungsstand Nov. 1987 (aus: Institut d'Aménagement et d'Urbanisme de la Région d'Ile-de-France, Une Priorité Régionale, La Ceinture Verte de la Métropole Parisienne, Paris 1987)

Freiraum und Garten in der Stadt

Gerd Albers

Die Stadt – das sind Häuser und Straßen, Mauern und Dächer, Tore und Türme: gebautes Menschenwerk aus Holz und Ziegeln, Stein und Beton, gleichsam herausgeschnitten aus Landschaft und Natur: eine künstliche Lebenswelt. Die alten Stiche von Merian oder von Braun und Hogenberg machen dieses Besondere der Stadt ebenso deutlich wie die berühmten Gemälde im Rathaus von Siena, in denen sich die Stadt als Bereich der Ordnung und der Sicherheit von der sie umgebenden Wildnis abhebt. Damals war die Stadt noch seltene Blüte eines Siedlungsgefüges, das im ländlichen Raum weit mehr Bewohner enthielt als in den Städten; heute ist sie zur normalen Lebenswelt für die Menschen des 20. Jahrhunderts geworden – und sie wird es im 21. aller Voraussicht nach in noch höherem Maße sein. Daß gegenwärtig in den Industrienationen die Städte den Großteil der Bevölkerung bergen, ist angesichts der in ihnen konzentrierten Produktivkräfte nur natürlich; viel problematischer ist ihr Wachstum in den Entwicklungsländern mit ihren andersartigen Wirtschaftsstrukturen.

Aber bleiben wir für heute bei der europäischen Stadt und ihrem in Jahrhunderten gewachsenen Gefüge. Gewiß verbinden wir mit ihrer Vorstellung nicht nur Gebäude und Verkehrsstraßen, sondern auch noch andere Elemente: Stadtplätze, baumbestandene Alleen, Parkanlagen und Hausgärten, Spielplätze und Friedhöfe, vielfach auch Wasserflächen – was wäre Würzburg ohne den Main? Solche natürlichen Elemente tragen dazu bei, die steinerne Masse der Stadt aufzulockern, aber die wenigsten von ihnen sind als schmückende Zutaten konzipiert; in ihrer Mehrzahl sind sie unerläßliche Voraussetzungen für den geordneten Ablauf des städtischen Lebens mit seiner Bevölkerungshäufung und seiner zwangsläufigen Naturferne. Stein, Beton und Asphalt fordern geradezu als Gegengewicht Gärten und Wiesen, Bäume und Sträucher in der Stadt.

Betrachtet man den Garten als Symbolbegriff für diese natürlichen Komponenten, so haben die Stadt und der Garten in gewissem Sinne komplementäre Rollen, aber sie weisen auch eine tiefere Verwandtschaft auf, wie ein Ausflug in die Linguistik zeigt. Denn im Englischen heißt die Stadt bekanntlich »town«, während »tuin« im Holländischen Garten bedeutet. Es ist der gleiche Stamm, zusammengehörig mit unserem »Zaun«, der zugleich den Schlüssel für die Beziehung bietet. Stadt und Garten sind beide umzäunt, umhegt, umfriedet; beide sind menschliche Kulturprodukte

– allenfalls mit Ausnahme des Gartens Eden, den das erste Menschenpaar bereits vorfand. Aber auch er war umfriedet und von der Wildnis abgegrenzt, in die die Menschen nach dem Sündenfall ausgewiesen wurden.

Etwas anders steht es mit meinem dritten Titelbegriff, dem Freiraum: er ist gerade nicht eingegrenzt, er ist offen, ist Bewegungsraum, Erholungsraum – und ist in einem anderen Sinne auch Verfügungsraum für künftige Dispositionen. Die Stadt braucht heute beides: den umhegten Garten und den offenen Freiraum – als auf Dauer im Stadtgefüge gesicherten Grünraum und als umgebenden Erholungsraum, der zugleich in gewissem Maße disponibler Entwicklungsraum ist.

Im Fachvokabular der Stadtplanung finden wir die Freiflächen – weitgehend synonym mit den Grünflächen – als Oberbegriff für eine maßstäbliche Abfolge vom Hausgarten (der »privaten Freifläche«) über den Park und den Sportplatz (»öffentliche Freifläche«) bis hin zur »freien Landschaft«. Das allerdings ist eine recht euphemistische Bezeichnung für jene Arten von Landschaft, welche die großen Städte zu umgeben pflegen, denn diese Umlandzonen sind nicht nur von Siedlungselementen durchsetzt, sondern selbst da, wo sie optisch noch »frei« erscheinen, zahlreichen Bindungen unterworfen – wie etwa durch Einflugschneisen und Pipelines, durch Wasserschutz- und Naturschutzgebiete: Belastungen einerseits und Nutzungsbeschränkungen zur Sicherheit ihrer Qualitäten andererseits.

Auf allen diesen Maßstabsebenen nun läßt sich der Freiraum auf unterschiedliche Weise betrachten und bewerten. So gibt es eine funktionale Betrachtungsweise, die sich auf die Aufgaben des Freiraums im städtischen Siedlungssystem, seine Benutzung durch den Menschen und seinen Nutzen für den Menschen bezieht, eine gestalterische, die den Raum als ästhetische Kategorie – also in seiner Wirkung auf Wahrnehmung und psychisches Befinden des Menschen – ins Auge faßt, und eine ökologische, bei der die Bedeutung des Freiraums für die natürlichen Lebensgrundlagen im Vordergrund steht.

Letzten Endes sind natürlich alle drei Betrachtungsweisen auf den Menschen und seine Existenz bezogen, nur sind sie in unterschiedlichem Maße rational erfaßbar und berechenbar, sind auch verschiedenartig in ihrer Beziehung zur Dimension der Zeit, so daß man sie zumindest für analytische Zwecke voneinander trennen kann. Dabei zeigt der Blick auf die Geschichte der Stadtentwicklung und der Stadtplanung, daß funktionale und ästhetische Erwägungen schon früh eine wichtige Rolle gespielt haben, während die ökologischen Probleme erst in unserem Jahrhundert klarer erkannt wurden und im Grunde erst in den letzten beiden Jahrzehnten ins Bewußtsein einer breiteren Öffentlichkeit getreten sind. Allerdings erkennt man bei näherer Betrachtung dessen, was ich die funktionalen Aspekte genannt habe, daß ein großer Teil von ihnen sich auf Aspekte der Hygiene und des Stadtklimas bezieht, die wir heute mit unter den – damals noch nicht gebräuchlichen – Begriff der Ökologie zu fassen pflegen.

Freiraum und Garten in der Stadt im geschichtlichen Rückblick

Betrachten wir die historische Stadt auf ihre Gärten und Freiräume hin, so zeigen uns viele Dokumente und alte Stiche, daß die mittelalterliche Stadt zwar entlang der Straßen und Gassen meist dicht bebaut war, aber im Inneren der Straßengevierte – und manchmal auch noch in anderen Bereichen innerhalb der Stadtbefestigung – ausgedehnte Gartenflächen besaß, die ja auch in Krisenzeiten für die Ernährung der Bevölkerung von erheblicher Bedeutung waren.

Erst in der Barockzeit, als die Städte weiter an Bevölkerung zunahmen, aber ihre großen Erdbefestigungen so umfangreich und teuer geworden waren, daß man sie diesem Wachstum nicht mehr leicht anpassen konnte, schrumpften vor allem in den großen Städten die freien Flächen mehr und mehr zugunsten einer dichteren – übrigens häufig auch höheren – Bebauung. Wer angesichts dieser Entwicklung Flächen von der Bebauung freihielt, mußte entweder Macht oder Geld – oder beides – haben. Um Macht oder Reichtum zu demonstrieren, ist Geräumigkeit, Großzügigkeit bis zur Raumverschwendung, ein besonders eindrucksvolles Mittel: »conspicuous waste« also augenfällige Vergeudung – in der Terminologie des amerikanischen Soziologen Veblen[1]; und mit ihm die herrschaftliche Geste, mit der man andere vom Gebrauch dieses Raumes ausschließt oder ihnen solchen Raum »allergnädigst« befristet zur Verfügung stellt – wie etwa fürstliche Gärten seit der Zeit der Aufklärung.

Der erwähnte wachsende Siedlungsdruck führte im Umfeld einiger Städte schon vor der Entfestigung zur Entwicklung von Vorstädten – Wien ist ein bekanntes Beispiel –, aber erst die allgemeine Schleifung solcher Wallanlagen um 1800 erlaubte dann eine flächenhafte Ausbreitung der Städte in das vorher ländliche Umland. Allerdings war damit nicht etwa eine Auflockerung der Stadtkerne verbunden; vielmehr führten neue gewerbliche und geschäftliche Nutzungen eher zu weiterer Verdichtung.

Die rechtliche Situation legte dieser Verdichtung kaum Hindernisse in den Weg; die Sicht des 19. Jahrhunderts auf die Entwicklung entsprach jenen bekannten Sätzen des preußischen »Allgemeinen Landrechts« aus dem Jahre 1794: »In der Regel ist jeder Eigentümer seinen Grund und Boden mit Gebäuden zu besetzen oder seine Gebäude zu verändern wohl befugt. Doch soll zum Schaden oder zur Unsicherheit des gemeinen Wesens oder zur Verunstaltung der Städte und öffentlichen Plätze kein Bau und keine Veränderung vorgenommen werden.«[2] Man könnte argumentieren, daß dieser Grundsatz der »Baufreiheit« letztlich noch heute gelte: nur haben sich die Einsichten in das, was dem Gemeinwesen zu Schaden oder Unsicherheit gereichen könnte, und damit die für notwendig gehaltenen Beschränkungen dieser Baufreiheit in den vergangenen fast zweihundert Jahren ungemein ausgeweitet.

Im frühen und mittleren 19. Jahrhundert waren solche Beschränkungen dagegen sehr gering, und die von Grundbesitzern beherrschten Stadtparlamente sahen wenig Anlaß zu ihrer Verschärfung. Das Vertrauen jener Zeit gehörte dem »freien Spiel der Kräfte« – »Laissez faire, laissez aller, le monde va de lui même!« – und die Geschichte der Stadtplanung in der Industriegesellschaft läßt sich als Abfolge zunehmender Interventionen in dieses freie Spiel der Kräfte interpretieren. Die Stadtplanung trat also zwangsläufig gegen den Zeitgeist an – veranlaßt und gerechtfertigt durch eine Reihe von Belegen, daß dieses freie Kräftespiel nicht zur erhofften optimalen Entwicklung geführt hatte. An keiner Stelle nun war sein Versagen deutlicher zutage getreten als in der Ausstattung der Städte mit Grün- und Freiflächen. Was im überkommenen Stadtgefüge nicht als frühere Befestigung oder als feudaler Herrschergarten bereits eine gewisse Bedeutung gewonnen hatte und gleichsam zum gesicherten Bestand gehörte, fiel schnell der Bebauung anheim; nicht nur Spekulanten und die berüchtigten »Terraingesellschaften«, sondern auch alle anderen Grundeigentümer sahen in der Regel keine Veranlassung, ihren Grund und Boden als Freifläche zu erhalten und damit auf eine möglichst intensive und gewinnbringende Bebauung zu verzichten. So wird die Sicherung von Freiflächen zum frühesten Anliegen einer auf die Nutzungsstruktur, auf die allgemeine Flächenverteilung in der Stadt gerichteten Planung – und dies mit zweifachem Ziel: einerseits zur Schaffung von öffentlichen Parks und Grünanlagen innerhalb des bebauten Stadtgebietes, andererseits zur Sicherung des Landschaftsraumes vor der Stadt gegen die unbeschränkte Ausdehnung der Bebauung.

Für beide Anliegen werden die gleichen Hauptgründe ins Feld geführt: klimatische Erwägungen, die damals unter dem Stichwort der »Hygiene« liefen und die wir, wie erwähnt, heute als ökologische Gründe bezeichnen würden, und offenbar gleichrangig soziale Argumente, wie sie besonders nachdrücklich in dem 1874 erschienenen Buch »Die Großstädte in ihrer Wohnungsnot und die Grundlagen einer durchgreifenden Abhilfe« betont werden. Verfasserin ist – unter dem Decknamen »Arminius« – die Gräfin Adelheid Dohna-Poninski, sie sieht »für jede Großstadt ein Interesse ersten Ranges« darin, daß «allen Schichten der Bevölkerung die Erholung im Freien und Grünen zugänglich gemacht und daß für eine zweckmäßige Gestaltung dieser Flächen Sorge getragen werde«. Aus dieser Forderung erwachse den Behörden die Aufgabe, »die freien Plätze und Feldstücke unverbaut zu bewahren, welche nach vorgeordnetem Maße, im Bedürfnis bedingt, in die Umfangslinien jeder Großstadt sowohl aus Sanitäts- als auch aus moralischen Rücksichten gehören«.[3] Daraus leitet die Autorin als Grundsatz für die Stadtentwicklung ab:

»Die Erweiterung der Stadt ist so in Schranken zu halten, daß das Anrecht jedes Einwohners, innerhalb einer halben Stunde von seiner Wohnung aus die freie Flur erreichen zu können, nicht verletzt werde.«

Hierzu schlägt sie vor, »zwischen einer Linie, welche die Stadt nach dem Umfange ihrer kompakten Häusermasse umschließt, und einer weiteren Linie, welche nach außen hin von der ersteren an allen Punkten eine halbe Meile entfernt ist«, die

Bebauung auf ein Fünftel der Fläche zu begrenzen; »der übrige Raum bleibt den Eigentümern und den Pächtern zur Benutzung als Garten, Feld, Wiese oder Wald und dient zugleich der gesamten Bevölkerung in allen ihren Schichten zu mannigfaltigen, ihren verschiedenen naturgemäßen Bedürfnissen angemessenen Erholungsstätten in freier Natur, einschließlich der Nutzgärtnereien...«[4]

Hier haben wir also ein frühes Beispiel für jene Grundsätze städtischer Freiflächenpolitik, die später in den »green belts« um die britischen Städte oder im »Wald- und Wiesengürtel« um Wien ihre Verwirklichung gefunden haben. Allerdings werden schon bald Bedenken laut: in dem ersten wirklichen städtebaulichen Fachbuch in deutscher Sprache – »Stadterweiterungen in technischer, wirtschaftlicher und baupolizeilicher Beziehung« – bekundet der Verfasser, Reinhold Baumeister, zwar seine Sympathie für diese Gedanken, meint aber, daß man das Baurecht so sehr werde kaum einschränken können. Auch er plädiert allerdings mit Nachdruck für Freiflächen innerhalb der Stadt:

»Freie Plätze sind im allgemeinen kein Luxus, sondern... Erfordernisse der Gesundheit und des Verkehrs, insofern sie zur Erneuerung der Luft auf bebauten Flächen beitragen und den Konflikt mehrerer zusammentreffender Verkehrsströme ausgleichen... Wenn bereits durch freie Plätze für die allgemeine Gesundheit gesorgt wird, so erstreckt sich diese Pflege gegenwärtig vielfach noch weiter und erstrebt in Städten öffentliche Anlagen mit Pflanzenwuchs. Der günstige Einfluß solcher Anlagen ist in physiologischer Hinsicht längst nachgewiesen, fast noch wichtiger und erst neuerdings betont ist die geistige Wirkung. Sie beruht auf der, besonders bei den germanischen Stämmen ausgeprägten, Verkettung des Gemütslebens mit der Natur... Es muß daher die zweckmäßige Gestaltung von Erholungsstätten bei einer Stadterweiterung geradezu als Bedürfnis für Leib und Seele anerkannt werden, der Wohnungsfrage kaum nachstehend... Schon innerhalb der Stadt, wenigstens innerhalb der Zukunftsstadt, wird Vegetation wesentlich dazu beitragen, die Nerven in dem aufreizenden Lärm und Verkehr zu beruhigen, den Geist nach anstrengender Arbeit zu erholen, das Gemüt zu erquicken.«[5]

Daß immerhin einige dieser Überlegungen auch in das praktische Verwaltungshandeln Eingang fanden, belegt der Berliner Magistratsbericht für die Jahre 1861 - 1876:

»Es waren nicht allein die sanitären Gesichtspunkte, von welchen die Verwaltung ausging, wenn sie bemüht war, die zu pflegenden und zu fördernden Anlagen so zu gestalten, daß sie der Stadt eine lange entbehrte Zierde, der Bevölkerung eine Quelle echter Naturanschauung und ethischen Naturgenusses gewähren sollten. Wie erwünscht es war, dem gutsituierten, aber im Gewühle des geschäftlichen Lebens umgetriebenen Bürger die Möglichkeit erfrischenden Naturgenusses zu gewähren; gegenüber den unteren, in schwerer körperlicher Arbeit ums tägliche Brot sich abmühenden Bevölkerungsklassen handelte es sich bei dem Schaffen von Park- und Gartenanlagen um noch höhere Ziele. Denn unbestreitbar ist es, daß solche im wohlgepflegten Zustande erhaltenen Anlagen eines der geeignetsten Mittel sind, den Sinn über die Sorge um die materielle Existenz zu erheben und rohe Gesinnung, wo sie vorhanden, zu mildern.«[6]

Zur Entwicklung einer »Freiflächentheorie«

Gegen Ende des Jahrhunderts finden wir in der städtebaulichen Theorie die ersten Ansätze zu einer weitergehenden Differenzierung der Grünflächen in der Stadt – und auch die ersten quantitativen Angaben; so bezeichnet Stübben in seinem enzyklopädisch angelegten Buch »Der Städtebau« 1890 ein Verhältnis als normal, »nach welchem auf je 50 000 Einwohner eine Parkanlage von 10 ha Größe entfalle«.[7] Das ist – mit 2 qm je Einwohner – nach heutigen Ansprüchen mehr als bescheiden.

Um die gleiche Zeit taucht eine neue Vorstellung über die zweckmäßige Anordnung der Freiflächen in einer Stadt auf: nicht im Sinne eines Ringes um die Bebauung, sondern in radialer Richtung – von der freien Landschaft möglichst tief in das Innere der Bebauung, also gegen den Stadtkern vorstoßend; dem »Grüngürtel« wird der »Grünkeil« gegenübergestellt. So schreibt Nußbaum 1907 in einer Schrift »Hygiene des Städtebaues«:

»Die Parkstreifenbildung ist ein bedeutsamer Teil der Stadtgartenkunst und sollte in den Neusiedlungen der Städte eine weit häufigere Anwendung finden, als es bisher der Fall war... damit (den) Bewohnern ein reizvoller Weg in die freie Umgebung der Stadt dauernd zur Verfügung steht.«[8]

Es ist wohl vor allem die konsequente Anwendung dieses Gedankens, die dem preisgekrönten Wettbewerbsentwurf von Möhring, Eberstadt und Petersen für Groß-Berlin – aus dem Jahre 1910 – besondere Beachtung, ja einen besonderen Platz in der Ahnengalerie der modernen Flächennutzungsplanung gesichert hat. Es mag symptomatisch sein, daß mit der Veröffentlichung über diesen Entwurf »Groß-Berlin – ein Programm für die Planung der modernen Großstadt« erstmalig die beiden Begriffe »Planung« und »Programm« im Titel einer auf den Städtebau bezogenen Schrift auftauchen.[9]

Im gleichen Jahre fand in Berlin eine vielbeachtete Städtebauausstellung statt, über die Werner Hegemann einen großangelegten Bericht veröffentlichte. In ihm heißt es zum Thema der städtischen Freiflächen:

»In dieser Zeit städtischer Expansion erwächst dem Parkarchitekten eine Mission von höchster kultureller Bedeutung. Seine Arbeit muß heute einsetzen in einem Umfange, wie wir ihn früher noch ganz und gar nicht gekannt, ja kaum geahnt haben... Eine Stadt, die ihre Parkpolitik vernachlässigt, die ihrer Jugend die Möglichkeiten nimmt, die alten heiligen Beziehungen zur Mutter Natur anzuknüpfen und zu pflegen, zieht notwendigerweise ein arbeitsunfähiges Geschlecht heran, dem

Erfolg im Leben versagt sein muß.«[10]

Mag man in dieser letzten Aussage auch einen wisssenschaftlich nicht haltbaren »Umweltdeterminismus« sehen, so ist sie doch kennzeichnend für die Wertschätzung, die dem grünen Freiraum in der Stadt entgegengebracht wurde. Sie beruht ganz offenkundig auf dem Unbehagen an der steinernen Stadt der Mietskasernen, die für die letzten Jahrzehnte des neunzehnten Jahrhunderts kennzeichnend war und nun aus sozialen wie aus ästetischen Motiven abgelehnt wurde – ein Meinungsumschlag ähnlich dem, den wir in den siebziger Jahren erlebten, als plötzlich die Großbauten der sechziger Jahre, nunmehr als »Betonburgen« bezeichnet, der Ablehnung verfielen.

So kann man vereinfachend die städtebauliche Auffassung jenes frühen 20. Jahrhunderts auf die Formel bringen: je mehr Grün, um so besser die Stadt. Und es ist sicher auch kein Zufall, daß Martin Wagner, der spätere Stadtbaurat von Berlin, in dieser Zeit seine Dissertation »Städtische Freiflächenpolitik« vorlegte – wohl eine der ersten, wenn nicht die erste Doktorarbeit, die sich aus städtebaulicher Sicht mit den Grünflächen in der Stadt auseinandersetzt. In ihr werden »Grundlagen für eine Freiflächentheorie« – so die Überschrift eines Kapitels – zur Bemessung der Grünflächen und zu ihrer Verteilung im Stadtgebiet entwickelt. Dabei gelangt Wagner zu einem Flächenanspruch von 6,5 qm je Einwohner für Parkanlagen, Promenaden, Spiel- und Sportflächen, zu denen noch die doppelte Fläche für stadtnahe Wälder gefordert wird – also zusammen fast 20 qm je Einwohner.[11]

Seither ist die Forderung nach einer systematischen Ausstattung des Stadtgebietes mit Grün- und Freiflächen fester und unbestrittener Bestandteil der städtebaulichen Grundsätze – sowohl hinsichtlich der verschiedenen Arten und Zweckbestimmungen solcher Flächen und ihrer wünschenswerten Größen als auch hinsichtlich ihrer Anordung im Stadtgefüge. Häufig bot die Topographie Ansatzpunkte dafür – etwa in Gestalt von Flußauen oder Berghängen; im übrigen galt, wie erwähnt, ein System radialer Grünzüge zwischen Stadtmitte und freier Landschaft als besonders zweckmäßig. Deren Verknüfung durch ringförmig angeordnete Freiflächen führte zu dem Modell eines netzartigen Grünsystems, das das ganze Stadtgebiet in einzelne Baubereiche aufteilte – ein Konzept, das dem in den zwanziger Jahren gängigen Gedanken der Dezentralisierung der Großstädte, ihrer Aufgliederung in »Nachbarschaftseinheiten« entsprach und dann auch in den fünfziger Jahren in den britischen Neustadtgründungen verwirklicht wurde.

Inzwischen ist dieses Konzept aus einer Reihe von Gründen, die vor allem in der Versorgung mit öffentlichen Einrichtungen und in der Verkehrsbedienung liegen, fragwürdig geworden; daneben aber stellt sich natürlich auch die Frage, ob mit einer solchen Ausuferung der Städte zu Lasten der Landschaft nicht erhebliche ökologische Nachteile verbunden sind. Damit sind wir bei einem zentralen Thema in der heutigen Diskussion – dem Flächenverbrauch für die städtische Siedlungsform. Er hängt vom Flächenanspruch der verschiedenen Nutzungsarten in der Stadt ab: für öffentliche Einrichtungen, für Arbeitsstätten in Büros und Gewerbebetrieben, für den Verkehr – und natürlich auch für das Wohnen. Die Wohngebiete beanspruchen sogar durchweg den relativ größten Anteil an der Stadtfläche, zugleich aber ist ihr Ausmaß insofern – zumindest theoretisch – besonders flexibel, als zwischen dem freistehenden Einfamilienhaus und dem üblichen Geschoßwohnungsbau – es braucht nicht einmal das Hochhaus zu sein – ein erheblicher Unterschied im Flächenanteil je Einwohner besteht: etwa zwischen 200 qm und 40 qm, also in einem Verhältnis von 5 zu 1. So ist es verständlich, daß den Stadtplanern das freistehende Einfamilienhaus seit langem suspekt ist und sie statt dessen Wohnformen befürworten, welche die Vorzüge des Einfamilienhauses mit größerer Dichte verbinden, wie etwa das Reihenhaus oder das winkelförmige »Gartenhofhaus«, manchmal auch in der Art eines Atriumhauses, das zwar eine geringere Gartenfläche, dafür aber in diesem Freiraum mehr Privatheit bietet als das Reihenhaus.[12]

Der Gewinn bei solcher Verdichtung ist ein mehrfacher: es wird mehr zusammenhängende Landschaft erhalten, zugleich verringert sich der Erschließungsaufwand in der Stadt für Straßen und Leitungen, und schließlich erlaubt die dichtere Besiedlung kürzere Wege zu Läden und öffentlichen Einrichtungen, auch zu Haltestellen des öffentlichen Nahverkehrs, der locker besiedelte Gebiete kaum zu erschließen vermag. Diese Argumentation war bis vor etwa zehn Jahren ganz unumstritten (wenn man ihr auch in der Praxis nicht folgte); inzwischen aber haben ökologische Aspkete zumindest ein Gegenargument nahegelegt: Ist es nicht besser, der ohnehin an Überproduktion leidenden Landwirtschaft Flächen zu entziehen und sie in Hausgärten zu verwandeln, die viel geeignetere Heimstätten für die Artenvielfalt sind als die ausgeräumten Produktionssteppen der Landwirtschaft, deren Überdosen an Düngemitteln und Pflanzenschutzmitteln das Grundwasser belasten? Das ist zumindest eine ernstzunehmende Frage – auch wenn man gelegentlich die These hört, daß die Hobbygärtner im Einfamilienhausgebiet noch mehr Chemikalien einsetzen als die Landwirte. Ich will diese Frage hier nicht vertiefen, sondern nur darauf hinweisen, daß es hier Zielkonflikte gibt, die man nicht generell, sondern nur nach sorgfältiger Untersuchung in jedem Einzelfall wird entscheiden können. Das trifft in ganz ähnlicher Weise für die Frage nach der sinnvollen Umnutzung brachgefallener Industrieflächen in den Städten zu, auf die noch einmal zurückzukommen ist. Jedenfalls ist die Zeit simpler Faustregeln für die städtebauliche Planung vorbei; die Dinge sind zu komplex geworden, als daß man ihnen mit Patentrezepten beikommen könnte.

Gärten und Straßen: private und öffentliche Freiräume

Nach dieser eher nüchternen Auseinandersetzung mit der Rolle der Freiräume in der Stadt möchte ich noch einmal zum Garten zurückkehren – zu einem Begriff, von dem eine Faszination besonderer Art ausgeht. Er gilt uns als Metapher für den sinnvoll pflegenden Umgang mit der Natur, der die Mitte hält zwischen Vernachlässigung und Ausbeutung und den diese Natur durch reiche Erträge belohnt – materielle wie geistige und emotionale. 1891 veröffentlichte William Morris, Begründer des »Arts and Crafts Movement«, einen utopischen Roman mit dem Titel »News from Nowhere« – Kunde von Nirgendwo -, gekennzeichnet durch eine Haltung, die wir heute wohl als konservativ-nostalgisch bezeichnen würden. In ihm charakterisiert der Verfasser seine Zukunftsvision mit den Worten: »England is now a garden where nothing is wasted and nothing is spoilt« – ein Garten, in dem nichts vergeudet wird und nichts umkommt.[13]

Wenige Jahre später wurde – wiederum in England – der Begriff der »Gartenstadt« geprägt, der in den folgenden Jahren schnell Verbreitung fand und populär wurde – wenn auch letztlich auf Grund eines Mißverständnisses. Im Jahre 1898 nämlich hatte der englische Parlamentsstenograph Ebenezer Howard einen Vorschlag veröffentlicht, das bedrohlich erscheinende Stadtwachstum in andere Bahnen zu lenken: in neu zu gründende Städte von auf Dauer begrenzter Größe mit genossenschaftlichem Grundeigentum. Die Schrift trug den Titel »To-Morrow: A Peaceful Path to Real Reform«. Sie enthielt ein Diagramm, das die Anordnung solcher Neustädte – mit erfundenen Namen – um eine größere Stadt herum zeigte; eine von ihnen hieß »Garden City«.[14] Vier Jahre später erschien eine Neuauflage unter dem neuen Titel »Garden Cities of To-Morrow« – ganz offenbar, weil man sich von dem Begriff des »Gartens« eine größere Zugkraft erwartete. Sie schlug sich dann auch in der Gründung einer »Garden City Association« nieder, der ein paar Jahre später die »Deutsche Gartenstadtgesellschaft«, ja sogar eine »Internationale Gartenstadtgesellschaft« folgte – welch letztere übrigens heute noch besteht, wenn auch unter dem umfassenderen Namen des »Internationalen Verbandes für Wohnungswesen, Städtebau und Raumordnung.«

Es war offenbar diese Betonung des Gartens, die zu dem Mißverständnis führte, in der Ausstattung aller Häuser mit Gärten bestehe das Wesentliche des Vorschlags, während tatsächlich die wichtigsten Reformansätze im kommunalpolitischen und im bodenrechtlichen Bereich lagen. So ist auch alles das, was in Deutschland unter dieser Flagge segelte, über das Modell einer Gartenvorstadt – ohne Selbstverwaltung und ohne ein zugehöriges Spektrum von Arbeitsstätten – nicht hinausgekommen. Gleichwohl – auch diese Erscheinung mag man als Beleg für die vom Garten ausgehende Faszination werten.

Kehren wir noch einmal zurück zum Garten am Haus: ohne Zweifel ist er ein wesentlicher Bestandteil einer weit verbreiteten Idealvorstellung vom Wohnen, wenn es auch einzelne Bevölkerungsgruppen geben mag, die ihm kein sonderliches Interesse entgegenbringen – zumindest, wenn sie ihn selbst bearbeiten müssen. Aber dem Bedürfnis nach dem eigenen Garten auch unter beengten Raumverhältnissen entgegenzukommen, ist, wie am Beispiel der Reihenhäuser und Gartenhofhäuser gezeigt, ein altes Anliegen von Stadtplanern und Wohnungsbauern. Im Geschoßwohnungsbau tritt an seine Stelle meist der Freisitz, dem man in den letzten Jahren – als Balkon, als Loggia, als Dachterrasse – zunehmende Aufmerksamkeit gewidmet hat. Aber auch hier braucht man natürlich nicht auf den Garten zu verzichten – an den Erdgeschoßwohnungen oder als kleine Gartenparzellen für die Bewohner der Obergeschosse. Sie verdrängen jetzt – man kann wohl sagen: wieder – das großzügige »Gemeinschaftsgrün«, dem seit der Jahrhundertwende bei Geschoßwohnungen der Vorrang eingeräumt worden war: Rasenflächen mit Bäumen und Sträuchern, mit Spielplätzen, Bänken und Wäschetrockenplätzen. Allerdings verarmte dieses »Gemeinschaftsgrün« manchmal zu einer wenig nutzbaren Rasenfläche zwischen den Häuserzeilen; von daher stammt die abwertende Bezeichnung »Abstandsgrün«, weil lediglich die von der Bauordnung geforderten Abstandsflächen zwischen den Häusern ausfüllend. Hierzu ist allerdings anzumerken, daß solches Abstandsgrün immer noch der häufig anzutreffenden Alternative – die Abstandsflächen zum Parken der Autos zu nutzen – vorzuziehen ist.

Man muß natürlich auch einräumen, daß solche Flächen nicht immer »angenommen«, also so genutzt werden, wie die Planer sich das vorgestellt hatten. So bleiben die gut gemeinten Ruhebänke in den Grünflächen um die Gebäude meist leer – und als ich in den fünfziger Jahren einmal Stadtplaner in Ulm war, wurde mir auch der Grund dafür erläutert: keine schwäbische Hausfrau werde es wagen, sich tagsüber dort in die Sonne zu setzen, denn dann würden alle Nachbarinnen, in deren Blickfeld sie ja unweigerlich geraten müsse, sich darüber aufhalten, daß sie doch eigentlich besser Hausputz machen oder ihre Wäsche waschen solle. Das spricht übrigens wiederum für die »Mietergärten«, denn im »Gärtle« zu »schaffe«, entlastet gewiß auch in Schwaben vom Odium des Nichtstuns.

Tatsächlich sind die Mietergärten in den letzten Jahren sowohl bei den Mietern als auch bei den Wohnungsgesellschaften wieder sehr populär geworden – gerade in den Großsiedlungen der fünfziger und sechziger Jahre tragen sie zum Abbau der beklagten Anonymität, zur individuellen Prägung und damit zur Anhänglichkeit der Bewohner an ihr Quartier bei – ganz abgesehen von der Verringerung des Pflegeaufwands für das »Gemeinschaftsgrün«.

Schließlich sollten in diesem Zusammenhang die Kleingärten nicht vergessen werden, die als größere zusammenhängende Anlagen einen wichtigen Bestandteil des städtischen Grünflächensystems bilden und zugleich ihren Nutzern Betätigung und

Erholung bieten, wobei aus Untersuchungen hervorgeht, daß die Produktionsaufgabe des Kleingartens – Gemüse für den häuslichen Mittagstisch zu liefern – zunehmend hinter seiner Nutzung als »grünes Zimmer« zur Erholung zurücktritt.

Eine weitere Kategorie gilt es aber noch wenigstens kurz zu streifen – den Freiraum auf kleinmaßstäblicher Ebene, den Raum zwischen den Gebäuden, der wiederum teils durch funktionale, teils durch gestalterische Erwägungen bestimmt wird: die Straße und den Platz. Sie müssen den Zugang zu den Gebäuden ermöglichen, die Abwicklung des Verkehrs erlauben, aber auch die Belichtung der Wohnungen sichern. Im 19. Jahrhundert war die Einwirkungsmöglichkeit der Stadtplanung fast ganz auf diesen öffentlichen Raum beschränkt; die bauliche und räumliche Entwicklung im Blockinnern ergab sich aus den Eigentumsgrenzen und der Bauordnung und führte angesichts der damals zulässigen hohen Ausnutzungsmöglichkeiten meist zu einem weitgehenden Zubauen mit Seitenflügeln und Hinterhäusern, zwischen denen nur enge und schlecht belichtete Höfe ohne Grün übrigblieben. Erst die Möglichkeit, mit Baulinien Vorgärten abzugrenzen und später auch – durch »rückwärtige Baulinien« – das Blockinnere von Einbauten freizuhalten, ermächtigte die Stadtplanung zur Sicherung von Grün- und Freiflächen über die eigentliche Straßenfläche hinaus.

Es wäre eine Aufgabe für sich, den unterschiedlichen Tendenzen nachzugehen, die sich in der Gestaltung des öffentlichen Raumes, vor allem des Straßenraumes, niederschlagen. Wir finden zu verschiedenen Zeiten Bekenntnisse zur geraden und zur gekrümmten Straßenführung, zu einer strengen und zu einer freieren Ordnung der Randbebauung, zu einer auf Raumbildung gerichteten und zu einer plastische Wirkungen erstrebenden Formung der Baukörper. Auch zum Grün auf Straße und Platz gibt es unterschiedliche Meinungen; so befürchtete Camillo Sitte – der 1889 mit seinem Buch »Der Städtebau nach seinen künstlerischen Grundsätzen« die Entwicklung stark beeinflußte – eine Verunklärung der Architektur durch Baumpflanzungen auf Plätzen.[15] Hingegen riet mein Lehrer Hilberseimer, alter Bauhausmeister, in seiner Hochschullehre zu niedriger Bebauung an baumbepflanzten Straßen: »Das hat den Vorteil, daß man die Architektur nicht so sieht.«

In den zwanziger Jahren begann das Interesse an städtebaulicher Raumbildung einer neuen Tendenz zu weichen, die dann auch den Neuaufbau nach dem Kriege weitgehend bestimmte: dem Ziel einer freiplastisch wirkenden, in Grün gebetteten Wohnbebauung, die in dem berühmten Architekten Le Corbusier einen eloquenten Befürworter hatte. Das Wohnhaus als Hochhausscheibe oder als Punkthaus entsprach ganz diesem Konzept, das seine entschiedenste Ausformung in Deutschland wohl mit dem Berliner Hansaviertel, dem Objekt der Internationalen Bauaustellung von 1957, erfuhr. Schon in den Neubaugebieten der zwanziger Jahre hatte sich die Trennung von Straße und Hofraum verwischt; der Freiraum zwischen den Häuserzeilen ging in den Straßenraum über und brach die alte »Korridorstraße« auf. Um die Jahrhundertmitte lösten sich in neuen Stadtteilen Gebäudestellung und Straßenführung weitgehend voneinander: Die Straßen zogen durch das die Gebäude umspülende Grün, das allerdings – im Gegensatz zu den ursprünglichen Idealvorstellungen – zunehmend von Parkplätzen verdrängt wurde. Die Reaktion auf diese Entwicklung, in den sechziger Jahren einsetzend, hat sich auf die Straße wie auch auf das Grün ausgewirkt: Die Fassung der Straße durch Gebäude wurde wieder interessant; der lange verpönte Baublock, inzwischen durch die Entdeckung der Polarität von Öffentlichkeit und Privatheit auch soziologisch sanktioniert, wurde wieder rehabilitiert; die »Durchgrünung« der Stadt galt manchen gar als Irrweg angesichts ihrer Faszination durch städtische Dichte und die dadurch erhoffte »Urbanität«.

Die modischen Züge dieser »Verdichtungswelle«, die vor allem den Investoren zugutekam, waren von vornherein erkennbar, sind aber einer breiteren Öffentlichkeit erst bewußt geworden, als schon viel Unheil angerichtet war. Heute machen die Bemühungen um die Verbesserung des »Wohnumfeldes« im Stadtinneren – um der Abwanderung der Städter an den Stadtrand und ins Umland entgegenzuwirken – sehr deutlich, daß städtische Wohnqualität nicht weniger, sondern mehr – vor allem aber gut gestalteten und nutzbaren – Freiraum erfordert.

Freiraum für künftige Entwicklungen

Mit dem Stichwort »Umland« kommt noch einmal der Freiraum außerhalb der Stadt ins Blickfeld. Er erfuhr bis zur Mitte unseres Jahrhunderts wenig Aufmerksamkeit – nicht, weil man ihn für unwichtig gehalten hätte, aber weil er noch nicht ernsthaft gefährdet schien. Bis dahin waren die Überlegungen zum Städtewachstum immer von der Erreichbarkeit aller Stadtteile durch den öffentlichen Nahverkehr ausgegangen – und das bedeutete ein relativ geschlossenes Vorrücken der Bebauung in begrenzten Bereichen des Umlandes, dem meist auch deren Eingemeindung folgte. Das hat sich in den letzten Jahrzehnten geändert: das private Kraftfahrzeug hat das Umland in ganz anderer Weise erreichbar gemacht als zuvor und damit nicht nur eine weitläufige Ausuferung der bebauten Stadtfläche ermöglicht, sondern auch die Anlagerung von Wohngebieten an die bis dahin überwiegend landwirtschaftlich geprägten Ortschaften des Umlandes bewirkt.

Der auf diese Weise erfüllte Traum vom »Häuschen im Grünen« ist aber mit erheblichen gesamtwirtschaftlichen Nachteilen erkauft; zu den erhöhten »Betriebskosten« des städtischen Siedlungsgefüges – für Straßen, Leitungen, öffentlichen Nahverkehr – kommen für das Dorf eine Verringerung seiner landwirtschaftlichen Nutzfläche und in aller Regel eine Verschlechterung der räumlichen Beziehungen zwischen dieser Fläche und den landwirtschaftlichen Betrieben – ganz abgesehen von den Veränderungen in der Sozialstruktur, die sich schnell auch im Gemeinderat bemerkbar machen.

Dabei handelt es sich – angesichts einer wenig durchschlagskräftigen Regionalplanung – meist um zufällige Anlagerungen, die indessen eine bedenkliche Präjudizierung künftiger Entwicklungsmöglichkeiten darstellen. Der Vorgang ähnelt dem Verschneiden eines Anzugsstoffes, ohne daß die Maße dessen bekannt sind, der den Anzug einmal tragen soll – und das ist unter dem Blickwinkel einer vorsorgenden Bewirtschaftung räumlicher Ressourcen eine sehr nachteilige Vorbelastung. Daß zumeist auch die Gestaltung des Orts- und Landschaftsbildes – eines der im Baugesetzbuch aufgeführten Ziele – darunter leidet, sei nur am Rande erwähnt – denn gestalterische wie funktionale Aspekte machen nur eine Seite des Problems aus. Langfristig dürfte die Frage schwerer wiegen, inwieweit eine solche Inanspruchnahme von Freiraum unsere natürlichen Lebensgrundlagen beeinträchtigt oder gefährdet.

Hier nämlich begegnen wir den ökologischen Problemen in einer neuen Dimension. Die früheren Überlegungen zur Verbesserung der ökologischen Verhältnisse in der Stadt waren alle von der Voraussetzung ausgegangen, daß es eben nur die Stadt mit ihrer Massierung von Menschen und Gebäuden, von Fabriken und technischen Einrichtungen sei, in der solche Probleme bestünden – und ihnen gegenüber schien der ländliche Raum mit seinen Reserven an Fläche, an guter Luft und frischem Wasser unerschöpflich oder zumindest nicht ernsthaft bedroht. Schon diese Charakterisierung zeigt, was alles inzwischen anders geworden ist. Die Verschmutzung von Luft und Wasser ist ein weltweites Problem, und zu ihr trägt auch die Hauptnutzerin des ländlichen Raumes, die Landwirtschaft, nicht unerheblich bei. Die Umweltprobleme, denen man vor ein paar Jahrzehnten noch durch räumliche Trennung von Emittenten und Immissionsgefährdeten – also etwa Industriegebieten und Wohngebieten – beikommen zu können meinte, müssen heute auf ganz anderer Ebene angegangen werden als auf der der räumlichen Planung in Stadt und Land, die nur in Einzelfällen Hilfestellung leisten kann.

Mit anderen Worten und ganz prosaisch ausgedrückt: die Schlüsselprobleme für die räumliche Entwicklung liegen nicht mehr darin, ob wir human gestaltete, wirtschaftlich funktionsfähige, mit Grünflächen und Gärten ausgestattete Städte verwirklichen können, sondern darin, ob wir mit den Produkten und den Abfallprodukten unserer Industriegesellschaft fertig werden – Produkte und Abfälle, die auch davon nicht besser werden, daß wir diese Gesellschaft gern »postindustriell« nennen.

Diese Einsicht entläßt uns natürlich nicht aus der Pflicht, mit der Planung von Stadt und Land einen Beitrag – den größtmöglichen Beitrag – zur ökologischen Sanierung unserer bedrohten Umwelt zu leisten. Dabei können wir uns allerdings nicht mehr auf die frühere Vorstellung stützen, daß allein die Städte ökologische Defizite aufweisen, mit denen man sich abfinden müsse und für die es dann um so gesündere »ökologische Ausgleichsräume« – im Bayerischen Wald oder in der Rhön – gebe. Wir müssen vielmehr alle Anstrengungen machen, die Städte selbst wieder in ökologischer

Hinsicht so verträglich wie möglich zu gestalten.

Bemühungen in diesem Sinne müssen auf den verschiedensten Ebenen ansetzen – bei der großflächigen Gliederung der Baugebiete durch Freiflächen ebenso wie bei der Dach- und Hofbegrünung in Wohnbereichen, bei der Sicherung von Ventilationsbahnen für das Stadtgebiet ebenso wie bei der Auflockerung und Verminderung versiegelter Bodenflächen. Solche Bemühungen müssen aber auch bei unserem alltäglichen Verhalten ansetzen – etwa beim Umgang mit dem Auto, seiner Unterbringung und Benutzung: aber das ist ein anderes Kapitel, das den Rahmen meines Themas sprengen würde.

Eine zentrale Frage ist dabei die nach weiterer Inanspruchnahme von Grund und Boden für Bauzwecke, die gewiß nicht in dem beängstigenden Tempo der letzten Jahrzehnte weitergehen kann. Vor ein paar Jahren noch war die Hoffnung verbreitet, die voraussehbare Schrumpfung der Bevölkerung werde es erlauben, den Flächenbedarf für Siedlungszwecke einzudämmen und die künftigen baulichen Bedürfnisse durch Umgestaltung und Umnutzung von Bauflächen innerhalb des bestehenden Siedlungsbereichs der Stadt aufzufangen. »Stadtumbau« hieß die Parole, und bei der Verabschiedung des Baugesetzbuches 1986 wurde viel von dem neuen Ziel der »Innenentwicklung« gesprochen – ohne daß das Baugesetzbuch allerdings dafür neue Rechtswerkzeuge bereitgestellt hätte.

Diese Perspektive der Eindämmung sieht heute schon wieder anders aus – vor allem durch das Bedürfnis nach einem neuen Wohnungsbauschub angesichts der vielen Aussiedler und Übersiedler, aber auch angesichts der Flächenansprüche von Wirtschaftsunternehmen. Hinzu kommt aber auch das Argument, daß etwa von der Industrie geräumte Flächen im bebauten Stadtgebiet gerade unter ökologischen Gesichtspunkten eher begrünt als erneut bebaut werden sollten – daß also die Lenkung der Nutzungswünsche auf neues Bauland unter Umständen ökologisch richtiger sei als die Wiederbebauung alter Bauflächen.

Offenkundig wird es hier keine Rezepte geben können; in jedem Einzelfalle wird man um die richtige Entscheidung ringen müssen. Sie vorzubereiten und in ihren Zusammenhängen zu durchdenken, Alternativen aufzuzeigen und kritisch zu vergleichen, ist Aufgabe der Fachleute – der Ökologen und Landschaftsarchitekten, der Stadt- und Regionalplaner –; die Entscheidung selbst liegt bei der Politik. Sie ist in der Regel durch mühsame Abwägungsprozesse zwischen öffentlichen und privaten Interessen gekennzeichnet, und sie braucht immer einmal wieder Impulse, um als wichtig erkannte Aufgaben mit neuem Mut und frischen Kräften anzugehen.

Gartenschauen sind solche Impulse; die Stadtplanung der letzten Jahrzehnte kennt viele Beispiele dafür, daß lange als wünschenswert erkannte Maßnahmen bei solchem Anlaß ihren »Kairos« fanden – die Stunde des politischen Konsenses für ihre Verwirklichung. So hatte der Hamburger Senat kurz nach der Jahrhundertwende das Ziel formuliert, die Privatgärten an der Außenalster in öffentliches Eigentum zu überführen und als Park zu gestalten: ein halbes Jahrhundert später bot die Internationale Gartenbauausstellung von 1953 den Hebel zu Verwirklichung dieser Absicht.

Zu wünschen ist, daß solche Anlässe weiterwirken im Bewußtsein der Bürger und ihrer politischen Vertreter, daß sie bestätigen, was an Verbesserung der Umwelt erreicht werden kann, wenn man sich diesem Ziel ernsthaft widmet. Die Hoffnung, daß dies auch für Würzburg und seine Landesgartenschau gelten möge, wird durch den Namen der Stadt – vor allem in seiner lateinischen Form beflügelt: wenn man Herbipolis heißt, kann man eigentlich in der Wertschätzung von Grün und Gärten nicht fehlgehen.

Anmerkungen

1 Veblen, Thorstein, »The Theory of the Leisure Class«, 1899.
2 Allgemeines Landrecht für die Preußischen Staaten v. 5.2.1794, §§ 65 und 66 I 8.
3 Arminius (Adelheid Gräfin Dohna-Poninski), »Die Großstädte in ihrer Wohnungsnot und die Grundlagen einer durchgreifenden Abhilfe«, Leipzig 1874, S. 135.
4 ebenda, S. 94.
5 Baumeister, Reinhard, »Stadterweiterungen in technischer, baupolizeilicher und wirtschaftlicher Beziehung«, Berlin 1876, S. 189, 194 und 195.
6 Berliner Magistratsbericht 1861-76, Heft 2, S. 66, zitiert nach Hegemann. Werner, «Der Städtebau nach den Ergebnissen der allgemeinen Städtebau-Ausstellung in Berlin«, Bd. II, Berlin 1912, S. 364.
7 Stübben, Joseph, »Der Städtebau«, Darmstadt 1890, S. 491.
8 Nußbaum, H. Christian, »Die Hygiene des Städtebaus«, Leipzig 1907, S. 142.
9 Eberstadt, Rudolf, Bruno Möhring und Richard Petersen, »Groß-Berlin, ein Programm für die Planung der modernen Großstadt«, Berlin 1910.
10 Hegemann, Werner, »Der Städtebau nach den Ergebnissen der allgemeinen Städtebau-Ausstellung in Berlin«, Bd. I, Berlin 1911, S. 383.
11 Wagner, Martin, »Städtische Freiflächenpolitik«, Berlin 1915, S. 34.
12 vgl. hierzu Rainer, Roland, »Städtebauliche Prosa«, Tübingen 1948, und Göderitz, Johannes, Roland Rainer und Hubert Hoffmann, »Die gegliederte und aufgelockerte Stadt«, Tübingen 1957.
13 Morris, William, »News From Nowhere«, London 1891.
14 Howard, Ebenezer, »To-Morrow: A Peaceful Path to Real Reform«, London 1898; 2. Auflage als »Garden-Cities of To-Morrow«, London 1902.
15 Sitte, Camillo, »Der Städte-Bau nach seinen künstlerischen Grundsätzen«, Wien 1889, S. 107 f.

Stadtgärten, Gartenstädte, Großstadtgrün

Wolfgang Lipp

Wenn von Gärten die Rede ist, ist man unwillkürlich geneigt, an Wachsen und Blühen, Licht und Luft, an Wasserspiele, Landschaftsbilder und kurz: den ästhetischen Reiz der »Natur« zu denken. In der Tat stellen Gärten den immer neuen Versuch dar, die Schönheit und Fruchtbarkeit, die Harmonie, aber auch faszinierende Wildheit, mit der die Natur dem Menschen gegenübertritt, überschaubar zu machen, zu umhegen und bald zur Erbauung, bald zum Nutzen in die Welt des Menschen einzubeziehen. Daß Gärten mit »Kultur«, »Zivilisation«, schließlich »Stadt« und »Großstadt«, zu tun haben, ergibt sich erst im zweiten Schritt. Zwar sind sich Kulturwissenschaftler, die ihren Gegenstand, das Kulturelle, prinzipiell durchdenken, gewiß darüber im klaren, daß Kultur und Garten analoge Züge tragen[1]: Kultur, wie der Garten, ist nichts anderes ja, als geregelte, von Menschenhand gezogene, veredelte Natur; und man kann umgekehrt zeigen, daß Gärten, als Kulturprodukt, stets auch charakteristische soziale, politische, ideologische Bedeutung haben. Was den unbefangenen, spontan empfindenden Beobachter betrifft, liegen Kultur, Natur und Zivilisation, liegen Städte und Gärten zunächst freilich auseinander. Meine Thesen zum Thema gehen insofern von Spannungen, ja einem oft unterstellten, polaren Gegensatz der Sphären aus. Stadt und Garten, verträgt sich das? Stoßen sie einander nicht vielmehr ab? Sind aber Stadt und Garten – so meine Gegenfrage – das Grau einer durchrationalisierten verstädterten Zivilisation und das Grün des geglückten naturnahen Lebens, Gegensätze von Grund auf? Gibt es nicht Übergänge, Verbindungen, immer neu gesuchte, immer neu gefundene Synthesen? »Wieviel Garten«, so das Motto dieses Buches, »braucht der Mensch?« Daß Synthesen existieren, ist ernsthaft gar nicht zu bezweifeln, und anhand wichtiger stadt- und gartenhistorischer Etappen, die hier zu verzeichnen sind – der Etappen a) bürgerlicher »Stadtgärten«, b) sozialreformerischer »Gartenstädte« und c) des modernen und postmodernen »Großstadtgrüns« –, arbeite ich im folgenden heraus, wie sie beschaffen waren und wie sie sich wandelten.

Geht man zurück auf die Welt des Mittelalters, entdeckt man, daß bei aller Aufmerksamkeit, die die Zeit dem Garten symbolisch – so besonders in religiöser Hinsicht, in der Literatur, der bildenden Kunst – gewidmet hatte, Gärten in den Städten – jenen damals engen, mauerumwehrten, »altfränkischen« Gebilden – in Wirklichkeit kaum existierten. Zwar war das Bild vom »Garten Eden«, aus dem Gott Adam und Eva nach dem Sündenfall vertrieb, oder vom künftigen »himmlischen Paradies«, zu dem die Menschen erlöst werden sollten, gewiß jedem Christen geläufig, und die Idee des »locus amoenus«, jenes »Lust-« und »Liebesgartens«, die noch nachwirkte von der Antike her, fand mannigfachsten Niederschlag in der Epik, den Minneliedern und Ritterromanen der Epoche[2]; was das konkrete städtische Leben betraf, spielten Gärten als »öffentliche«, der Allgemeinheit zur Verfügung stehende Einrichtung, in der die Stadtbürger sich hätten ergehen können, innerhalb der Mauern aber kaum eine Rolle. Mochten kleinere Gärten diesseits der Tore auch anzutreffen sein, blieben sie auf Innenhöfe, Winkel zwischen den Häusern, doch beschränkt und hatten vor allem abgegrenzten »privaten« Charakter. Sie dienten, was ähnlich für die Klostergärten galt, in erster Linie Ertrags- und Nutzungszwecken, etwa wenn man Kräuter, Heilpflanzen oder Obstbäume zog. Im Besitz einzelner Städter, zu deren Wirtschaftsgütern sie zählten, lagen die Grundstücke jenseits der Mauern. Sie lösten sich dergestalt, wie man sagen kann, optisch wie faktisch rasch in »Land« – als Gegenpol zur Stadt –, in Umland, Ackerland und Landschaft auf.

1. Stadtgärten. Auch die Neuzeit hat städtische Gärten – Gärten inmitten der Stadt, Gärten, offen für alle – ursprünglich nicht gekannt. Wenn »Urbanität«, eigentliches städtisches Leben, primär darin besteht, daß möglichst viele, nach Dienst und Beruf, Stand und Stellung unterschiedene Menschen an identischem Ort möglichst dicht kommunizieren – so daß technische, soziale, kulturelle Innovationen nicht nur stets vermehrt, sondern gebündelt, verfeinert und weitergegeben werden –, dann waren es lange die Plätze des »Markts«, Plätze des Wirtschaftsgeschehens, die, hervorgegangen aus Plätzen, nicht selten rund um die Kirchen fortschrittlichen urbanen Entwicklungen den Boden gaben. Sieht man von Spiel-, Fest- oder Gerichtswiesen einmal ab – wie die Bürger sie viel benutzten, sie in der Regel aber außerhalb der Stadt einrichteten[3] –, traten Gärten ins Weichbild der Städte insoweit erst auf Umwegen ein; sie resultierten, soziologisch gesehen, aus den Bedingungen, die Städte zu Städten machten, nicht schon unmittelbar, sondern wurden gleichsam von außen, von heterogenen Anstößen her, eingeführt und sind zum evidenten, heute kaum wegzudenkenden Bestandteil der Stadt kulturhistorisch eher spät aufgestiegen.

Gärten in Städten führen in wichtigen Linien, wenn auch nicht ausschließlich, zurück auf die Fürstengärten des Barock[4]; sie hatten prägnanten, beispielgebenden Ausdruck vor allem in Versailles, dem Schloßgarten Ludwig XIV. (1638-1715), und in der Herrschaftsordnung des Absolutismus gefunden, einer Ordnung, die – von Frankreich ausgehend – Vorbild für ganz Europa wurde. Das System des »französischen Gartens« ist in seinen typischen geometrischen Formen, seiner Subsumtion unter das Kunstprinzip der Architektur, seiner Ausrichtung auf den Sitz des Fürsten, ja die Macht des Fürsten überhaupt, seinen durch und durch auf Repräsentation bedachten Zug oft genug beschrieben worden; ich hebe mit Blick auf unser Thema hier daher nur hervor, daß es, eben weil es auf Darstellung, Selbst- und Außendarstellung von Herrschaft zielte, mit gewisser Notwendigkeit dazu tendierte, die Bestimmung, dem Vergnügen bloß des Fürsten – oder des »Hofes«, der »höfischen Gesellschaft« – zu dienen, unter der Hand zu durchbrechen. Schon Ludwig XIV. hatte die Gärten von Versailles für das Publikum in diesem Sinne geöffnet; so konnten »alle Menschen«, wie ein zeitgenössischer Reisender berichtete, ob »arm und reich, jung und alt, vornehm und gering (ohne Unterschied hier), hereingehen und sich divertieren«[5], und der Zweck, die zentrale hierarchische Stellung, die Erhabenheit und Größe des Sonnenkönigs zu demonstrieren, wurde eindringlich dabei miterfüllt.

Was für die Gärten von Versailles zutraf, galt auch für andere fürstliche Parks, und während Versailles an der Peripherie von Paris lag, dehnten sich die Tuilerien, die Alleen um den Elysée-Palast oder der Jardin du Luxembourg mitten im Stadtgelände aus; und nicht anders als in Paris gab der Adel seine Privatgärten zum Eintritt auch sonst in Europa frei, so den Hydepark in London, den Augarten, den Prater in Wien, in München den Englischen Garten, den Tiergarten in Berlin. Nutznießer der Öffnung war in der Tat hier das bürgerliche städtische Publikum; so hieß es in einer Vorschrift für die Tuilerien, daß nur »ehrenwerte Leute eingelassen« würden; »Lakeien und Gesindel« sollten ausgeschlossen bleiben[6]. Was die Bürger, die Stadtbürger jedenfalls, betraf, beanspruchten sie die Möglichkeit, sich in den Gärten zu ergehen, bald im Sinne eines Gewohnheitsrechts. Inzwischen hatten sich in den Parks z.B. Getränkestände etabliert; Cafetiers, Straßenhändler, Blumenfrauen traten auf, und nicht zuletzt dienten die Gärten als »Ort zur Verbreitung von Ideen«[7]. Es gab Lektüreecken, in denen man Flugschriften lesen konnte, Pavillons, die die neuesten Anschläge durch das Glas darboten, und Informanten, die die Ereignisse geschäftsmäßig en passant kommentierten. So nimmt es nicht wunder, daß die Bürgerschaft gerade in Paris, als die Tage des Ancien Regime gezählt waren und schon revolutionäre Stimmung herrschte, auf dem Zugang zu den Parks um so stärker beharrte. »Zu Beginn der Revolution ließ die Herzogin De Berry den Jardin du Luxembourg (aus Sicherheitsgründen) schließen – was sie sehr (unbeliebt) machte, (so daß) der Herzog de Condé den Garten seines nahen (eigenen) Palastes öffnete, um die Unzufriedenheit (möglichst) zu besänftigen.«[8]

Obwohl die Revolution es auch mit sich brachte, daß man die Gärten der Aristokratie, die das untergehende System noch immer symbolisch repräsentierten, da oder dort nicht nur stürmte, sondern verwüstete und später gänzlich auflieẞ, war die Aneignung der Parks durch die Bürgerschaft, ihre Bejahung als hervorgehobenes, Urbanität förderndes Element, ihre Einbeziehung ins Leben der Stadt im ganzen schon so weit vorangeschritten, daß man Gärten, Stadtgärten, in die neue, politische und kulturelle Epoche auf breiter Front mit übernahm. Parks, Bürgerparks, als Bestandteil der Stadt, erschienen in Zukunft als Selbstverständlichkeit, und es ist nicht ohne Interesse zu sehen, daß Stadtplaner und Architekten, die ihre Instrumente nun immer bewußter und immer großflächiger einsetzten, an die Formen und Schemata gerade des klassischen französischen Parks, seine Achsenzüge, Karrees, Platzfolgen und Sternanlagen anknüpften. Das große nachrevolutionäre Paris, das Paris Napoleon III. (1808-1873) und seines Präfekten und Stadtplaners, Baron Haussmann (1809-1891), kann gewiß hier als Beispiel stehen; der Zusammenhang wird eindringlich aber etwa auch durch Karlsruhe, jene charakteristische, noch vor dem epochalen revolutionären Umbruch gegründete (1715), deutsche barocke Planstadt belegt. Sie entstand »... aus der Verbindung eines (geometrisch aus dem Jagdpark des badischen Markgrafen, Karl Wilhelm, abgeleiteten – W.L.) Stern- und Zentralsystems mit einer großen dreiflügeligen Schloßanlage«[9], wobei sich der »in die Landschaft eingebettete (sie aber ordnend bestimmende) Land- und Ruhesitz« des Grafen zur »großen Residenz mit einer ihr (schließlich angegliederten), städtischen Siedlung«[10] entwickelte.

Sind aus den Gärten der Fürsten, so gesehen, hier ganze Städte hervorgegangen, läßt sich umgekehrt an Parks – so Kurparks, botanischen Gärten oder Zoos – bis in die Gegenwart verfolgen, daß den Ausgangspunkt vielfach ein Schloß – oder doch ein schloßähnliches, repräsentatives Gebilde, bis hin zum Musikpavillon, zum Restaurant und Terrassencafé – darstellte. Das Aristokratische, Höfische, das den französischen Park in der Tat von Anfang an prägte, reichte insoweit nicht nur äußerlich, der bloßen Form nach, sondern innerlich und symbolisch, im Sinne nachklingender unterschwelliger Bedeutungen weit hinein in das Zeitalter des Bürgertums; es bestimmte die Industrialisierung, die städtische Moderne generell, und es ist wirksam bis heute geblieben[11].

Nun stellen französische Gärten nicht die einzige Quelle dar, aus der das neuere Gartenwesen sich speist; als nicht weniger wichtig sind die Traditionen vielmehr des »englischen Gartens«, des »Landschaftsgartens«, zu nennen. Beide Richtungen flossen, zusammen mit weiteren gartengestalterischen Schulen, im Ergebnis zusammen, und ihre Konvergenz erst erbrachte, was in den Städten an Gärten sich seither konkret entwickelte. Hatte der französische Garten die Geometrie, die Heckenschere, die strenge Zucht betont, so der englische – der geschichtlich nachfolgte und sich, was die geistigen, politischen, sozialen Bezüge betraf, als genauer Gegenpol verstand – den freien – oder frei doch in Szene gesetzten – pflanzlichen Wuchs, das romantische, mittels Grotten, Ruinen, Denkmälern stilisierte, in Landschaft ausschwingende Stimmungsbild, die malerische Naturstaffage[12]. Während Shaftesbury (1671-1713), Addison (1672-1719), Pope (1688-1744) den neuen Prinzipien den Weg bereiteten, William Kent (1684-1748), Lancelot Brown (1716-1783) oder Horace Walpole (1717-1797) die Ideen realisierten und noch vertieften, nahmen Rousseau (1712-1778) in Frankreich, Schiller und Goethe in Deutschland sie begeistert auf, und auch die Gartentheoretiker, Gartenpraktiker im engeren Sinn – ich erwähne für Deutschland nur Hirschfeld (s.ders., 1779-90), von Skell (1750-1823), Fürst Pückler-Muskau (1785-1871) oder Lenné (1789-1866) – stimmten in den Chor bald mit ein. Was das Engagement nicht zuletzt stimulierte, war zweifellos dabei die besondere, dem englischen Garten eigentümliche, soziale und politische Botschaft; von Anfang an hatte man den Typus als Garten ja des Bürgers – der teils ersehnten, teils schon erkämpften Freiheit des Bürgers – verstanden. So erschien »der (neuartige) gewundene Pfad des Landschaftsgartens« für William Mason (s. 1772-81), einen englischen Interpreten, »im Gegensatz zur starren barocken Allee (paradigmatisch als) 'Emblem konstitutioneller Freiheit'«[13], und J. Rückert, ein deutscher Beobachter, notierte, als er 1799 den Park zu Weimar beschrieb, die »Natur (sei hier) republikanisch; (sie) schütt(le) Kronen, Fürstenhüte, Hofpracht und eitles Glanzwerk stolz und verschmähend von sich ab«.[14]

Daß der englische Garten stilbildend wurde, daß er einen Siegeszug ohnegleichen antrat und sich in Europa weithin durchsetzte – Mischformen und neue gärtnerische Stilvarianten brachen erst in der zweiten Hälfte des 19. Jh. wieder durch –, verdankte sich über die Motive der Aufklärungsphilosophie, der Naturromantik, der neuen ästhetischen Begriffe hinaus – insoweit vor allem dem Aufstieg, der zunehmenden sozialen Dominanz des Bürgertums. Selbst der Adel – für Neuheiten ohnehin mit immer guter Witterung begabt – konnte sich den Entwicklungen nicht verschließen. So hatte mit Naturszenen, Schäferspielen, Schäferidyllen schon das Ancien Regime kokettiert: Marie-Antoinette (1755-1793), die einen englischen Garten anlegen ließ, servierte »ihren Gästen ... dort Milch in Tassen aus Sèvres-Porzellan, die der Form ihrer Brüste nachgebildet waren«[15]; während die Welt des Hofs das Idealbild unschuldiger, freier Natur im Effekt aber bloß korrumpierte, gab der »aufgeklärte absolutistische Adel« dem Landschaftsgarten, dem romanesquen Gefilde und seinen Varianten Anstöße durchaus positiver Art. Die Geschichte bewegt hat in Deutschland hier namentlich Fürst Pückler-Muskau; Friedrich II. (1712-1786) in Berlin, Josef II. (1741-1790) in Wien, und viele andere sind hier aber zu nennen. Sie, die aufgeklärten Absolutisten, waren es schließlich gewesen, die ihre Parks, ihre Refugien und Alleen für die Bevölkerung nun vermehrt öffnen ließen. Mit der Umwidmung dieser bisher privaten, sozial exklusiven, nichtbebauten städtischen Freiflächen in Gärten, die nunmehr dem Publikum dienten, schufen sie zugleich Traditionen, die die Bürger – politisch zunehmend autonom geworden – am Ende selbst aufnahmen. Da die Städte im Zuge des gewaltigen demographischen, wirtschaftlichen, sozialen Umbruchs im 19. Jh. über die Maßen gewachsen waren, mußten sie die herkömmlichen baulichen Rahmen zwangsläufig sprengen und ihre Grenzen stadtplanerisch neu festlegen; überall gingen die Verwaltungen daher dazu über, die Mauern, Wälle, Fortifikationen der alten Zeit zu schleifen, und sie folgten in der Tat dem Muster – wie man es auch in Würzburg studieren kann[16] –, die freigewordenen Flächen zu Boulevards, Ringanlagen und Parks – »Bürgerparks« – umzuwandeln, die der Bevölkerung selbst – zur Lust, zur Freude, zum Naturgenuß – zugute kamen.

Waren die »französischen« Elemente, die gartengestalterisch dabei wirksam blieben, nach wie vor auf Repräsentation – die Selbstrepräsentation jetzt des Bürgers –, verquickt mit lokalen oder nationalen identifikativen Inhalten, bezogen, schwangen in der »englischen« Mitgift – sieht man von den neuen ästhetischen Ideen (Shaftesbury), vom Naturrechtsgedanken (Milton, 1608-1674), vom Republikanischen einmal ab – auch spezifisch »moderne«, sozialhygienische und sozialreformerische Werte mit. So war man in London schon unter Elisabeth I. (1533-1603) dazu übergegangen, »Befestigungsanlagen noch zu einer Zeit, als sie ... schützende Funktion(en) zu erfüllen hatte(n), gleichsam nebenher in öffentliche Grünfläche(n)« zu verwandeln[17], und man stößt zum ersten Mal hier auf den Plan eines Luft und Auslauf gebenden, die Stadt umfangenden »green belt«. Die Gesichtspunkte, aber auch die Zwänge, die auf die Schaffung eines Grüngürtels und im Ergebnis: die Durchmischung der ganzen Stadt mit Grün drängten, mußten gerade in London, das damals Phasen beispielhafter, höchst rasanter Stadtentwicklung durchmachte, auf fruchtbaren Boden fallen, und sie wurden zunehmend ausgebaut. Jakob I. (1566-1625) verordnete die Einrichtung innerstädtischer Gärten in diesem Sinne sehr zielbewußt: Gärten hatten für ihn die Funktion, »die habsüchtigen ... Absichten von Personen zu hemmen, die täglich versuchten, den ... Rest von Luft mit ... Gebäuden auszufüllen, die sich als ... Brutstätten von Not und Ansteckung ... erwiesen haben«[18]. Und John Evelyn, ein Literat, ging theoretisch noch weiter; unter dem Titel »Fumifugium« - man könnte ihn mit »Abgasschutzzone« übersetzen – veröffentlichte er 1661 eine Schrift, mit der er die »Verbesserung ... der Luft Londons durch Pflanzungen« empfahl. »Die ganze Stadt (würde so) die süße und hinreißende Verschiedenheit der Wohlgerüche spüren und zugleich ... vergnüglichste, ... (neue) Erholungsorte für die Einwohner« erhalten.[19]

2. Gartenstädte. Ich breche meine Ausführungen hier ab und schwenke ein auf das geschichtlich später liegende, benachbarte Thema der »Gartenstädte«. Hatte ich bisher zeigen können, auf welchen Wegen Gärten, die lange ja außerhalb der Städte lagen und innerurbane, öffentliche Funktion erst zögerlich erhielten, zu wichtigen Teilen, ja Gliederungselementen der Städte selber wurden, steht mit Gartenstädten die Idee im Mittelpunkt, die Stadt als ganze zum Garten zu machen. Die Titelvignette des hier bahnbrechenden, die Gartenstadtbewegung begründenden Buches, »Garden-cities of To-morrow« (1902; Erstfassung 1898) – Autor war der englische Parlamentsstenograph, Schriftsteller und Sozialreformer Ebenezer Howard (1850-1928) – hebt die Vision sehr plastisch ins Bild (Abb. 1): Ein übergroßer, nackter Gärtner pflanzt behutsam Wohnhäuser, Bäume und Plätze ins Gelände[20], und in der Tat gehen Pläne zur Gartengestaltung, neue wohn- und städtebauliche Konzepte und ambitionierte sozialreformerische Ziele unmittelbar jetzt ineinander über. Obwohl das Leitwort des Buches »Gartenstadt« Originalität kaum beanspruchen konnte – Städte, die sich Gartenstädte, garden-cities, nannten, gab es, z.B. in den USA, auch vor der späteren, eigentlichen Gartenstadtbewegung – und obwohl diverse Projekte, Städte und Gärten zu verbinden, gerade in England schon Tradition aufwiesen, setzte Howards Pro-

Abb. 1 Ein übergroßer Gärtner pflanzt behutsam Wohnhäuser, Bäume und Plätze ins Gelände

gramm einen durchaus eigenständigen, fruchtbaren, die Nöte, Bedürfnisse und Wünsche der Zeit sehr typisch zusammenfassenden Akzent.

Die Lage hatte sich drastisch insofern geändert, als das Wachstum der Städte im 19. Jh. rapide vorangeschritten war und sich schwere ökologische, hygienische, schließlich soziale Folgelasten, die mit dem Prozeß der Verstädterung verbunden waren, überall kraß bemerkbar machten. Platzten die Städte, deren Einwohnerzahl sich in wenigen Jahrzehnten oft vervielfachte, einerseits aus den Nähten, so daß Wohnungsnot und Wohnungselend gesundheitliche, soziale und sittliche Verwahrlosung, Mietwucher und Klassenkonflikte an der Tagesordnung waren, hielt andererseits jene Landflucht, die das neue industriegesellschaftliche Zeitalter nach sich zog, unvermindert an, und Stadt und Land entfremdeten sich immer mehr: Wenn die Gartenstadtbewegung in einem ihrer wichtigsten, generellen Programmpunkte die »Vermählung von Stadt und Land«[21] – eine Wiedervermählung sozusagen – forderte, reagierte sie in der Tat auf Disparitäten, die hochproblematisch waren. So hatte eine einschlägige deutsche Fragebogenerhebung erbracht, daß Proletarierkinder – die häufig in Wohnungen wohnten, deren einziger Raum die Funktionen des Wohn-, des Schlaf- und des Eßzimmers, der Küche und des Waschraums zugleich erfüllte (und nicht selten wurden die Betten dort umschichtig benutzt) – aufgrund bald mangelnder, bald unzugänglicher Spiel-, Frei- oder Grünflächen kaum eine Vorstellung davon hatten, was »Land«, ja »Natur« sei und was sie bedeuten konnten[22]. Daß das Bedürfnis, Zugang zur Natur, einem freieren, gesünderen, sinnlich reicheren Leben wieder neu zu gewinnen, vor solchem Hintergrund mit Macht bald überall aufbrach, zeigen die typischen kulturellen Strömungen der Epoche, von der Lebensphilosophie, dem Jugendstil, dem Wandervogel, bis hin zum Vegetarismus, der Nacktkultur und vergleichbaren anderen »Lebensreformbewegungen«[23] in aller Deutlichkeit, und mit ihrer Zielsetzung, die Errungenschaften urbaner Zivilisation mit den Wohltaten des Landlebens, des Gartens und Gartenbaus zu verbinden, fällt in ihren Umkreis gerade die Gartenstadtbewegung.

Der neue, besondere Stadttypus, den sie proklamierte, wollte als bloße Romantik, als Landidylle oder leere utopische Schwärmerei dabei nicht mißverstanden werden; er grenzte sich, was die deutschen Entwicklungen betraf, zugleich gegen das damals aufkommende »Schreber-« und »Kleingartenwesen« ab, distanzierte sich von »Laubenkolonien«, deren nur marginale soziale Stellung ihm mißfiel, und lehnte auch die halbherzige, die Symbiose von Stadt und Garten nur verbal zitierende, städteplanerische Lösung bloßer »Gartenvorstädte« ab. Was die Gartenstadtbewegung anstrebte, war vielmehr die grundsätzliche, auf die zeitgenössische industriegesellschaftliche Welt als ganze ausstrahlende, praktische Integration der Sphären. Nicht nur Gärten in Form von simplem Grün, sondern Gärten, in denen man städtisch lebte, und Städte, die wie Gärten waren, sollten entstehen.[24] Urbanität sollte auf Wohnen – »Wohnen im Grünen«, wie es später vereinseitigt hieß – dabei keineswegs beschränkt bleiben; die neue Stadt, die gerade auch ihre wirtschaftlichen, sozialen und geistigen Aufgaben ernst nahm, ging im Anspruch darüber hinaus. So definierte die 1902 begründete, von Hans Kampffmeyer (1876-1932) geführte Deutsche Gartenstadtgesellschaft Gartenstädte als mittelgroße, »plammäßig gestaltete Siedlungen auf wohlfeilem Gelände, das dauernd in Gemeinbesitz gehalten wird. Sie (ermöglichten) ... durchgreifende Wohnreform(en) ..., (gewährleisteten) für Industrie und Handel vorteilhafte Produktionsbedingungen ... und (sicherten) einem großen Teil (ihres) Gebiets dem Garten- und Ackerbau«.[25]

Das Zitat belegt, daß neben den schon erwähnten lebensreformerischen Ideen in die Gartenstadtbewegung namentlich genossenschaftliche, demokratische und sozialistische Prinzipien mit eingingen. Politisch-ideologisch gesehen, standen Gartenstädte und ihre Initiatoren der Sozialdemokratie in der Tat nicht fern, und die besondere soziale Ausrichtung schlug sich – nimmt man die Deutsche Gartenstadtgesellschaft als Beispiel – nicht zuletzt dort im Vorstand nieder. Namhafte Volkswirte, Sozialwissenschaftler und Sozialreformer, so Pastor von Bodelschwingh, der Soziologe Franz Oppenheimer – von dem wichtige Impulse später auf die »Kibbuz«-Bewegung in Palästina und Israel übersprangen[26] – oder der Nationalökonom Werner Sombart, traten Seite an Seite dabei mit bedeutenden Architekten, so Richard Riemerschmid, dem Begründer des »Werkbunds«, auf, und auch Hygieniker, Vertreter von Handwerk und Gewerbe, Literaten, Künstler und Verleger zählten zu den Repräsentanten.[27] Blickt man auf den weltanschaulichen, intellektuellen und kulturellen Horizont der Bewegung nochmals genauer, ergibt sich ein lebendiges, durchaus vielschichtiges Bild; neben sozialistischen Bezügen – die bis hin zum Anarcho-Sozialismus eines Fourier oder Kropotkin reichten[28] – stand, vermittelt etwa durch Paul Schultze-Naumburg, den Führer des »Heimatschutzes«, konservatives und völkisches Gedankengut, und während man die Werte einerseits solidarischer genossenschaftlicher Organisation betonte, waren es auch Liberale, wie Friedrich Naumann, und fortschrittliche kapitalistische Unternehmer, die Gartenstadtgründungen förderten und ihnen Starthilfen gaben. Am Ende konnte für die Idee selbst das Kaiserhaus gewonnen werden: Eine Denkschrift der Deutschen Gartenstadtgesellschaft aus dem Jahre 1915, die »unseren Kriegsinvaliden Heim- und Werkstatt in Gartenstadtsiedlungen« versprach, stand unter dem Patronat von Kronprinzessin Cecilie.[29]

In jedem Falle hatte sich, bis hin in die 30er Jahre, eine Bewegung formiert, die bei einer Vielzahl unterschiedlicher sozialer und kultureller Gruppen durchaus Anklang fand; seit Gründung der ersten größeren deutschen Gartenstadt, der Hellerau bei Dresden, 1908, kam es zur Verwirklichung weiterer Projekte in rascher Folge: Vorab mögen die Beispiele in Nürnberg (gegr. 1910ff.) zu nennen sein[30] – hier wie dort war die Leitung in die Hände Richard Riemerschmids gelegt. Gartenstädte entstanden aber auch in Ratshof bei Königsberg, in Magdeburg, Straßburg, Mannheim, Ludwigshafen, in München, Hamburg, Berlin oder Hagen, und mit einer Reihe weiterer Städte ist mit der Gartenstadt Keesburg hier nicht zuletzt Würzburg anzuführen.[31]

Setzt man Gartenstädte optisch einmal näher ins Bild, mag man sich exemplarisch Nürnberg (»Hirschensuhl«) vor Augen führen: Im Gegensatz zum englischen Modell, das geometrische Straßenzüge favorisierte, wurde »hier ... ein System gebogter und geschweifter Straßen ... mit Platzerweiterungen, Einschnürungen und Höfen angelegt. Dies entsprach auch der (näheren) baulichen Konzeption ... Längs der Straßen und Plätze ziehen sich ... niedrige, zweigeschossige Einfamilienhäuser hin. ... Sattel- und Walmdächer, größtenteils gekröpft, variieren in Höhe und Länge, meist setzt ein Scheindach das Untergeschoß vom Obergeschoß ab, so daß durch die klein und verschachtelt wirkenden Häuser ein ländlicher Charakter evoziert wird. Die regelmäßige Reihung der Fenster beruhigt die bisweilen von ... Eck- und Mitteltrakten aufgelockerten Fronten. Die Verwendung von Fachwerkelementen zielt auf die traditionelle heimische Bauweise hin, hier jedoch eher als Schmuck gedacht. Jede Familie hat ihren eigenen Eingang und natürlich den eigenen Garten, in Parzellen vor und hinter den Häusern abgeteilt. Torbögen und Durchgänge unterstützen das ganzheitliche Gefüge, durch (das) das ... Zusammenleben der Bewohner (sozial wie kulturell) geprägt werden sollte«.[32]

So rückwärts gewandt, so provinzialistisch Gartenstädte hier wirken könnten: Über die progressiven sozialreformerischen Impulse hinaus, die die Bewegung prägten, gilt auch stil- und formenkundlich, architekturhistorisch und städtebaulich, daß die neuen Ideen entwicklungsfähige, vorwärtsweisende, durchaus »moderne« Züge trugen. Stammen wichtige stilbildende Elemente zunächst aus dem »Jugendstil« – einem Stil, der in historistisch verstaubte, ältere Formenwelten erst wieder »Leben« brachte und im Kult des Floralen, des Blatt- und Blütengerankes, dem Wesen gerade des Gartens, der Gartenkunst nahestand –, leiten andere Bezüge auf die Gestaltungsrichtung der »neuen Sachlichkeit«, des »Rationalismus« und »Funktionalismus« über. Daß in der Gartenstadtbewegung in Deutschland Vertreter vorab des Werkbunds, so Riemerschmid, oder der Deutschen Werkstätten, so Hermann Muthesius, engagiert waren, wurde schon gesagt; daß es Querverbindungen, so durch den Architekten der Gartenvorstadt Berlin-Falkenberg (gegr. 1910/13), Bruno Taut, auch zum »Bauhaus«, jener Weimarer, dann Dessauerer Schule für künstlerische Gestaltung gab (1919-1933), die Modernität als Stilprinzip später weltweit zum Durchbruch brachte, ist zu ergänzen. Die Gartenstadtbewegung hat für wichtige, vielfach anschließende Entwicklungen des Städtebaus, der Wohnungsreform, der städtischen Grünplanung hier zweifelsohne als Katalysator gedient. Namentlich der Siedlungsbau der 20er Jahre hat Gliederungsmaßnahmen, wie die Trennung von Wohn- und Verkehrsstraßen, die Bildung von Wohnhöfen, die Einbeziehung der Natur vom Gartenstadtgedanken, übernommen; weitergewirkt hat nicht zuletzt die evidente protofunktionalistische Idee, Wohn- und Wirtschaftsbereiche, Freiflächen und Straßenstränge, Bildungseinrichtungen und Räume für soziale und kulturelle Aktivitäten (»Gesellschaftshäuser«)

systematisch zu unterscheiden – gedanklich also zu trennen – und praktisch zugleich zu verbinden. So war das oft kopierte, gewiß nicht unproblematische Konzept der »Trabanten-« und »Satellitenstadt« – vor allem, was die Kombination von Stadt und Land, »grauen Mauern« und »grüner Wiese« betraf – mit der Grundidee konzentrischer urbaner Kreise durch die Gartenstadt gleichsam vorgebildet[33], und auch zur Position des späteren extrem-funktionalistischen Städtebaus, wie sie Le Corbusier und die Charta von Athen (1933) vertraten, bestanden Übergänge.

Hinzuzufügen ist freilich, daß die Gartenstadtbewegung, anders als Folgeströmungen es taten, radikale Zuspitzungen, Einseitigkeiten in diese oder jene Richtung, im Sinne ihrer prinzipiellen ganzheitlichen Ausrichtung immer vermieden hat. Schon von den ersten lebensreformerischen Anfängen her – wie sie nicht zuletzt durch die Obstbaukolonie »Eden« (gegr. 1893), jene Keimzelle der Reformhausbewegung, im Berliner Vorort Oranienburg repräsentiert waren, der die Deutsche Gartenstadtgesellschaft später einen Ehrenstatus zuerkannte[34] – überwogen immer wieder überschießende, formal und inhaltlich »reiche«, wenn auch nicht selten verschnörkelte, von Widersprüchen nicht freie, »romantische« Bezüge. Gewiß, die weitherzigen Ziele, die die Bewegung herausstrich, konnten den Charakter des Sektiererischen haben und standen einer breitenwirksamen pragmatischen Verwirklichung der Projekte am Ende im Wege. Gartenstädte hatten insoweit zwar großes, städteplanerisch und städtebaulich bis heute ausstrahlendes, ideelles Gewicht[35]; sie wurden von vergleichsweise simpleren, etwa puristisch-funktionellen, Bauentwicklungen faktisch aber bald abgelöst, und der soziale Massenwohnungsbau, Trabantenstädte und ihre Durchmischung mit nützlichem, aber sterilem »städtischem Grün« setzten sich durch.

Die Ziele der Gartenstadt: »Stadt und Land zu vermählen«, genossenschaftlich geprägte, emanzipative Lebensformen zu finden, ja die Menschen im Sinne neuer pädagogischer Konzepte – so der Idee von »Lehrwerkstätten« oder der Lehren Montessoris, des Musikpädagogen Dalcroze, der Eurythmie[36] – ähnlich zu »kultivieren«, wie die Stadt selbst zum Garten gemacht werden sollte, sind insofern Utopie geblieben. Wo man ihre Spur, die sich vielfach noch findet, antrifft, wird man vom paradoxen, zwar schon verflossenen, noch aber verheißungsvollen Gefühl der Nostalgie umfangen.

3. Großstadtgrün. Wie ist das Verhältnis von Stadt und Garten, »grau« und »grün« für die Gegenwart zu bestimmen? Waren die Auseinandersetzungen früherer Jahrhunderte vielfach darum gekreist, inwiefern Städte, über die »private« Nutzung von Gärten hinaus, zentrale »öffentliche« Gärten brauchten – und fragte man, welch speziellem »bürgerlichen« Zweck diese Gärten dann dienten –, identifizierte man in der Gartenstadtbewegung Stadt und Garten, Bürgerbedürfnisse und Lebensraum überhaupt. Die Übergänge mochten gleitend sein; inzwischen trifft man teils neue, teils präzisere Bestimmungen. Mit der Wende zum 20. Jahrhundert setzte sich zunehmend die Anschauung durch, private, öffentliche und halböffentliche Gärten – oder genauer:

nicht (oder noch nicht) verbaute »Freiräume« – zusammenzuziehen und als einschlägiges »städtisches Grün« in einem Stück zu behandeln; während die Unterscheidung von privat und öffentlich an Gewicht verlor, subsumierte man alles Grün unter das »Habitat«, das »Ökosystem«, als ganzes und versuchte, die diversen funktionellen Erfordernisse, die hier sichtbar wurden, in »Grünplänen«, »Grünordnungen«, »Grünflächenpolitik« möglichst griffig einzubeziehen.

Den Umschlag der Auffassungen hat namentlich Leberecht Migge, ein Gartenarchitekt, eingeleitet, der noch der Gartenstadtbewegung nahestand und auch im »Grünen Manifest«, dem »Handbuch für die deutsche Siedlungsbewegung«[37], mit einem Beitrag beteiligt war. Migges wichtigstes Buch, »Die Gartenkultur des 20. Jahrhunderts« (1913), wendet sich vorab gegen überkommene, ästhetische Prinzipien des Gartenbaus, hochstilisierte, rein künstlerische Ambitionen, wie sie ursprünglich mit der Richtung des sentimentalen, naturschwärmerischen, »englischen Gartens« verbunden waren. Gärten werden von ihm weder als Gegenstand reiner, sich selbst genügender Kunst, noch als Objekt bloßer Anschauung dargestellt; sie dienen vielmehr einer Fülle sozialpraktischer Bedürfnisse. »Das Volk«, so schrieb Migge, »muß sich im Volkspark wirklich tummeln können ... Das ist erst ein wahrer Volkspark, der seine Wiesen ... sammetweich ergrünen ließ, damit das Volk geladen sei, sich darauf zu lagern, darauf zu spielen und zu tanzen, dessen Gewässer zum Baden, der Strand zum Waten geschaffen würde.«[38]

Wenn Migge vor solchem Hintergrund dem Gartenbau die Funktion zuweist, »angewandt«[39] wirksam zu werden und auf die Ansprüche, die die Bürger auf Natur- und Umweltnutzung haben, gartengestalterisch konkret einzugehen, ist ihm das Gros der Fachleute und modernen städtischen Grünplaner hierin bis heute gefolgt. Daß mit der Bezugnahme auf übergeordnete soziale Bedürfnisse, die teils auf der Hand liegen, teils implizit und unartikuliert gegeben sind, die Unterscheidung von öffentlichem und privatem Grün obsolet werden mußte, hatte in der Tat schon Migge gesehen; so konnte er »Kleingärten« und »Stadthausgärten«, »Stadtplätze«, »Promenaden« und »Außenparks« städtebaulich ebensosehr in eine Reihe stellen, wie er »Ausstellungsgärten«, »Schulgärten«, »Krankenhausgärten«, »soziale Gärten« in sein erklärtes funktionalistisches Konzept einbezog. Die neueste städtebauliche Praxis geht über Vorgaben dieser Art nur insoweit hinaus, als sie, gewiß nicht folgenlos, die Entwicklung städtischen Grüns nicht mehr nur auf die Erfüllung einschlägiger sozialer Erwartungen, so die Vorsorge für Gesundheit, Erholung, Spiel diverser Bevölkerungsgruppen, sondern die Herstellung übergreifender ökosystemischer Gleichgewichte bezog. »Die Aufgaben der Grünordnung ... bestehen (heute hier) ... darin, daß sie der ... Stadtbevölkerung im weitesten Sinne dienen, daß sie nicht nur eine schönere und gesündere Umgebung schaffen, sondern auch die Luft und das Wasser reinhalten und regulieren, den Lärm dämpfen (und) insgesamt die Lebensumstände in der Stadt bessern helfen.«[40] »Die moderne Grünordnung ist«, mit anderen Worten,

»bestrebt, die ... Grünflächen einer Stadt (Wald, Garten, Bäume, Gewässer, Sportanlagen... usw.) zu einem Grünsystem zu gestalten und je ... nach ... geographische(r) Lage und ... den Beziehungen zu bestimmten Landschaftsformen, etwa Wasserläufen, ... Hügeln, Tälern oder Plateaus, unterschiedlich und einzigartig zu formen.«[41] »So soll ein Netzwerk aus grünen Flächen ... Parkanlagen, Alleen ... hinausführen in die freie unbebaute Landschaft ...; dabei ist nicht nur die strahlenförmige, radial(e) ... (Linie) zu beachten, sondern sind auch Querverbindungen zu (bilden, die) grüne Ringe um die Stadt«[42] legen können. Überhaupt ist es zum »anerkannten städtebaulichen Grundsatz geworden, die Bebauung aufzulockern und die Gesamtstadt in zellenartige (Teile) zu gliedern, die ... durch Grünzüge getrennt sind. (Die erwähnten) radialen und ringförmigen ... Systeme (werden zusätzlich damit) elastischer gemacht.« In jedem Falle versucht der »Städtebau unserer Tage, ... eine organische Stadtgliederung durch Entwicklung der Grünflächen aus den Bodenverhältnissen heraus zu schaffen«.[43]

Der Vorgang wird heute – anders in den Metropolen noch des 19. Jahrhunderts, als z.B. New York um den Bau des Central Park regelrecht kämpfen mußte – durch ein System konstruktiver einschlägiger Rechtsvorschriften, so in Deutschland das Bundesbaugesetz, durch Rahmenpläne und vor allem durch besondere, vor Ort arbeitende Gartenämter grundsätzlich unterstützt, so daß der Erhalt, ja der Ausbau des Grünsystems, wie man meinen möchte, auch in Zukunft gesichert ist.

Doch ergeben sich schließlich auch kritische Fragen. Wer Gärten – das Verhältnis von Gärten und Städten – kulturgeschichtlich näher kennt, mag Zweifel daran haben, daß Grünflächen, Grünpläne, Grünordnungen, kurz: jenes »Grünsystem«, das die Städte heute installieren, mit Gärten im engeren klassischen Sinne – der Idee des Gartens – in der Tat noch nahe verwandt sind. Zwar ist die »Geschichte des Stadtgrüns«, wie Dieter Hennebo etwa sie schrieb (1979), bis in die Antike zurückverfolgt worden; die Klammer, die die Phänomene vergleichen ließ, das Wort »Grün«, blieb insofern aber nur äußerlich nur formal, als Gartengrün und das Grün von Systemen, Gärten und Ökobiotope sich der Sache nach unterscheiden. Schließen Gärten dichte, im »Garten Eden« vielleicht kulminierende, wertsymbolische Bezüge auf – von »heiligem Grün«, dem »Zeugen des seligen, tiefen Lebens der Welt«, hatte Hölderlin einst gesprochen (»Der Wanderer«) –, haben die Konnotationen modernen städtischen Grüns eher flachen Charakter. Der hohe ideelle, teils wertrepräsentative, teils wertutopische Sinn, den Gärten ursprünglich zum Ausdruck brachten – »auch ein winziger Garten (treibt) leicht eine reichere Ernte als eine unermeßliche Wüste hervor«[44] –, hat sich auf Zwecke, Bedürfnisse, funktionelle Erfordernisse, wie sie die banale alltägliche Praxis bestimmen, vielfach inzwischen verkürzt; er scheint eingegangen zu sein in die Mechanismen eines Systems, das als Großstadt, Megalopolis, Ballungsraum massives Eigengewicht erhielt, und ist dem Sachzwang eher der Apparate unterstellt, als er in der Lage wäre, Eigendynamik, Eigensinn zu entfalten.

So zeigt sich, daß Aktivitäten, die auf Gärten, auf Grün und Stadtgrün bezogen sind, seit Heraufkunft der Industriegesellschaft unter zunehmend starkem, von den »Weltausstellungen« des 19. Jahrhunderts früh schon eingeleiteten, sozialen und ökonomischen Leistungsdruck stehen. Immer größer, immer bunter, immer exotischer sollen Gärten, Gartenbauaustellungen, das Angebot und der Versand von Gartenpflanzen werden, und während man von Gärten die Vision bisher des Schönen, des naturharmonischen Glücks haben konnte, ist man nun einer Leistungsschau konfrontiert und nimmt am Wettbewerb von Blumenzüchtern, Stadtplanern und Produzenten von Gartenmöbeln teil.[45] Gewiß, Wettbewerb dieser Art hat sein Gutes, und er bereichert die Palette. Problematischer ist, daß im System, in dem städtisches Grün heute verwaltet wird, eine Reihe weiterer industriezivilisatorischer Faktoren wirksam werden – so Wohn- und Betriebebau, Versorgung und Entsorgung, Verkehrsplanung –, die hohes funktionelles Gewicht haben und Konkurrenten auf die Ränge verweisen. So werden städtebaulich, was die Zielvorstellung für den Grünflächenanteil betrifft, pro Einwohner ganze 15 qm, pro Autostellplatz aber, der für Wohnhäuser und Arbeitsstätten am Ende doppelt gezählt wird, 25 qm veranschlagt[46]; der Verkehr, nicht das Grün, hat heute »grüne Welle«, und man muß sehen, daß Tendenzen nicht nur hin zu Zweit- oder Drittautos laufen – und Bungalows, Einfamilien- und Ferienhäuser sich nach wie vor ins Gelände fressen –, sondern der »Trend (auch) zur Zweit- und Drittstraße ... in vollem Gange (ist)«.[47] Hier wie dort sind städtischem Grün – von städtischen Gärten ganz zu schweigen – ebenso dynamische wie gefährliche Gegenkräfte entstanden. Mitten im großen stadtökologischen Gesamtsystem, das sie immer wieder zu usurpieren neigen, erweisen sie sich als anwachsende ökologische Bedrohung, und es bleibt eine offene Frage, inwieweit vice versa die Agenten des Grüns – Architekten, Naturschützer, Landschaftsplaner – noch in der Lage sind, die Entwicklung zu kontrollieren, ja ihr zu widerstehen. Daß in der Bundesrepublik Tag für Tag hunderte Hektar Land verbaut, verbetoniert, zu Verkehrswüsten verwandelt werden, ist hier nur Symptom; es gibt freilich zu denken.

Kehrt man am Ende zum Thema, dem Phänomen des Gartens zurück, und knüpft man an ans Motto dieses Buchs, »Wieviel Garten braucht der Mensch?«, scheint eine Neubesinnung an der Zeit. Angesichts des tendenziellen, materiellen wie ideellen Substanzverlusts, dem Großstadtgrün, das Grün unserer Tage, im Grau einer ausufernden technischen Zivilisation unterliegt, wird es nötig, Gärten wieder als Gärten ernst zu nehmen und in ihrer lebendigen, ästhetisch-utopischen Differenz, die sie zum Alltag haben können, neu zu konzipieren. In einer Ära, in der Gartenlust und Gartenamt, Hybridenrabatten, Chemiedünger und Bodendecker in den Ordnungen höherer zivilisatorischer Routine so nah wie nie zusammenrückten, ist dies kein leichtes Bemühen. Versuche, über das Modell funktionalen, ins Gesamtsystem eingeflochtenen, städtischen Grüns hinauszugehen, liegen immerhin vor; sie heben an Gärten die Momente zum Beispiel des Spiels, der Theatralik und Animation hervor, akzeptieren sie, wie die Gartendenkmalpflege, in ihrer reichen kulturgeschichtlichen Fülle und sind, stilistisch gesehen, dem Stil der »Postmoderne« zuzurechnen.

Was aber ist das, die Postmoderne? Was kann man unter postmodernem Garten verstehen? Postmodernität heißt erstens »Vielfalt«, und in der Tat besteht an Gartenvielfalt heute kein Mangel. Privatgärten, einschließlich Kleingärten, Wohngärten, Dachgärten, sind in die Grünplanung der Städte ebenso einbezogen wie bis hin zum Bolzplatzgrün, Verkehrsgrün oder Friedhofsgrün – das öffentliche Grün, und auch diverse Gartenstilvartianten – der französische, der englische, der japanische Garten, das Palmenhaus oder der Freizeitpark – koexistieren in bunter Streuung. Und Postmodernität heißt zweitens, daß diese Streuung zusammengefaßt wird zum Arrangement, zur Inszenierung von Gartenkunst und kurz: zur Gartenshow und Gartenschau; sie macht Gärten zur Bühne nicht mehr nur von Naturereignissen, sondern von erklärtem sozialen Rummel, Entertainment und Massenvergnügen. Gewiß, Gärten haben für Mensch und Gesellschaft immer mehr als bloße Natur, als Wachsen, Blühen, Vergehen bedeutet; sie eröffneten vielmehr auch typische kulturelle Perspektiven, repräsentierten – politisch wie kosmisch – Ordnung, Freiheit, Geschichtsbezüge oder Sinnenglück, und sie träumten utopische Träume. Heute, so scheint es, ist der eigentümliche transzendierende Charakter, den Gärten im Kulturleben entfalten konnten, weitgehend verloren oder doch zurückgenommen. Gärten erbringen in den Ballungsräumen der Gegenwart inzwischen sehr profane, diesseitige Funktionen; sie dienen am Ende – über ihre engeren rekreativen, hygienischen und ökologischen Aufgaben hinaus – als Open-Air-Kulisse, die die Menschen in Stimmung bringt und die auf Freizeit-, Konsum- und Sensationsbedürfnisse sehr direkt eingeht. Die Entwicklung ist über Minigolfplätze, die vor Ort lagen, Abenteuerwiesen oder Streicheltierzoos dabei längst hinausgegangen; das große postmoderne Gartenamüsement findet in Safarizoos, Holidayparks, Walt-Disney-Lands statt[48], zu denen die Massen von weither strömen, und am Spektakel sind Millionengelder und Mitarbeiter beteiligt, deren Zahl in die Hunderte geht. In den Beeten, die das Geschehen dort säumen, blühen die Tulpen schwarz. Die Rosen wachsen dornenlos; die Beseitigung des Mülls, den die Besucher hinterlassen, ist inbegriffen im Eintrittspreis.

Postmodernität heißt schließlich drittens – und erst hier werden neue transzendierende Motive sichtbar –, daß mitten im bunten pluralistischen Arrangement auch Widersprüche, Paradoxien, Unregelmäßigkeiten in Erscheinung treten. Daß die Postmoderne einen Typus von Kultur darstellt, der rigide Ordnungen umstößt, nur lose organisiert ist und sich angesichts der weiten offenen Horizonte, die ihn umgeben, auch selbst auf Offenheiten, Überraschungen, ja Risiken und Katastrophen einläßt, schlägt sich auch im Gartenwesen nieder. Gartengeschichtlich gesehen, betritt die Szene nunmehr der eigentliche »ökologische Garten«. Seine Protagonisten, der Holländer Louis G. Le Roy (1973/83), später die Deutschen Spitzer und Andritzky, sehen den Königsweg, der den »Menschen als Individuum (noch) in Kontakt mit den natürlichen

Elementen kommen (läßt)«[49], heute gerade in ihm. Dabei heben sie, was den Bewuchs betrifft, allem Kunstgartendenken zuwider, nicht Zuchtpflanzen und Exoten, sondern »Unkräuter« – so Brennessel, Distel, Holunder – hervor, die sie »Wildkräuter« nennen. Überhaupt wird auf Pflege, auf säuberliche Anlagen, gekieste und geteerte Wege jetzt verzichtet, und Trampelpfade, Mauerbrüche und »Schuttgärten« werden favorisiert. Im Maße, in dem »uns unsere (ökologische) Bedrohung bewußt wird«, so Spitzer, »ändern sich auch unsere ästhetischen Maßstäbe... Statt die prunkende Pracht überdüngter Modepflanzen ... zu verherrlichen, entdecken wir die Qualitäten (des Natürlichen) und ziehen (Wildwiesen) dem monotonen Rasenteppich vor«.[50] Die herrschende, teils funktionalistisch, teils animatorisch verstandene städtische Grünplanung stehe – wie die Verfechter ökologischer Gärten es zuspitzen – dagegen in einer Tradition, die es zu überwinden gelte. Der Garten der Zukunft habe sozial, politisch und ideologisch vielmehr subversiven, ja gleichsam anarchistischen Charakter; er weise »graswurzelstarke« (W.L.), demokratische Züge auf und trage dazu bei, in einer destruktiven, von Katastrophen gepackten Zivilisation die Augen für die Heilkräfte der Natur, für sozialen Wandel und eine mögliche ökologische Rettung zu öffnen.

Lassen wir es bei solchem Ausblick bewenden. Wer die Kulturgeschichte überblickt, wird erkennen, daß die Perspektiven sich wiederholen; die Möglichkeiten, sich über Sinn und Bedeutung von Gärten Rechenschaft zu geben, sind beschränkt und können zu wenigen grundsätzlichen Positionen gebündelt werden. Wird man »klassische Gärten« als kultivierte, zu sich gekommene Natur verstehen, als Spielform menschlichen Schaffens, die den Urwuchs und Überschuß, die Wildheit und Freiheit der Natur veredelt und mit der Klarheit, der Ordnung der Kultur zu lebendiger, ästhetisch gesättigter Harmonie vereinigt, polen postmoderne Gärten, ökologische Gärten, diese Symbolik gleichsam um. Sie fordern, die Natur, die in den Wüsten der Zivilisation zu verdorren droht, in ihrem Eigenrecht, ihrer Eigengeltung anzuerkennen, und unterstellen, daß Kultivierung im Sinne der Schaffung von Umständen, unter denen sich leben läßt, auch abhängt vom Bollwerk naturbelassener, aus sich selbst schöpfender, »wilder« Gärten. Schon Francis Bacon, der Ahnvater der modernen wissenschaftlichen Zivilisation, hatte für Gärten, die er plante, in der hintersten Ecke versteckt, hinter Sternanlagen und Rabatten, einen Busch- und Heidegarten, besät mit Maulwurfshügeln vorgesehen, einen Bereich, der Natur als natürliche Wildnis, als Lebens-Letztinstanz bewahren sollte[51]; im postmodernen Pendant dazu schuf Konrad Lorenz, Ethologe, Ökologe und Nobelpreisträger, der von Gärten nicht wenig verstand, »zur Herstellung und Erhaltung halbwilder Zustände«[52] expressis verbis einen Förderverein. Ideen dieser Art üben Suggestivkraft aus, und sie wirken weiter; sie entsprechen den Bedürfnissen der Zeit.

Gewiß, die Symbolik, die Gärten heute bestimmt, ist verglichen mit dem Zauber, der sie früher umgab, nüchterner gewirkt. Daß zwischen Natur und Kultur, Gartengrün und Großstadtgrau hier wie dort Divergenzen, Spannungen, Unvereinbarkeiten bestehen, die zu letzter Harmonie nicht finden, gilt am Ende so oder so. Nimmt man die Gegenwart, wird mitten im vermeintlich wohlfunktionierenden zivilisatorischen System die Möglichkeit der Katastrophe, des ökologischen Zusammenbruchs sichtbar, und sie betrifft die Natur, den Menschen, die Kultur gleichermaßen. Wenn Gärten auch heute, wie schon vor tausend Jahren, teils die Bruchstellen solchen Zusammenbruchs, teils die Nahtstellen sichtbar machen, an denen Heilung ansetzt, können sie einerseits Hoffnung geben; sie lösen freilich auch nachdenkliche, wehmütige Stimmungen aus; die Lösungen, die wir suchen, sind immer schwerer zu finden, und frühere Epochen hatten mit ihnen vielleicht glücklichere Hand.

Anmerkungen

1 vgl. z.B. Rassem, M., Das Gärtner-Gleichnis.
2 vgl. z.B. Schlesier R., Amor vi feri, vi sani amore.
3 vgl. z.B. Hennebo, D., Entwicklung des Stadtgrüns von der Antike bis in die Zeit des Absolutismus, S. 41ff.
4 dazu besonders Hennebo a.a.O.; Hansmann, W., Gartenkunst der Renaissance und des Barock.
5 Nemeitz, J.C., zit nach Hennebo a.a.O. S. 116.
6 vgl. Amar, L., Parks und Plätze in Paris. S. 36.
7 ebd. S. 39.
8 ebd. S. 37.
9 Hennebo, a.a.O., S. 84.
10 Hennebo, a.a. O., S. 85.
11 vgl. z.B. Hennebo, D., Der Stadtpark, bes. S. 87 ff.
12 vgl. näher Hennebo, der Stadtpark, und ders., Entwicklung des Stadtgrüns von der Antike bis in die Zeit des Absolutismus; Hennebo, D.,/Hoffmann, A., (Hrsg.) Geschichte der deutschen Gartenkunst; Buttlar, A. v., Der Landschaftsgarten; Lipp, W., Natur – Geschichte – Denkmal. Zur Entstehung des Denkmalbewußtseins der bürgerlichen Gesellschaft; s.a. Wimmer, C. A., Geschichte der Gartentheorie.
13 Buttlar, Der Landschaftsgarten, S. 12.
14 zit nach Lipp, W., Feste heute. Animation, Partizipation und Happening, S. 209.
15 Buttlar, a.a.O., S. 86.
16 vgl. z.B. Schaub, F., Berühmte Gärten in Franken. S. 73ff; Meyer, O., «... wahrlich ein königlicher Garten«. Würzburgs Gartentradition zwischen Barock, Rokoko, Klassizismus und Romantik.
17 Hennebo, Entwicklung des Stadtgrüns von der Antike bis in die Zeit des Absolutismus, S. 70.
18 zit. nach Hennebo, a.a.O., S. 73.
19 zit. a.a.O., S. 74.
20 vgl. die autorisierte deutsche Ausgabe, Howard, E., »Gartenstädte in Sicht«, 1907.
21 Kampffmeyer, B., Die Vermählung von Stadt und Land. Ein soziales Experiment, 1903; vgl. Gartmann, K., Deutsche Gartenstadtbewegung. Kulturpolitik und Gesellschaftsreform, S. 33.
22 vgl. Bollerey, F.,/Hartmann, K. Der neue Alltag in der grünen Stadt, S. 194.
23 s. dazu Krabbe, W.R., Gesellschaftsveränderung durch Lebensreform.
24 vgl. z.B. Kampffmeyer, H., Gartenstädte, 1904.
25 zit. n. Bollerey/Hartmann, S. 211f.
26 vgl. Schayer, K., Franz Oppenheimer und die israelitischen Siedlungsgenossenschaften; zit. n. Krabbe, S. 35.
27 s. näher auch Hartmann a.a.O., S. 136.28 vgl. ebd., S. 28, 135.
29 vgl. Hartmann, a.a.O., S. 43.
30 s. dazu jetzt Tschoeke, J., Gartenstädte in Nürnberg.
31 vgl. Krabbe, S. 30; s.a. Hartmann, S. 31.
32 Tschoeke, S. 241.
33 vgl. Hartmann, S. 45.
34 vgl. Hartmann, S. 35.
35 s. z.B. die von Roland Rainer gebaute, moderne »Gartenstadt Puchenau« bei Linz, 1969; dazu Mönninger, M., Wohnung und Stadt. Der Architekt Roland Rainer wird achtzig.
36 vgl. Hartmann, S. 40f.
37 s. Tanzmann, B., (Hrsg.), Handbuch für die deutsche Siedlungsbewegung. Das grüne Manifest und der Feldzug der Arbeit.
38 a.a.O., S. 25.
39 a.a.O., S. 142.
40 Siebert, A., Entwicklung einer Grünflächenordnung und Grünflächenpolitik für die moderne Stadt, S. 52.
41 ebd. S. 53.
42 ebd. S. 51f.
43 ebd. S. 73.
44 Jünger, E., Das Abenteuerliche Herz.
45 Deskriptives dazu z.B. bei Allinger, G., Das Hohelied von Gartenkunst und Gartenbau; s. ferner BMRBS (Hrsg.), Gärten im Städtebau.
46 Lötsch, B., Ökosystem Stadt, S. 225.
47 ebd., S. 254.

48 s. z.B. Mönninger, M., Auf dem Fließband durchs Schlaraffenland. Vergnügungsparks in Deutschland; vgl. a. Lipp, W., Feste heute, S. 672ff.
49 Le Roy, zit. nach Wimmer, C.A., Geschichte der Gartentheorie, S. 395.
50 Andritzky, M./Spitzer, K. (Hrsg.), Grün in der Stadt, S. 271f.
51 vgl. Wimmer, a.a.O., S. 78ff.
52 vgl. Lötsch, S. 281.

Literatur

Allinger, Gustav, 1963: Das Hohelied von Gartenkunst und Gartenbau. 150 Jahre Gartenbau-Ausstellungen in Deutschland. Berlin-Hamburg.
Amar, Laura, 1986: Parks und Plätze in Paris. Eine sozialpsychologische Analyse städtischer Freiraumqualitäten. München.
Andritzky, Michael/Spitzer, Klaus (Hrsg.), 1982: Grün in der Stadt. Eine Veröffentlichung des Deutschen Werkbunds. Reinbek.
Bollerey, Franziska/Hartmann, Kristiane, 1978: Der neue Alltag in der grünen Stadt. Zur lebensreformerischen Ideologie und Praxis der Gartenstadtbewegung. S. 189-237 in: E. Siepmann (Hrsg.), Kunst und Alltag um 1900. Drittes Jahrbuch des Werkbund-Archivs. Lahn-Giessen.
Bundesminister für Raumordnung, Bauwesen und Städtebau (Hrsg.), 1981: Gärten im Städtebau. Dokumentation vom 1.-14. Bundeswettbewerb. Wettbewerb für Kleingartenanlagen der Städte und Gemeinden und ihrer kleingärtnerischen Organisationen. Bonn.
Buttlar, Adrian von, 1980: Der Landschaftsgarten. München.
Hansmann, Wilfried, 1983: Gartenkunst der Renaissance und des Barock. Köln.
Hartmann, Kristiane, 1976: Deutsche Gartenstadtbewegung. Kulturpolitik und Gesellschaftsreform. München.
Hennebo, Dieter, 1974: Der Stadtpark, S. 77-90 in: L. Grote (Hrsg.), Die deutsche Stadt im 19. Jahrhundert. Stadtplanung und Baugestaltung im industriellen Zeitalter. München.
Hennebo, Dieter, 1979: Entwicklung des Stadtgrüns von der Antike bis in die Zeit des Absolutismus (= Geschichte des Stadtgrüns, 3 Bde., hg. von D. Hennebo, Bd. 1), Hannover-Berlin, 2. Aufl.
Hennebo, Dieter/Hofmann, Alfred (Hrsg.), 1962-65: Geschichte der deutschen Gartenkunst. 3. Bde. Hamburg.
Hirschfeld, Christian Cay Lorenz, 1779-80: Theorie der Gartenkunst. 5 Bde. Leipzig 1779-80. Nachdruck, hrsg. von H. Foramitti. Hildesheim-New York.
Howard, Ebenezer, 1889: To-morrow. A peaceful path to real reform. London.
Howard. Ebenezer, 1902: Garden-Cities of To-morrow, being the second edition of »To-morrow. A peaceful path to social reform«. London.
Howard, Ebenezer, 1907: Gartenstädte in Sicht. Jena.
Kampffmeyer, Bernhard, 1903: Die Vermählung von Stadt und Land. Ein soziales Experiment. Flugschrift Nr. 2 der Deutschen Gartenstadt-Gesellschaft. Berlin.
Kampffmeyer, Hans, 1904: Gartenstädte. Kunstwart 17: 152ff.
Krabbe, Wolfgang R., 1974: Gesellschaftsveränderung durch Lebensreform. Strukturmerkmale einer sozialreformerischen Bewegung im Deutschland der Indutrialisierungungsperiode. Göttingen.
Le Roy, Louis G., 1973/83: Natur uitschakelen - natur inschakelen. Deventer 1973. Deutsch unter dem Titel: Natur ausschalten – Natur einschalten. Stuttgart 1978, 2. Auflage 1983.
Lipp, Wilfried, 1987: Natur – Geschichte – Denkmal. Zur Entstehung des Denkmalbewußtseins der bürgerlichen Gesellschaft. Frankfurt.
Lipp, Wolfgang, 1989: Feste heute. Animation, Partizipation und Happening.S. 663-683 in: W. Haug und R. Warning (Hrsg.), Das Fest (= Poetik und Hermeneutik, Bd. XIV). München.
Lohmann, Michael, 1974: Grünplanung. S. 201-213 in: W. Pehnt (Hrsg.), Die Stadt in der Bundesrepublik Deutschland. Lebensbedingungen, Aufgaben, Planung. Stuttgart.
Lötsch, Bernd, 1989: Ökosystem Stadt. S. 252-284 in: R. Wildemann (Hrsg.), Stadt, Kultur, Natur. Chancen zukünftiger Lebensgestaltung. Baden-Baden.
Mason, William, 1772-81: The English Garden. A Poem. 4 Bde. London.
Meyer, Otto, 1990: «... wahrlich ein königlicher Garten«. Würzburgs Gartentradition zwischen Barock, Rokoko, Klassizismus und Romantik, in: Würzburg heute. Zeitschrift für Kultur und Wirtschaft, 49, S. 18-26.
Migge, Leberecht, 1913: Die Gartenkultur des 20. Jahrhunderts. Jena.
Mönninger, Michael, 1987: Auf dem Fließband durchs Schlaraffenland. Vergnügungsparks in Deutschland: Die Lustgärten des Industriezeitalters sind Fabriken gegen Langeweile – Spaß an der Simulation. Frankfurter Allgemeine Zeitung. 27.08.1987.
Mönninger, Michael, 1990: Wohnung und Stadt. Der Architekt Roland Rainer wird achtzig. Frankfurter Allgemeine Zeitung. 30.04.1990.
Rassem, Mohammed, 1979: Das Gärtner-Gleichnis. S. 11-27 in: ders. (Hrsg.), Stiftung und Leistung. Essays zur Kultursoziologie. Mittenwald.
Schaub, Franz, 1984: Berühmte Gärten in Franken. Würzburg.
Schayer, K., 1954: Franz Oppenheimer und die israelischen Siedlungsgenossenschaften. S. 144-158 in: Archiv

für öffentliche und freigemeinwirtschaftliche Unternehmen.
Schlesier, Renate, 1988: Amor vi feri, vi sani amore. S. 150-177 in: D. Kamper/C. Wulf (Hrsg.), Das Schicksal der Liebe. Weinheim-Berlin.
Siebert, Anneliese, 1975: Entwicklung einer Grünflächenordnung und Grünflächenpolitik für die moderne Stadt. S. 49-79 in: Städtisches Grün in Geschichte und Gegenwart (= Veröffentlichungen der Akademie für Raumforschung und Landesplanung, Bd. 101). Hannover.
Tanzmann, Bruno (Hrsg.), 1927: Handbuch für die deutsche Siedlungsbewegung. Das grüne Manifest und der Feldzug der Arbeit. Flarchheim, Thüringen.
Tschoeke, Jutta, 1980: Gartenstädte in Nürnberg. S. 238-245 in: Katalog Peter Behrens. München.
Wimmer, Clemens Alexander, 1989: Geschichte der Gartentheorie. Darmstadt.

Abbildung

Abb. 1: Ein übergroßer, nackter Gärtner pflanzt behutsam Wohnhäuser, Bäume und Plätze ins Gelände

Gärten für Kinder

Günther Bittner

Herrn Prof. Dr. Albert Reble zum 80. Geburtstag in Verehrung gewidmet

Als wir nach Würzburg zogen, waren unsere Kinder fünf und drei Jahre alt. Wir hatten bis dahin in einer Etagenwohnung gelebt, doch nun hieß es: ein Haus mit Garten muß her, gerade wegen der Kinder. Wenn ich jetzt nach zwölf Jahren zurückblicke, hätte ich gern das eine oder andere anders eingerichtet in Haus und Garten, aber die grundsätzliche Entscheidung »für Kinder einen Garten« finde ich unbedingt richtig, Das gilt auch, wenn anerkannt wird, daß das Eigenheim im Grünen heute für viele Familien nicht zu bezahlen und daß es vielleicht wegen der Zersiedelung der Landschaft ökologisch nicht einmal erstrebenswert ist. Dann müßte man sich eben anderes einfallen lassen: mehr kindergerechte öffentliche Grünflächen, mehr Schrebergärten oder was immer.

Kinder brauchen Gärten – dieser Satz ist leicht aufzustellen, aber schwer zu begründen. In keinem Lehrbuch der Entwicklungspsychologie habe ich etwas dazu gefunden: unter dem Stichwort »Umwelt« wird dort immer nur die soziale und fast nie die dingliche Umwelt behandelt, in der Kinder aufwachsen sollen. Die Kinderpsychologie läßt uns im Stich, und die zeitgenössische Pädagogik mit ihren komisch abstrakten Problemen natürlich auch. Doch mir ist aufgefallen, daß alle pädagogischen Musteranstalten in der Geschichte ihren Garten hatten und daß alle die großen Pädagogen – Rousseau, Salzmann, Fröbel, die Landerziehungsheimer, Zulliger – auf ihren Garten eingegangen sind, manchmal nur mit ganz wenigen Worten, in denen sich dann allerdings typische Begründungslinien für die pädagogische Notwendigkeit abbilden.

Vier solcher Begründungslinien will ich im folgenden aufzeigen: den Garten für Kinder als Nutzgarten, als Lerngarten, als Bewegungsraum und schließlich als symbolischen Raum, als »Seelengarten«. Ich werde so vorgehen, daß ich bei jedem dieser Motive anknüpfe an die Ideen eines der großen Pädagogen und anschließend erörtere, welche Bedeutung diesem Motiv heute noch zukommt.

1. Der Nutzgarten

Jean Jacques Rousseau, der Vater der modernen Kinderpsychologie und Pädagogik, war empfänglich für die Schönheit von Gärten. Freilich liebte er nicht die Barock- und Rokokoparks des mondänen Paris, sondern ländliche Gärten. Den Schloßgarten von Montmorency, wo er über Jahre Zuflucht fand, hat er in seinen »Bekenntnissen« geschildert.

»... inmitten von Baumgruppen und Wassern, beim Gesang von Vögeln jeder Art, beim Duft der Orangenblüten verfaßte ich in einer fortwährenden Begeisterung das fünfte Buch des »Emile«, dessen farbige Frische ich zum großen Teil dem lebendigen Eindruck der Örtlichkeit verdankte, in der ich es schrieb«.[1]

Kein Wunder, daß in besagtem fünften Buch des großen Erziehungsromans auch mehrfach von Gärten die Rede ist. Emil kommt mit seinem Erzieher in das Haus der ihm bestimmten Geliebten Sophie:

»Man ergeht sich im Garten: dieser Garten ist ein ausgezeichnet angelegter Gemüsegarten; als Park dient ein Obstgarten voll großer und schöner Obstbäume aller Sorten, in verschiedenen Richtungen von hübschen Bächlein und Randbeeten voller Blumen durchzogen. ‚Welch schöner Aufenthalt!', ruft Emile, voll von seinem Homer und immer in Begeisterung; ‚ich glaube den Garten des Alkinous zu erblikken'«.[2]

In der Fußnote ist die Gartenschilderung Homers von Rousseau beigefügt: ein Obst- und Fruchtgarten war dieser Garten des Alkinous, mit Brunnen zum Trinken und zum Bewässern, aber ohne Ziererei, »weder Laubengänge noch Statuen, noch Wasserfälle, noch Rasenteppiche« findet man dort, wie Rousseau mit Genugtuung bemerkt.[3]

Auch in Rousseaus anderem großen Roman »Julie oder Die Neue Heloise« verdichtet sich die Vision des natürlichen Lebens in Gestalt eines Gartens: Julie-Heloise hat mit ihrem Gatten ein Mustergut aufgebaut, und dazu gehört dieser Garten. Wieder ist es ein Obstgarten, aber nicht nur das: der Besucher glaubt, den »wildesten, einsamsten Ort der Natur« vor sich zu sehen. »... es kam mir vor, als sei ich der erste Sterbliche, der jemals in diese Einöde vorgedrungen sei«. Freilich, sagt Julie, »die Natur hat alles getan, aber unter meiner Anleitung, und hier ist nichts, was ich nicht angeordnet hätte«.[4]

Zwei Elemente des Rousseau'schen Gartens will ich festhalten, gerade auch im Hinblick auf die pädagogische Funktion, unter dem Aspekt des »Gartens für Kinder«. Das ist zum einen der Nutzgarten: Rousseaus Gärten sind eigentlich immer Obstgärten, Gemüsegärten, Kräutergärten, ein Stück nützlicher Landwirtschaft. So spielt die nützliche Arbeit im Garten schon für das Kind Emil eine wichtige pädagogische Rolle. Ein Kind »braucht nur zweimal zugesehen zu haben, wie ein Garten bestellt wird, wie man sät, zieht und wie das Gemüse wächst, und es will seinerseits gärtnern... Ich werde sein Gärtnergehilfe. So lange es noch nicht Kraft genug in den Armen hat, grabe ich den Boden um. Dann nimmt es ihn in Besitz, indem es eine Bohne pflanzt...

Jeden Tag werden die Bohnen gegossen, man beobachtet ihr Aufgehen mit überschwenglicher Freude. Ich steigere seine Freude noch, indem ich ihm sage: Das gehört dir«.[5]

Das ist also das eine: die nützliche kleine Landwirtschaft mit Äpfeln, Birnen und Bohnen und alle die kleinen Alltagsarbeiten im Garten. Der »pädagogische Garten« im Sinne Rousseaus ist der »natürliche«, der Obst- und Kräutergarten, in dem das Kind nach Herzenslust werkeln und wo es die Früchte seiner Arbeit ernten und verspeisen kann.

Freilich: wie in der »Heloise« zu lesen, ist dieser Garten zugleich offen für eine tiefere Erfahrung von Natur: er ist eine »künstliche Wildnis«, »herbeigezwungene Natur«. Als der Erzähler den Garten betritt, glaubt er, den wildesten, einsamsten Ort vor sich zu sehen – das paßt nicht gut zum Motiv des Nutz- und Kräutergartens, das verweist schon auf jenen anderen Gartentypus, der sich schlecht damit verträgt, den Seelengarten - doch davon später.

Die Natur »flieht die dichtbewohnten Gegenden«, heißt es in der »Heloise«. »Auf den Gipfeln der Berge, in der Tiefe der Wälder, auf menschenleeren Inseln breitet sie ihre eindrucksvollsten Reize aus. Wer sie liebt und doch nicht so weit gehen kann, um sie aufzusuchen, ist genötigt, ihr Gewalt anzutun, sie gewissermaßen zu zwingen, daß sie komme und bei ihm wohne«.[6]

Mir klingt das ungemein aktuell. Die Städte, die dichtbewohnten Gegenden weiten sich aus, die wilde »naturwüchsige« Natur zieht sich immer weiter zurück, heute schon nicht nur auf die Gipfel der Berge, in die Tiefe der Wälder wie zu Rousseaus Zeiten, sondern viel weiter: in die Sahara vielleicht oder ins grönländische Packeis. Wer die Natur »liebt und doch nicht so weit gehen kann, um sie aufzusuchen, ist genötigt,... sie gewissermaßen zu zwingen, daß sie komme und bei ihm wohne«.[7]

Die Natur herbeizwingen, das ist gewissermaßen das Prinzip des Gartens: dieser ist ja kein naturwüchsiges Ökosystem, sondern eines, das durch menschliche Eingriffe wie Pflanzenauswahl, Düngung, Bewässerung funktionsfähig erhalten wird. Der Garten ist ein ökologisches System, könnte man sagen, von dem der Mensch mit seiner Arbeit, seinen lenkenden Eingriffen ein Teil ist.

Solcherart Natur werden wir in Zukunft nur noch um uns haben können: Wälder und Gewässer, die absichtlich in einem naturnahen Zustand erhalten oder in diesen zurückversetzt worden sind, die geschützt werden vor systemfremden Eingriffen, vor Umweltschäden – nicht primär zum Zweck von Ertragserzielung und wirtschaftlicher Nutzung, sondern unter ökologischen und ästhetischen Gesichtspunkten und als Erholungsräume. Natur in unseren dicht besiedelten Regionen wird künftig wohl nur noch von Menschen geschützte, rekultivierte, sozusagen veranstaltete Natur sein können – eben Natur nach dem Prinzip des Gartens. So daß alles, was zwischen unsern Menschensiedlungen noch grünt und blüht, nur deshalb grünt und blüht, weil der Mensch es grünen und blühen läßt.

Ein pädagogisches Projekt in dieser Stadt, der ökologische Spielgarten auf dem Heuchelhof, mag als Modell dienen: an der Berner Straße, neben trister Hochhausarchitektur, liegt eine Wildwiese. Diese Parzelle, provisorisch eingezäunt, soll Kindern Gelegenheit zur Begegnung mit der Natur geben: durch Feuer machen, auf Bäume klettern oder was der naturnahen Betätigungen mehr sind. Dieses Stück Wildwiese nennt sich »Garten« und mit Recht!

Denn früher zäunte man die kultivierte Natur ein, um sie von der »wilden« Natur draußen abzugrenzen und zu schützen. Heute muß man die spärlichen Reste naturbelassener Natur einzäunen, damit aus dem Gelände nicht unversehens eine wilde Müllkippe wird. Früher mußte das künstliche Ökosystem Garten vor dem Hereinreichen der »wilden Natur« beschützt werden, heute ist es umgekehrt: wilde Natur kann nur noch als vom Menschen umhegter und geschützter Bereich existieren – außer, wie schon gesagt, in der Sahara oder im grönländischen Packeis. Dort mag es noch so etwas wie wilde Natur geben.

Natur kann in unseren Regionen nur noch existieren, wenn der Mensch sie schützt und hegt. So sind alle Wälder und Flußauen, Gebirgs- und Seenlandschaften, die uns noch geblieben sind, eigentlich Gärten: Reservate für Natur, die mit viel Überlegung und entschiedenem Willen erhalten werden müssen.

Doch zurück von dieser Abschweifung zu Rousseaus nahrhaftem Obst-, Gemüse- und Kräutergarten.

Warum soll ein Garten für Kinder »nahrhaft« sein? Warum haben auch heute noch die selbstgezogenen Radieschen und Salatköpfe, die Erdbeeren, Johannisbeeren, Äpfel und Birnen aus dem eigenen Garten einen besonderen Geschmack, obwohl man sie im Supermarkt viel preisgünstiger und vielleicht sogar in besserer Qualität kaufen kann? Sicher auch deshalb, weil ich weiß, daß die Äpfel nicht gespritzt und die Radieschen mit Guano und nicht mit Kunstdünger gedüngt sind – schön und gut, aber die Faszination der Früchte aus dem eigenen Garten erklärt das nicht.

Die Faszination ist im Grunde auch heute noch die Rousseaus vom naturgemäßen Leben, vom Erfahren wachstümlicher Zusammenhänge: Kinder, die die Milch in geometrischen Packungen im Supermarkt kaufen, sehen nicht, woher sie kommt, wie die Kuh gemolken wird. Was für eine Art von Baum oder Strauch, bitte schön, soll ich mir als Ursprung einer Kiwi-Frucht vorstellen? Ich muß selbst als Erwachsener gestehen, daß ich keine Ahnung habe. Bei den Äpfeln und Radieschen aus dem eigenen Garten ist das anders: das Kind sieht, wie die Apfelbäume blühen, wie die Äpfel am Baum wachsen und wie sie am Ende geerntet werden.

Das Kind sieht, woher die Dinge kommen, die wir essen, und es lernt die Arbeiten kennen, die notwendig sind, um die Dinge hervorzubringen: Das Säen und Pflanzen, Bewässern und Ernten. Obst und Gemüse aus dem eigenen Garten: das ist ein winziges Stück Robinson-Erfahrung, das uns geblieben ist, den Lebensbedarf mit eigener Hände Arbeit hervorzubringen.

»Lernen mit Kopf und Hand«, heißt ein bekanntes Buch des Tübinger Pädagogen Andreas Flitner[8], in dem gezeigt wird, wie notwendig es für die Kinder ist, die Arbeit und das Hervorbringen mit den Händen zu lernen. Allerdings orientieren sich die Schulversuche, über die in diesem Buch berichtet wird, überwiegend am handwerklich-technischen Hervorbringen. Das Gärtnern in der Schule spielt nur eine untergeordnete Rolle[9], und doch möchte ich denken, daß gerade das Hervorbringen der eigenen Nahrung zu den menschlichen Ur-Erfahrungen gehört und noch vordringlicher zu vermitteln ist als das sicher auch wichtige Schreinern, Töpfern oder Elektrik-Arbeiten.

2. Der Lerngarten

Im 16. Jahrhundert entstanden an verschiedenen europäischen Universitäten die ersten botanischen Gärten, so z.B. in Padua 1545, in Bologna 1567, in Leipzig 1580, in Heidelberg 1597. Sie waren Hilfsmittel für Forschung und Lehre in der Botanik, meist aufgebaut als systematisch geordnete Sammlung der wichtigsten, im Freiland kultivierten Samenflanzen.[10]

Der Gedanke lag nahe, nach diesem Prinzip auch Schulgärten anzulegen. Das Jahr 1685 kann als die Geburtsstunde des Schulgartens angesehen werden: Damals legte August Hermann Francke in Halle neben seiner Anstalt einen Garten an, in dem die Schüler Pflanzen für ihr Herbarium sammelten sowie selbst Untersuchungen an Pflanzen vornehmen konnten.

Bewußt in den Naturkundeunterricht eingebaut wurde der Schulgarten von den Philanthropisten Basedow, Trapp und Salzmann. In Salzmanns »Ameisenbüchlein« wird ein naturkundlicher Kurs in einer Klasse von Knaben beschrieben, in welchem Galeópsis ládanum zur Betrachtung vorgestellt wird.

> »Wie heißt diese Pflanze?
> Galeopsis ladanum.
> Was bemerkst du am Stengel?
> Er ist holzig.
> ...

Jetzt drehe dich um und beschreibe Galeopsis ladanum. Galeopsis ladanum hat einen holzigen, gestreiften, ästigen Stengel....

Gestern betrachteten wir Atropa Belladonna; worinne sind beide Pflanzen einander ähnlich? worinne unähnlich? usw.

Nun werden die Namen aller Pflanzen, die auf dem Tische liegen, von demjenigen Schüler, der von der Pflanzenkunde die meisten Kenntnisse hat, laut und deutlich ausgesprochen und von der ganzen Versammlung laut nachgesprochen...«.[11]

Der Schulgarten des Philanthropins in Dessau sollte außer dem Vergnügen dazu dienen, botanische und andere Erkenntnisse in der Natur zu sammeln. Durch Hecker ist bekannt, daß die Berliner Realschule um 1762 bereits einen »botanischen Garten« zur Ergänzung des Naturkundeunterrichts besaß. Ab 1800 beginnen die Schulaufsichtsbehörden, sich für diese Gärten zu interessieren. Die Zahl der Schulgärten nimmt zu: Das Gymnasium in Gleiwitz hat einen 80 qm großen botanischen Garten, in dem 384 Arten wachsen; zur gleichen Zeit besitzen die Gymnasien in Stuttgart, Bromberg, Tilsit, Coburg (Realschule), Eisenach, Breslau (dieser, 20 000 qm groß, dient auch als Liefer- und Lehrgarten), Posen und Berlin eigene Schulgärten. Im Garten des Joachimthalschen Gymnasiums in Berlin mit einer Größe von 1 500 qm werden 1 500 Pflanzenarten gezogen.[12]

Gärten für Kinder als Lerngärten – das betrifft vor allem die Gärten der Schulen. In der modernen pädagogischen Literatur ist das Thema »Schulgarten« nur wenig diskutiert worden. Es gibt eine Monographie über Schulgärten aus dem Jahr 1951.[13] Sie ist biologisch gelehrsam orientiert: Küchenbeete mit etwas Gemüse etc. sind zwar auch vorgesehen, aber vor allem: der Schulgarten soll Pflanzenmaterial für den Unterricht liefern, schön systematisch gegliedert nach Korbblütlern, Kreuzblütlern usw., Versuchsbeete für allerlei biologische Experimente – also kurz: es herrscht das alte Prinzip »Botanischer Garten«.

Umfassender ist ein Handbuch aus dem Jahre 1960 von Beate Hahn »Gärten für die Jugend«. Auch dort geht es primär um Unterricht, aber doch mit einem weiteren Horizont: nicht nur Biologie und Pflanzenkunde sind gefragt, sondern auch Anregungen für den Deutsch- und den Kunstunterricht, ferner erlebnis- und projektorientierte Zielsetzungen: die Anlage von Spielplätzen und Kochstellen, von Wasserstellen, von Farben- und Duftgärten.[14]

Der Schulgarten hat seither an praktischer Bedeutung verloren: teils mit »zunehmender Intellektualisierung der Schule«[15], teils sicher auch, weil er für die schnellebige moderne Schule zu zeit- und arbeitsaufwendig ist. Wenn es hoch kommt, gibt es um die Schule herum ein bißchen pflegeleichte Begrünung, die vom Gartenamt der Stadt zentral unterhalten wird.

Allerdings ergibt eine neue Erhebung zumindest für Bayern eine günstigere Perspektive: 39 % der Schulen haben einen Nutzgarten eingerichtet, und zwar etwa gleich häufig Blumen-, Gemüse- und Kräutergärten, etwas weniger häufig Obst- und Bauerngärten.[16]

Der Schulgarten will immer noch ein Lerngarten sein, doch haben sich die Inhalte gewandelt. Der Garten bleibt ein Ort, wo Kinder sich über Natur belehren können.

Nicht wie im Botanischen Garten alten Stils, wo Pflanzen systematisch aufgereiht und mit Schildern mit lateinischen Namen besteckt sind. Aber Biotope, die wir im Garten anlegen – Teiche, Steinhaufen, vermoderndes Holz – können zur Stätte der Naturbeobachtung werden: von der einfachen Pflanzen- und Insektenbestimmung mit Bestimmungsbuch über das Mikroskopieren bis hin zu anspruchsvollen Projekten nach Art von »Jugend forscht« – alles das läßt sich im Garten machen.

Die gewandelte Funktion des Schulgartens läßt sich an zwei Punkten festhalten: Der neue Schulgarten soll, zum ersten, nicht mehr allein der Vermittlung von Kenntnissen dienen, sondern soll vor allem Naturerfahrung ermöglichen. Hartmut von Hentig bezeichnete die Schule unter anderem als einen Ort, wo man »mit einem Stück Natur leben kann«. Und dazu dient vor allem der Schulgarten. In der Bielefelder Laborschule enthält er Beete mit Nutzpflanzen ebenso wie ein Biotop, ein Gewächshaus, zwei Bienenkästen und einen Kirschbaum, den Hentig selbst gepflanzt hat und »der nun mit den Kindern elf Jahre gewachsen ist«.[17] Das »unmittelbare, von Erklär- und Ordnungsdruck freie, lieberhaberisch-spielerische Verhältnis zu den erreichbaren Natur-Erscheinungen« soll das systematisch-fachliche Verhältnis nicht ersetzen, sondern gibt ihm Anstoß und Sinn: «Es geht um etwas, was uns wichtig und lieb ist«.[18]

Auch im Systematisch-Fachlichen selbst sind dem Schulgarten – dies ist der zweite Punkt – neue Funktionen zugewachsen: er ist zum vorzüglichen Lehrmittel für Ökologie und Naturschutz geworden. Um die ökologischen Kenntnisse und Verhaltensformen zu verbessern, haben beispielsweise die Stadt Nürnberg und die Universität Erlangen-Nürnberg ein Verbundsystem von Schulgärten aufgebaut, über das soeben in einem Buch berichtet wird: Ökologie und Schule. Lehren und Lernen unter den Bedingungen einer hochtechnisierten Gesellschaft.[19] Der Grundgedanke ist dabei, daß die Kinder auf lebensnahe Weise an Naturvorgänge herangeführt werden sollen, nicht mit der alten sterilen »Kreide- bzw. Folienbiologie«. Der Biologieunterricht soll möglichst aus dem Klassenzimmer hinaus in die Natur verlegt werden, um »dort im Freiland, z.B. an Gewässern, im Wald oder auf Wiesen und Ackerfluren, durch Beobachtungen, Unterrichtsgänge und Exkursionen den Kindern Artenkenntnisse und die Grundlagen der Ökologie zu vermitteln«.[20]

Zudem geht es bei diesem Projekt nicht bloß um Kenntnisse, die vermittelt werden sollen, sondern um eine andere Art des Denkens. »Korrelatives Denken«, Sensibilität für Vernetzungen im Naturgeschehen müsse in der Ökopädagogik vor allem vermittelt werden, fordert der Erziehungswissenschaftler Liedtke, und eines der vorzüglichsten Mittel, um solches Denken zu entwickeln, sei der Unterricht an einfachen, natürlichen Ökosystemen, wie sie in den Nürnberger Schulgärten als »ökologische Lernorte« exemplarisch aufgebaut wurden.[21] Allerdings frage ich mich, ob Liedtke im Sinne neuen Denkens selber ganz konsequent gewesen ist: wenn er nämlich die Aufgabe der Schüler darin sieht, »ökologisch relevantes Wissen zu kumulieren«[22], dann scheinen mir solche einlinigen Vorstellungen pädagogischen Bewirkens ökologisches Denken Lügen zu strafen – auch Kindern gegenüber ist ein ökologisches, nichtlineares, korrelatives Denken vonnöten, aus dem ein dialogisch entwickelndes Lehren folgen muß.

3. Der Garten als Bewegungsraum

In der Erziehungsanstalt Schnepfenthal, der Gründung des bedeutenden Pädagogen der Aufklärungszeit Christian Gotthilf Salzmann, hing über der Tür als Symbol und Wahrzeichen ein Spaten.[24, 25] Gartenbau spielte im Erziehungsalltag von Schnepfenthal eine wichtige Rolle.

Als das Institutsgebäude in Schnepfenthal neu bezogen wurde, waren die Kinder täglich eine Stunde beim Anlegen des Gartens beschäftigt. Das Gelände mußte in mühsamer Arbeit geebnet werden. Als der erste Winter kam, »hatten sie das Vergnügen, einen Teil des unfruchtbaren Hügels in gutes Gartenland umgewandelt zu sehen, und jeder der kleinen Arbeiter erhielt ein Stück davon, um dasselbe im nächsten Jahre nach Gefallen bebauen zu können«. Morgens von fünf bis sechs wurde im Garten gearbeitet. »Sie alle befanden sich wohl dabei, und hatten das Vergnügen, den Garten sich vergrößern und ihnen immer reichlicher Gemüse, Blumen und Obst liefern zu sehen«, wie ein Augenzeuge berichtet.[26]

Salzmann schreibt:

»Ich habe meinen Garten, den ich selbst bearbeite. Natürlich muss in jedes Zöglings Seele der Wunsch entstehen, auch ein Gärtchen zu haben. Er bittet mich darum – ich gestehe es ihm nicht sogleich zu. Ich stelle ihm vielmehr die damit verknüpften Schwierigkeiten vor: dass die Sämereien zur rechten Zeit müssen ausgesäet, begossen, vom Unkraut gereinigt, gegen die Räubereien der Hühner, Sperlinge und anderer Vögel hinlänglich gesichert werden. Seine Bitten werden inständiger. Er verspricht, alle diese Schwierigkeiten zu heben, zeigt mir auch, wie er es anfangen will. So gebe ich denn endlich nach und weise ihm den Platz an, den er bearbeiten soll, und seine Freude hierüber ist unbeschreiblich. Die erste Woche beschäftigt er sich fast mit nichts als mit seinem Garten. Freilich lässt dieser Eifer in den folgenden Wochen nach. Ich sehe es voraus, dass bald allerhand Unordnungen in seinem Garten einreißen, bald das Unkraut überhand nehmen, bald die Gewächse wegen Mangels des Begießens verdorren werden. Das macht mir aber wenig Kummer. Sein Garten ist weder angelegt worden, um die Augen der Vorübergehenden auf sich zu ziehen, noch um große Einkünfte davon zu haben. Er wurde bloß angelegt, um bei Anbauung desselben etwas zu lernen. Und diese Absicht wird zuverlässig erreicht. Der kleine Zögling sieht hier Samenkeime sich entwickeln, zu Pflanzen werden, lernt ihre Feinde und ihre Wartung und verschiedene Theile kennen: er fühlt die Folgen der Ordnung und der Unordnung, des Fleißes und der Nachlässigkeit. Wenn er hernach zu einer Unterredung über die Pflanzen, ihr Entstehen, ihre Theile, Feinde und Verpflegung, über Fleiß und Unfleiß mit mir kömmt, so ist es eine ganz andere Sache, als wenn ich dies Gespräch mit einem andern Kinde führen will, das in der Stube erzogen wurde«.[27]

Die Arbeit im Garten hatte bei Salzmann verschiedene Ziele: Einerseits sollten die Kinder die Natur, vor allem die Pflanzenwelt, kennenlernen. Zum andern diente der Garten dazu, in bäuerlich-nützliche Tätigkeiten einzuführen. Es kam aber bei Salzmann noch ein drittes Motiv hinzu: es ging ihm um körperliche Arbeit, körperliche Bewegung im Freien im Dienst der Abhärtung, der Gesunderhaltung. Salzmann war der erste, der Turnen in der Schule, Schwimmen, Schlittenfahren und Schlittschuhlaufen pries. Sein Schüler Guts Muths hat aus dem Geiste der Anstalt Schnepfenthal das erste sportpädagogische Lehrbuch geschrieben. Und in diesem System der körperlichen Abhärtung und Ertüchtigung spielte eben auch die Gartenarbeit eine wichtige Rolle.[28]

Gartenarbeit als gesunde Bewegung in freier Luft war auch das Anliegen von Daniel Gottlieb Moritz Schreber, dem Begründer der Schrebergarten-Bewegung. Schreber war von Hause aus Arzt, Orthopäde: er hat zahlreiche Bücher über Gymnastik, körperliche Ertüchtigung insbesondere bei Kindern und Jugendlichen geschrieben; er gründete einen Turnverein, baute eine Turnhalle[29] – und in diesem Zusammenhang entwickelte er die Idee des Schrebergartens als einer gesunden Feierabendbeschäftigung für Stadtmenschen.

Damit ist das dritte pädagogische Motiv angesprochen: Garten als Ort körperlicher Bewegung. Salzmann und Schreber dachten vor allem an die Gartenarbeit selbst. Diese möchte ich in ihrem Wert für Kinder nicht zu hoch veranschlagen: was sie im Garten tun, ist meistens vom Kräfteaufwand her nicht der Rede wert, und mit der Ausdauer ist es auch nicht weit her. Die Gartenarbeit wird also mehr den Erwachsenen überlassen bleiben, für die Kinder ist die Bewegung im Garten wichtig. Für die ganz Kleinen braucht er eine Sandkiste und ein Planschbecken, für die etwas Größeren Kletterbäume oder wenigstens Spielgeräte wie Schaukeln und Rutschen.

Der wichtigste Platz, um sich im Garten zu bewegen, ist der Rasen. Ein Rasen, der nicht betreten werden darf, ist eigentlich keiner. Auf dem Rasen können die Kinder herumlaufen, vor allem auch barfuß laufen, Ball- und Laufspiele machen, wenn – ja, wenn der Platz reicht. Die durch den Grundstückspreis so stark reduzierte Gartenfläche moderner Familienwohnungen geht vor allem zu Lasten des Bewegungsraumes.

Und das ist schlimm für Kinder: denn Spiel im Freien – das kann heute fast nur noch Spiel in umgehegten, geschützten Gärten sein. Die Straße kommt als Spielort wegen der Gefährdungen durch den Straßenverkehr kaum mehr in Frage, die freie Natur (Wald, Wasser, Wiese) ist meist nur in den Ferien oder auf dem sonntäglichen

Familienausflug erreichbar. So bleibt also nur der Spiel-Garten: als Hausgarten oder öffentlicher Spielplatz.

In der Pädagogik wird diese Frage neuerdings unter dem Stichwort »Ökologie des Spiels«[30, 31] erörtert. Jedes Spielen ist auf einen Spiel-Raum angewiesen, der manche Spiele begünstigt und andere nicht zuläßt. Gerd Schäfer schildert die Möglichkeit, einen kindergeeigneten (öffentlichen) Spielgarten anzulegen. Erst einmal wird das Gelände modelliert. »Es entstehen Flächen, Mulden, Aussichtspunkte, Winkel, Bahnen«. Dann werden verschiedene Materialien aufgetragen. »Die Erde, in der etwas wächst; der Sand als Freispielfläche, Polster oder Gestaltungsbereich, Felsformationen..., Wasserflächen oder Schlammareale; Baumstämme als Wege oder Brücken«. Schließlich kommen die Pflanzen: »Bäume zum Klettern oder Ernten, Büsche fürs Verstecken oder Abenteuer, freie Wiesenflächen für Gruppenspiele..., oder auch nur einen Flecken hoher Gräser zum Reinlegen».[32]

Schäfer weist auch darauf hin, daß das Interesse von Kindern, im Garten etwas zu »machen«, mit anderen Interessen in Widerstreit geraten kann. Er berichtet von einem Spielplatz, auf dem ein kleines Feuchtbiotop angelegt worden war – gut gemeint, aber ohne die Kinder zu berücksichtigen: denn diese verwandelten es durch intensive Wasserspiele in einen Sumpf und ruinierten es.

Im ökologischen Spielgarten auf dem Heuchelhof gab es ein ähnliches Problem: darf man auf einem Naturgrundstück Feuer anzünden, im Namen des heiligen Naturschutzes? Unter Naturschutz-Gesichtspunkten ist Feuer natürlich nicht erwünscht, aber Kinder wollen sich in der freien Natur bewegend auch etwas tun: der Umgang mit Wasser und mit Feuer gehört eben zu den Ur-Erfahrungen der Menschheit und sollte auch modernen Stadtkindern zugänglich sein. Das Interesse der Kinder, sich frei zu bewegen, kann also leicht mit anderen Interessen bei der Anlage eines Gartens in Widerspruch geraten: darum wird der Streit zwischen Kindern und Erwachsenen, vor allem Hausmeistern und Parkwächtern, wo und was gespielt werden darf, letztlich nicht zu schlichten sein.

4. Der Seelen-Garten

Vielleicht die höchste Bedeutung hat der Garten unter den großen Pädagogen für Friedrich Fröbel, den Gründer des Kindergartens, gehabt.

Wie mag er dazu gekommen sein, seiner Anstalt für kleine Kinder ausgerechnet den Namen »Kindergarten« zu geben? Seinen Ursprung hat das Garten-Motiv, wie fast alles Wesentliche in Fröbels Pädagogik, in der Liebesbegegnung mit Caroline von Holzhausen, der Mutter seiner ersten Schüler. Zum ersten Geburtstag von Carolines Tochter – die Schwangerschaft der Freundin hatte ihn zuvor in eine tiefe Krise gestürzt – überrascht er sie mit einem symbolischen Geschenk:

»Grünende, blühende und duftende Stubengewächse bildeten auf großen Tischen in dem Eckraum eines Zimmers... einen Garten, in dessen Mitte ein freier, grüner Raum und in demselben ein rundlich erhabenes Beet, in welchem eine vielknospige Lilie stand. Dabei lag eine mit guter Erde gefüllte Wanne umgestürzt und eine Gießkanne in der Lage des Besprengens, Begießens. Ein Sonnenstrahl fiel aus einem Gewölk auf die Lilie vom Himmel herab, und in diesem Gewölk traten gleichsam durch die Brechung des Sonnenlichtes die Worte Gottes Garten hervor«.[33]

Fröbels eigentliches Motiv für die Beschäftigung mit Gärten liegt in der seelisch-symbolischen, der sozusagen »esoterischen« Sphäre. Noch in der späten Rückschau drückte dieses Geburtstags-Arrangement für ihn die »höchste Idee« und die »reinsten Gedanken vom Familienleben« aus; der Garten hat eine symbolische Bedeutung bekommen.

Dieses frühe Privat-Motiv stellte gewiß einen Vorläufer der späteren Kindergarten-Idee dar.[34] Im Aufruf zur Gründung eines deutschen Kindergartens von 1840 heißt es ganz ähnlich: »Wie in einem Garten unter Gottes Schutz und unter der Sorgfalt erfahrener einsichtiger Gärtner im Einklange mit der Natur die Gewächse gepflegt werden, so sollen hier die edelsten Gewächse, Menschen, Kinder als Keime und Glieder der Menschheit in Übereinstimmung mit sich, mit Gott und Natur erzogen... werden«. Die Erzieherausbildung hat das Ziel, »für die erste Pflege und Erziehung der Kindheit gleichsam Gärtnerinnen und Gärtner zu bilden«.[35]

Doch auch abgesehen vom Kindergarten – die Hausgärten waren für Fröbel ein wichtiges Stück kindlichen Lebens. In den »Mutter- und Koseliedern« gibt es zwei Bildtafeln, die Gartenmotive in den Mittelpunkt stellen: »Das Gartenthor« (Abb. 1) und vor allem »Der kleine Gärtner« (Abb. 2). Sehen wir uns die beiden Tafeln und die Verschen dazu an:

»Das Gartenthor.
Was soll das sein? –
Ein Thor in den Garten.
Worinne die Gärtner
Die Blümelein warten,
Von mancherlei Arten:
Die duft'gen und zarten.
Oft sanfte behaarten,
In Knöspchen verwahrten,
Auch paarweis gepaarten,
Gleich Schäfchen geschaarten.
Das Thor muß wohl verschlossen sein,
Daß nichts mir stört die Blümchen fein«.[36]

Abb. 1 Das Gartentor, aus Friedrich Fröbels »Mutter- und Koseliedern«

Der kleine Gärtner.

„Willst Du des Kindes Sinn für Lebenspfleg' entfalten,
So mache, daß es mög' für Lebenspflege walten;
Willst Du Dein Kind für innre Lebenspfleg' bereiten,
Verschaff ihm, wo Du kannst, der Lebenspflege Freuden."

Komm, wir wollen in den Garten,
All' die Pflänzchen dort zu warten:
Wollen sie gar schön begießen,
Das die Knöspchen sich erschließen.
Die Knöspchen sich entfalten nun;
Sie grüßen Dich mit süßem Duft,
Womit sie durchwürzen die ganze Luft.
Belohnend ist es, wohlzuthun!

43

Abb. 2 Der kleine Gärtner, aus Friedrich Fröbels »Mutter- und Koseliedern«

»Der kleine Gärtner.
Komm, wir wollen in den Garten,
All' die Pflänzchen dort zu warten:
Wollen sie gar schön begießen,
Das die Knöspchen sich erschließen.
Die Knöspchen sich entfalten nun;
Sie grüßen Dich mit süßem Duft,
Womit sie durchwürzen die ganze Luft.
Belohnend ist es, wohlzutun!«.[37]

Manches an diesen Versen wird uns heute sentimental vorkommen und nicht mehr ansprechen. Doch der Grundgedanke, daß in den Kindern die Freude an der Pflege der mannigfaltigen Blumen geweckt werden soll – dieser Grundgedanke ist sicher unverändert aktuell.

Gartenerziehung soll die Kinder nach Fröbels Intention erfahren lassen, wie Lebendiges zu pflegen ist. So müssen z.B. Zeit und Ort beachtet werden. Nicht alle Pflanzen vertragen es, unmittelbar auf die Wurzeln begossen zu werden, sagt er, »am wenigsten die Lilien, die faulen dann leicht«.[38] Gartenpflege, Lebenspflege, Menschenpflege gehören für Fröbel zusammen. Der Garten vermittelt eine Erfahrung des Lebensganzen, der tiefen Gesetze des Lebens.

Beim Betrachten der beiden Bildtafeln fällt noch die zentrierte Rundform auf: das eine Mal zentriert um den Brunnen, das andere Mal um das Rondell im Hintergrund. Die Gärten, in die Fröbel uns hier schauen läßt, sind symbolträchtig, ähnlich wie der alchemistische »Rosengarten der Philosophen« oder die mittelalterlichen Klostergärten im Kreuzgang mit dem Brunnen. Der Garten mit dem Springbrunnen in der Mitte ist nach C.G. Jung ein symbolisches Abbild des Selbst, des tiefsten Seelengrundes. Und mir scheint, daß es Fröbel neben aller pädagogisch-vordergründigen Kinderbeschäftigung wie pflanzen, säen und begießen, welke Blätter sammeln[39] vor allem um dieses esoterische, ahnende Erfassen des Lebensganzen im symbolischen Spiegel von Garten- und Pflanzenleben ging.

Der Garten ist bei Fröbel der Ort bedeutungsvoller Erlebnisse, in der Pflege der Blumen bekommt das Kind eine tiefe Ahnung vom Lebensganzen. Selbst wenn uns Fröbels spezielle Garten- und Blumensymbolik heute nichts mehr sagen mag, bleibt doch grundsätzlich gültig, daß der Garten – schon für das Kind – zum Ort tiefer, symbolischer Eindrücke werden kann. So erzählt Fröbel aus seiner Jugend, wie er als »Knabe mit erwachendem Natursinn« unter der Hecke weißer Rosen in seines Vaters Garten »ein kleines fast unscheinbares fünfblätteriges röthliches Blümchen, mit fünf goldenen Punkten in seiner Mitte« entdeckte. »Wenn ich in das Krönchen desselben hinein und zwischen die goldnen Sternchen hindurch schaute, glaubte ich in eine endlose Tiefe zu blicken. ... es schien mir immer etwas sagen zu wollen, und doch konnte ich nichts verstehen«.[40]

Doch dann fährt Fröbel fort: »Als Mann ... begegnet mir das Blümchen wieder ... ein Sinnbild zur Erkenntniß des Guten und Bösen, des Rechten und Schlechten, des Seins und Scheins. Nun nach funfzig Jahren ist mir klar, ... daß mir der Genius des Lebens darin des Lebens Tiefe, des Lebens Gesetz und Bedeutung ahnend erblicken ließ«.[41]

Viele bedeutende Menschen haben in ihren Lebenserinnungen den Garten ihrer Jugend ähnlich geschildert, so z.B. der romantische Maler Ludwig Richter:

»Es stand am Ende des Gartens ein uralter Birnbaum, zwischen dessen mächtigen Ästen ich mir einen Sitz zurecht gemacht hatte. Manche Stunde verbrachte ich träumerisch in dem grünen Gezweig, um mich die zwitschernden Finken und Spatzen, mit welch letzteren ich zur Zeit der Reife die Birnen teilte, die der alte Baum in Unzahl trug. Von diesem verborgenen Aufenthalt überblickte man den ganzen Garten mit seinen Johannis- und Stachelbeersträuchern, den Reihen wild durcheinander wachsender Rosen, Feuerlilien, brennender Liebe, Lack und Levkojen, Hortensien und Eisenhut, Nelken und Fuchsschwanz – wer nennt alle ihre Namen! Dann zur Zeit die Gemüsebeete, und über die Gartenmauer hinüber die gelben Kornfelder und die fernen Höhen von Roßtal und Plauen! Das war nun mein Bereich, wo ich mich einsam oder in Gesellschaft von Spielgenossen oder tätig beim Begießen der Gurken, des Kopfsalates, der Zwiebeln und Bohnen beschäftigte«.[42]

Goethe berichtet über eine Garten-Erinnerung aus seinem Elternhaus, eine äußerlich etwas magere, aber seelisch hochbedeutsame: »Im zweiten Stock befand sich ein Zimmer, welches man das Gartenzimmer nannte, weil man daselbst durch wenige Gewächse vor dem Fenster den Mangel eines Gartens zu ersetzen gesucht hatte. Dort war, wie ich heranwuchs, mein liebster, zwar nicht trauriger, aber doch sehnsüchtiger Aufenthalt. Dort lernte ich zur Sommerzeit gewöhnlich meine Lektionen, wartete die Gewitter ab und konnte mich an der untergehenden Sonne... nicht satt genug sehen. Da ich aber zur gleichen Zeit die Nachbarn in ihren Gärten wandeln und ihre Bäume besorgen, die Kinder spielen, die Gesellschaften sich ergehen sah... so erregte dies frühzeitig in mir ein Gefühl der Einsamkeit und einer daraus entsprungenen Sehnsucht ...«.[43]

Bei beiden, Richter und Goethe, ist der Garten ein besonderer Ort, wo Seelisches erwacht: als Einsamkeit, als Sehnsucht, als Zug ins Weite.

Näher an der Gegenwart, wenn auch immer noch 100 Jahre zurückliegend, eine Kindheitserinnerung von C.G. Jung:

»In unserem Garten stand eine alte Mauer aus großen Steinblöcken, deren Zwischenräume interessante Höhlen bildeten. In diesem pflegte ich ein kleines Feuer zu unterhalten, wobei mir andere Kinder halfen – ein Feuer, das ‚immer' brennen und darum stets unterhalten werden mußte. Dazu bedurfte es unserer vereinten Anstrengungen, die im Sammeln des nötigen Holzes bestanden. Niemand anderer durfte dieses Feuer besorgen als ich. Die anderen konnten in anderen Höhlen andere Feuer anzünden, aber diese Feuer waren profan und gingen mich nichts an. Mein Feuer allein war lebendig und hatte einen unverkennbaren Beigeschmack von Heiligkeit. Das war damals für lange Zeit mein beliebtestes Spiel«.[44]

Gibt es solche Garten-Erfahrungen bei Kindern noch heute? Je kleiner die Gärten werden, desto weniger Geheimnisvolles haben sie – doch kann, wie das Beispiel Goethes zeigt, auch der kleinste, eigentlich gar nicht vorhandene Garten zum »auratischen Ort« werden, wie das neuerdings genannt wurde: zum Ort mit einer Aura, zum herausgehobenen Ort, wo sich seelisch Bedeutsames ereignet.

Als wir in unser eigenes Haus mit Garten zogen, habe ich für beide Kinder, damals drei und fünf Jahre alt, einen Baum gepflanzt: Thomas wollte einen Pfirsichbaum, Ulrike einen Birnbaum. Die ganze Kindheit über blieben das ihre Bäume, und es herrschte rege Konkurrenz, welcher Baum der bessere sei. Es ist gut, wenn Kinder einen Baum und vielleicht ein Tier haben, mit dem sie sich identifizieren können, dann haben sie gewissermaßen drei Seelen: eine Menschen-, eine Tier- und eine Baumseele.

Der Garten ist ein »auratischer«, ein herausgehobener Ort, offen für mancherlei symbolische Sinngebungen. Fröbel hat das als erster Pädagoge so empfunden: wir haben allen Grund, seine intuitive Erkenntnis weiter zu beherzigen.

Anmerkungen

1 Rousseau, Die Bekenntnisse, S. 514
2 Rousseau, Emil oder Über die Erziehung, S. 839f.
3 ebd., S. 840
4 Rousseau, Julie oder Die neue Héloise, S. 491f.
5 Rousseau, Emil oder Über die Erziehung, S. 222f.
6 Rousseau, Julie oder die Neue Héloise, S. 500
7 ebd., S. 500
8 Fauser, Fintelmann, Flitner, Lernen mit Kopf und Hand
9 Hahn, Gärten für die Jugend, S. 116-123
10 Brockhaus, Enzyklopädie, Bd. 3, S. 154
11 Salzmanns Ameisenbüchlein oder Anweisung zu einer vernünftigen Erziehung der Erzieher, S. 49ff.
12 nach Steinecke, Der Schulgarten, S. 7
13 ebd.
14 Hahn, Gärten für die Jugend
15 Böhm, Wörterbuch der Pädagogik, S. 524
16 BLLV Pressedienst 1989
17 Hentig, v., »Humanisierung« – eine verschämte Rückkehr zur Pädagogik? S. 60
18 ebd., S. 61 zu den Umwelt-Aktivitäten des Bielefelder Schulprojekts vgl. Isensee/Strobl, Studiengang Ökowissenschaften, S. 19ff. und Drexler, Bärlauch essen ... S. 24ff.
19 Liedtke, Umwelterziehung
20 ebd., S. 219
21 ebd., S. 117 f.
22 ebd., S. 110
23 ebd., S. 118
24 Reble, Geschichte der Pädagogik, S. 157
25 Ausfeld, Erinnerungen aus dem Leben Christian Gotthilf Salzmanns ..., S. 71
26 ebd., S. 63
27 Salzmann, Noch etwas über die Erziehung, S. 93f.
28 GutsMuths, Gymnastik für die Jugend, S. 397f.
29 Schatzman, Die Angst vor dem Vater – eine Analyse am Fall Schreber, S. 31
30 Zacharias, Zur Ökologie des Spiels – Spielen kann man überall?!
31 Schäfer, Spielphantasie und Spielumwelt.
32 ebd., S. 123
33 Brief an die Frauen in Keilhau, S. 52
34 Bollnow, Die Pädagogik der deutschen Romantik
35 Fröbel, Ausgewählte Schriften, Bd. 1, S. 118
36 Fröbel, Mutter- und Koselieder, S. 66
37 ebd., S. 67
38 ebd., S. 114
39 vgl. ebd., S. 171
40 ebd., S. 92
41 ebd., S. 93
42 Hahn, Gärten für die Jugend, S. 62
43 Goethe, Dichtung und Wahrheit, S. 14
44 Jung, Erinnerungen, Träume, Gedanken..., S. 26

Literatur

Ausfeld, Joh. W.: Erinnerungen aus dem Leben Chr. G. Salzmanns, Leipzig 1884

BLLV-Pressedienst Nr. 15 vom 24.4.1989

Böhm, W.; Wörterbuch der Pädagogik, Stuttgart 1988[13]

Bollnow, O.F.: Die Pädagogik der deutschen Romantik, Stuttgart 1977[17]

Brockhaus, F.A.: Enzyklopädie in 20 Bänden, Bd. 3, Wiesbaden 1967[17]

Drexler, W.: Bärlauch essen ... Studiengang ökowissenschaften: Wie zum beispiel projekt-teilnehmerinnen ein differenziertes naturverständnis entwickelten, in: päd. extra & demokratische Erziehung, Heft 1/2 1990

Fauser, P., Fintelmann, K.J., Flitner, A.: Lernen mit Kopf und Hand, Weinheim und Basel 1983

Fröbel, F.: Brief an die Frauen in Keilhau, hrsg. von Bruno Grumlich, Weimar 1935

ders.: Ausgewählte Schriften, hrsg. von Erika Hoffmann, Bd. 1: Kleine Schriften und Briefe von 1809-1851, Godesberg 1951

ders.: Mutter- und Koselieder, hrsg. von Hermann Fröbel und Dietrich Pfaehler, Bad Neustadt a.d. Saale 1982

Goethe, J.W.v.: Dichtung und Wahrheit, Werke, Kommentare und Register, Hamburger Ausgabe in 14 Bänden, Bd. 9, Hamburg 1982[10]

GutsMuths, Joh.Chr.Fr.: (1793) Gymnastik für die Jugend, Berlin 1957

Hahn, B.: Gärten für die Jugend, Zürich, Stuttgart 1960

Hentig, H.v.: »Humanisierung« – eine verschämte Rückkehr zur Pädagogik? Andere Wege zur Veränderung der Schule, Stuttgart 1987

Isensee, W./Strobl, G.: Studiengang ökowissenschaften. Beschreibung eines fächerübergreifenden ausbildungskonzepts in ökologie am oberstufenkolleg in Bielefeld, in: päd. extra & demokratische erziehung, Heft 1/2, 1990

Jung, C.G.: Erinnerungen, Träume, Gedanken von C.G. Jung, aufgezeichnet und herausgegeben von Aniela Jaffé, Olten und Freiburg 1984[2]

Liedtke, M.: Umwelterziehung - kognitive und emotionale Voraussetzungen. In: Ökologie und Schule, Lehren und Lernen unter den Bedingungen einer hochtechnisierten Gesellschaft, Hrsg. Erziehungswissenschaftliche Fakultät der Universität Erlangen-Nürnberg und Stadt Nürnberg, Nürnberg 1990

Reble, A.: Geschichte der Pädagogik, Stuttgart 1975[12]

Rousseau, J.J.: (1762) Emil oder Über die Erziehung, Stuttgart 1963

ders.: (1761) Julie oder Die neue Héloise, München 1978

ders.: (1782) Die Bekenntnisse, München 1984[2]

Salzmann, Chr. Gotth.: Salzmanns Ameisenbüchlein oder Anweisung zu einer vernünftigen Erziehung der Erzieher (bearbeitet von Dr. Wimmers), Paderborn 1920[11]

ders.: Noch etwas über die Erziehung, (hrsg. v. K. Richter) Leipzig o.J.

Schäfer, G.E.: Spielphantasie und Spielumwelt. Spielen, Bilden und Gestalten als Prozesse zwischen Innen und Außen, München 1989

Schatzman, M.: Die Angst vor dem Vater – eine Analyse am Fall Schreber, Reinbek 1974

Steinecke, F.: Der Schulgarten, Heidelberg 1951

Zacharias, W. (Hrsg.): Zur Ökologie des Spiels – Spielen kann man überall?!, München 1985

Abbildungen

III. Anthropologie des Gartens

Garten als Symbol

Günther Bittner

1. Drei mal drei Bilder vom Garten...

1.1.1. Als Gott den Adam geschaffen hatte, machte er als nächstes einen Garten: er ließ »aus der Erde aufwachsen allerlei Bäume, lustig anzusehen und gut zu essen, und den Baum des Lebens mitten im Garten und den Baum der Erkenntnis...«.[1] Mit vier Strömen war für Bewässerung gesorgt; und als der Garten einmal da war, durfte auch die Frau nicht fehlen. Sie waren beide nackt in ihrem Garten, der Mensch und sein Weib, und schämten sich nicht.

Wo die Frau ist, da ist die Schlange nicht weit. Die Schlange flüsterte der Frau etwas ein, und sie aßen die Frucht von dem lustigen Baum, der klug macht. Sie hörten die Stimme Gottes, der im Garten ging, und versteckten sich, weil sie nackt waren. Und dann wies sie Gott aus dem Garten Eden, damit sie das Feld bauten, von dem sie genommen waren.[2]

1.1.2. Ein zweites biblisches Bild: Im Hohen Lied wird von der Geliebten als von einem »verschlossenen Garten« gesprochen:

> »Deine Gruben sind ein Park von Granatbäumen mit
> köstlichen Früchten,
> von Hennasträuchern und Nardenkräutern ...
> eine Quelle der Gärten bist du ...
> Ich komme in meinen Garten, meine Schwester, Braut,
> ich pflücke meine Myrrhe samt meinem Balsam.
> Ich esse meine Wabe samt meinem Honig.
> Ich trinke meinen Wein samt meiner Milch«[3]

1.1.3. Bei der dritten biblischen Gartengeschichte weiß ich nicht, ob sie ganz richtig am Platze ist: vor dem Leiden kommt Jesus nach Gethsemane, wo er die Stunde seiner Todesangst durchlebt. Ist dort ein Garten? Chorion bzw. praedium steht bei den Synoptikern, nur bei Johannes ist es ein Garten.

1.2.1. Genug zunächst von der Bibel, aber noch nicht genug von Geschichten. »Es war einmal ein Mann und eine Frau«, so beginnt das Märchen von »Rapunzel«, die

»hatten in ihrem Hinterhaus ein kleines Fenster, daraus konnte man in einen prächtigen Garten sehen«.[4] Dieser liegt hinter einer hohen Mauer und gehört einer Zauberin, die schönsten Rapunzeln wachsen dort. Die Frau ist schwanger, sie hat ein Gelüst nach den Rapunzeln, also steigt der Mann in den fremden Garten – einmal, dann noch ein zweites Mal, und plötzlich steht die Zauberin vor ihm. Und so weiter, die Geschichte ist bekannt.

1.2.2. Das Märchen »Der goldene Vogel«, auch in der Sammlung der Brüder Grimm, beginnt so: »Es war vor Zeiten ein König, der hatte einen schönen Lustgarten hinter seinem Schloß, darin stand ein Baum, der goldene Äpfel trug. Als die Äpfel reiften, wurden sie gezählt, aber gleich den nächsten Morgen fehlte einer.[5] Nun müssen die drei Söhne des Königs jede Nacht im Garten Wache halten. Die ältesten Brüder werden vom Schlaf übermannt, der jüngste bleibt wach. Um Mitternacht kommt der goldene Vogel, pickt einen Apfel ab, der Junge schießt einen Pfeil, eine goldene Feder vom Gefieder des Vogels bleibt zurück. Dies ist der Anfang einer recht langen und bilderreichen Geschichte.

1.2.3. Und noch ein Märchen, von einem Garten anderer, recht seltsamer Art: Die schöne Wassilissa soll Feuer von der Baba Jaga holen, die tief im finstern Wald wohnt: »Der Weg war lang wie der Tag, und als der Abend kam, stand Wassilissa vor Baba Jagas Haus. Der Zaun war aus Menschenknochen gemacht, und auf den Pfählen steckten Schädel von Menschen. Die Angeln des Tores waren Menschenfüße, der Riegel war eine Menschenhand und das Schloß ein Menschenmund mit scharfen Zähnen ... Da war es Nacht ... schon begannen die Augen der Schädel zu leuchten, daß es hell wurde ringsum«.[6] Eine aparte Idee zur Garten-Illumination, vielleicht vorzumerken fürs Mozart-Fest?

1.3.1. Und immer noch nicht genug der Geschichten. Menschen träumen von Gärten, so z.B. eine Patientin Freuds:

»Sie steigt von hoch herab über eigentümliche Geländer oder Zäune, die zu großen Carreaus vereinigt sind und aus Flechtwerk von kleinen Quadraten bestehen. ... Dabei trägt sie eine großen Ast in der Hand, eigentlich wie einen Baum, der dick mit roten Blüten besetzt ist, verzweigt und ausgebreitet. Dabei ist die Idee Kirschblüten, sie sehen aber auch aus wie gefüllte Kamelien, die freilich nicht auf Bäumen wachsen. ... Im Garten steht ein junger Mann (von ihr bekannter Persönlichkeit, ein Fremder), auf den sie zugeht, um ihn zu fragen, wie man solche Äste in ihren eigenen Garten umsetzen könne. Er umfängt sie, worauf sie sich sträubt und ihn fragt, was ihm einfällt, ob man sie denn so umfangen darf. Er sagt, das ist kein Unrecht, das ist erlaubt. Er erklärt sich dann bereit, mit ihr in den anderen Garten zu gehen, um ihr das Einsetzen zu zeigen, und sagt ihr etwas, was sie nicht recht versteht: Es fehlen mir ohnedies drei Meter – (später sagt sie: Quadratmeter) oder drei Klafter Grund. Es ist, als ob er die Absicht hätte, sich in ihrem Garten zu entschädigen, oder als wollte er irgendein Gesetz betrügen, einen Vorteil davon haben, ohne daß sie einen Schaden hat. Ob er ihr dann wirklich etwas zeigt, weiß sie nicht«.[7]

1.3.2. Ein anderer Traum, von einem Patienten C.G. Jungs:

»Im Meere liegt ein Schatz. Man muß durch eine enge Öffnung tauchen. Es ist gefährlich, aber man wird unten einen Gefährten finden. Der Träumer wagt den Sprung ins Dunkle und entdeckt dort unten einen schönen, regelmäßig angelegten Garten mit einem Springbrunnen in der Mitte«.[8]

1.3.3. Schließlich noch ein ganz kurzer Traum aus eigener Beobachtung. Ein Patient um die 40 erzählt mir einen Traum, den seine Freundin von ihm träumte: er habe keinen »Garten im Herzen«, er lebe nur von der Schönheit des Augenblicks.

Drei biblische Geschichten, drei Märchen, drei Träume – so viel als Ausgangsmaterial.

... und Deutungen dazu:

Die Psychoanalyse deutet bekanntlich die Träume, sie fragt – unter anderem – nach deren symbolischem Sinn.

Freud will mit dem Garten-Traum seiner Patientin zeigen, daß der Garten ebenso wie das Haus oder die Küche geeignet ist, leibliche, speziell sexuelle Vorgänge bildlich darzustellen. Im vorliegenden Traum sind nach seiner Meinung der Garten, der große Ast, die Blüten und noch manches andere sexuell zu deuten. Er meint, daß der Sprachgebrauch hier seit den ältesten Zeiten schon reichlich vorgearbeitet habe, und verweist auf die erotischen und sexuellen Bezüge des Gartens im »Hohen Lied«. Daß die Garten-Metaphorik dort sexuell zu verstehen sei, wird auch von den theologischen Exegeten übereinstimmend angenommen. So ist z.B. nach dem Hohelied-Kommentar die Grube assoziiert mit der Vagina, das Essen der Frucht ist eine Metapher für den Beischlaf.[9]

Für Jung ist der Garten vor allem der Temenos, der abgegrenzte, heilige Bezirk. Er verweist auf den umzäunten Viereckgarten als Symbol der Jungfrau Maria und auf die Bedeutung des Gartens in den Schriften der Alchemisten, z.B. auf das Symbol des philosophischen Rosengartens. Das Motiv des Brunnens in einem ummauerten Garten, wie es Jungs Patient träumt, ist bereits in den Schriften der Alchemisten zu finden.[10]

Die tiefenpsychologische Symbolinterpretation, ursprünglich zur Deutung der Träume entwickelt, ist alsbald auch zur Entschlüsselung literarischer Texte verwendet worden; vor allem die Märchen galten Freud als die »Säkularträume der jungen Menschheit«.[11] Bruno Bettelheim hat in seinem bekannten und vielgelesenen Buch »Kinder brauchen Märchen« das Rapunzel-Märchen tiefenpsychologisch gedeutet; über den verbotenen Garten der Zauberin weiß er allerdings nur zu sagen, es habe sich um einen »verbotenen Bereich« gehandelt, in den die Eltern im Zusammenhang mit ihrem Kinderwunsch eingedrungen seien.[12]

Zum »goldenen Vogel« kenne ich zwei Deutungen, eine ältere von Laiblin und eine neuere von Drewermann. Laiblin betrachtet den Lebensbaum im Garten des Königs, der langsam aber sicher seiner goldenen Früchte beraubt wird, als ein Symbol des Selbst im Sinne von C.G. Jung und das Abhandenkommen der Früchte als das Bild einer gefahrdrohenden, schicksalhaften Lebensminderung.[13]

Drewermann gibt eine Deutung auf der Objektstufe und eine auf der Subjektstufe gewissermaßen zur Auswahl; im ersteren Fall wäre der Garten das Weibliche mit den Symbolen von Apfel und Baum; im letzteren würde er das Unbekannte, die andere Seite des Königs selbst, sein Selbst, seinen Seelengrund bedeuten.[14]

Der Gartenzaun der Baba Jaga schließlich mit seinen illuminierten Totenschädeln soll auf den negativen, todbringenden Mutteraspekt hinweisen, wie er mythologisch z.B. in der indischen Muttergöttin Kali verkörpert ist.[15]

So viel zu den Märchen. Eine besondere Problematik enthält die heute verbreitete Art, biblische Geschichten symbolisch zu deuten. Der Theologe und Psychoanalytiker Drewermann hat in seinem Werk »Strukturen des Bösen«, einer theologischen Habilitationsschrift übrigens, eine weit ausholende tiefenpsychologische Deutung der Paradiesgeschichte vorgelegt. Doch ist er dort mit dem Gartenthema in wenigen Sätzen fertig geworden: Die beiden biblischen Quellentexte, der jahwistische und der elohistische, reden unterschiedlich von diesem Garten. Beim Jahwisten sei es ein »Garten in Eden«. Dies drücke die Vorstellung aus von einer »Erschaffung des Menschen aus dem Staub der Erde und eines Gartens, in dem er leben darf«. Anders die Vorstellung des Elohisten vom »Garten Eden« als dem Gottesacker, in dem der Mensch mit Gott leben darf.[16]

Aus der ersteren Vorstellung vom Garten in Eden entwickelt Drewermann eine Deutung, die sich an Freud, aus der letzteren eine, die sich an Jung anlehnt. Wenn Gott den Menschen erst aus dem mütterlichen Stoff der Erde erschafft und ihn dann in einen Garten versetzt, lasse auch das Gartenmotiv an ein Weiblich-Mütterliches denken: »Der Garten ist ein traumsymbolisch beliebtes Bild der Frau und des weiblichen Organismus«. Die Geschichte wäre dann eine Zeugungsgeschichte: »Aus dem weiblichen Material formt der Vater das Menschenkind und überläßt es dem behütenden Organismus der Frau, in dessen Schutz und Umgebung es heranwächst«.[17] »Der Garten, von dem hier die Rede ist, ist allein der Garten des Menschenkindes, nicht auch Gottes«. Er ist »Schutz- und Nahrungsraum«.[18]

Diese Interpretation des Gartens als Mutterschoß sei rückwärts gewandt, meint Drewermann, sie bedürfe der Ergänzung: nach Jung verstanden, »drückt das Paradiessymbol nicht nur das Verlangen nach Einheit mit der Mutter, sondern vor allem nach Einheit mit dem Archetypus der Mutter und darin mit sich selbst aus«. In diesem Sinne wäre der Garten Eden als ein Mandala, als ein Symbol der Individuation zu verstehen. »Das Paradies erscheint in dieser Lesart als ein Symbol des ganzen mit sich vereinigten Menschen ...«.[19]

Indem ich die vorgefundenen Deutungen aus der Literatur kunterbunt aneinanderreihte, wollte ich auf das Dilemma tiefenpsychologischer Traum- und Märchendeutung aufmerksam machen: da erscheint der Garten das eine Mal als ein Stück weiblicher Sexual-Topographie, das andere Mal als positiver oder negativer Mutter-Raum, für Interpreten aus der Jung-Schule ist er ein Symbol des Selbst. Quot capita, tot sensus – könnte einer denken.

Doch wer so denkt, verkennt die eigentümliche Logik des Symbolischen, das nie denselben Grad von Eindeutigkeit erreichen wird wie das naturwissenschaftlich-technische Denken und das dennoch weit entfernt ist von Beliebigkeit und Willkür. So ist es notwendig, zunächst einen Blick auf die generelle Logik des Symbolischen zu werfen, um von dort wieder zurückzukommen auf die spezielle Frage nach der Symbolik des Gartens.

2. Ontologisches, psychologisches und korrelatives Symboldeuten

Wer Symbolisches zu deuten unternimmt, kann dies unter dreierlei Voraussetzungen tun:

– einer ontologischen, die darauf baut, daß sich im Symbol ein Stück Sein erschließt;

– einer psychologischen, die in der symbolischen Verschlüsselung unbewußt Seelisches ausgedrückt findet;

– endlich einer korrelativen, die einen genetisch-historischen Zusammenhang von Symbol und Symbolisiertem, von Imaginiertem und realer Welt annimmt, freilich ohne diesen zu »ontologisieren«.

2.1. Zum traditionellen philosophischen und theologischen Symbolverständis mag erinnert werden an Platos Hinweise, daß das Symbol ein aus zweien Zusammengesetztes ist, daß es aus der Ideenwelt und der Sinnenwelt stammt. Im Symbol wird die einzelne Erscheinung zum Repräsentanten einer allgemeinen Idee. Nicht unbedingt die platonische Idee, aber ein Objektives, Subjekttranszendentes fand die traditionelle Philosophie und Theologie stets im Symbol gestaltet – vom Altertum bis noch weit in die Neuzeit hinein. »Alles Dichten ist ein ewiges Symbolisieren«, heißt es bei A.W. Schlegel. Jedes Ding ist »zuvörderst, indem es sein eigenes Wesen durch die Erscheinung offenbart, Symbol für sich selbst, weiterhin für all das, womit es in näheren Verhältnissen steht, endlich ein Spiegel des Universums«.[20] Mikrokosmos und Makrokosmos spiegeln einander, wobei allerdings eine unüberbrückbare Inkongruenz bestehen bleibt. Das »einfache Licht der Idee«, schreibt Creuzer, wird im Symbol in »einen farbigen Strahl von Bedeutsamkeit« zerlegt, die Evidenz des Symbols »beruht auf einer Art prästabilierter Harmonie, auf einer uranfänglichen Verbindung und Übereinstimmung zwischen Zeichen und Bezeichnetem, die die Götter hergestellt haben«.[21]

Fröbel erinnert sich in seinen »Mutter- und Koseliedern«, wie er als »Knabe mit erwachendem Natursinn« unter der Hecke weißer Rosen in seines Vaters Garten »ein kleines fast unscheinbares fünfblätteriges röthliches Blümchen, mit fünf goldenen Punkten in seiner Mitte« entdeckte. »Wenn ich in das Krönchen desselben hinein und zwischen die goldnen Sternchen hindurch schaute, glaubte ich in eine endlose Tiefe zu blicken. ... es schien mir immer etwas sagen zu wollen, und doch konnte ich nichts verstehen«. Die Mutter mag ähnliches erfahren, meint er, wenn sie ihr Kindlein sinnend anschaut: »Mein Blümleinsschauen gleicht Deinem Kindleinsschauen«.[22]

Doch dann fährt Fröbel fort: «Als Mann ... begegnet mir das Blümchen wieder ... ein Sinnbild zur Erkenntnis des Guten und Bösen, des Rechten und Schlechten, des Seins und Scheins. Nun nach funfzig Jahren ist mir klar, ... daß mir der Genius des Lebens darin des Lebens Tiefe, des Lebens Gesetz und Bedeutung ahnend erblicken ließ«.[23]

Was der Knabe beim Anschauen des Blümleins und die Mutter beim Anschauen ihres Kindes ahnen mag, das ist beim Mann zu klarer Anschauung gereift: der Blick auf die Tiefe, das Gesetz und die Bedeutung des Lebens. Was sich also dem Ahnenden zeigt, ist ein Objektives, ein Weltzusammenhang.

Wie die traditionelle philosophische zielt auch die theologische Symbolexegese auf ein Objektives, im Symbol sich Erschließendes. Unter den moderneren Theologen war es vor allem Romano Guardini, der die Unzulänglichkeit einer bloß psychologischen Befassung kritisiert hat. Im Mythischen und Symbolischen wird die »Ordnung des Daseins«[24], werden die »großen Rhythmen« des Lebens[25] erfahren. Überhaupt ist Psychisches, wie Guardini einmal über das Phänomen der Schwermut ausführt, stets mehr als nur Psychisches: es »reicht zu tief in die Wurzel unseres menschlichen Daseins hinab«, um den Psychologen und Psychiatern überlassen zu werden.[26]

Daß Symbole »Welt« erschließen, mag heute nicht mehr ohne weiteres einleuchten. Doch ist an zwei noch aktuelle Denker zu erinnern, die Symbolexegese als Welt-Erschließung verstehen: Ernst Bloch und Heinrich Rombach.

Blochs nicht-mechanistische Materie mit ihrer unvollendeten Entelechie, das ist eine, die das Konkret-Utopische und damit Symbolische »impliziert, noch latent hält und fundiert. ... Denn alle Gestaltungen sind die versuchten Eduktionen des noch nicht herausgebrachten Materieschatzes selber ...«.[27] Die Welt ist »voll bewegter Figur«, voll von »Tendenzgestalten, Prozeßgestalten«, sie ist wie ein Haus, »das sich erst bilden läßt, ein Prozeßbau aus Pfuschwerk, Fragmentwerk, Utopiewerk, worin der siebte Tag besonders erst in Symbolen klingt«.[28]

Von anderen Voraussetzungen her spricht Rombach vom »kosmischen Humanen«, der »Selbstübersteigungskraft der Dinge«, die »alles, wenn es nur richtig betrachtet wird, als begeistet und beseelt erscheinen läßt«.[29] Rombach schildert, wie im Wald zum Abend hin »eine kleine Lichtung das letzte Licht des Tages vor dunklen Tannen sammelte. In diesem Augenblick nahm das ganze lebendige Beisammen personale Qualität an und war da. Alles wird ausdrucksstark und ‚sprechend' und ‚weht uns an'. Dieses wortlose Sprechen ist nicht nur in unserem Erleben, sondern es kommt in der Natur selbst auf«.[30]

Was uns symbolisch bedeutsam entgegentritt in der Welt – ob es sich um religiöse Symbole handelt wie Guardinis »heilige Zeichen«, um die von Bloch so breit entfalteten Symbolgestalten der Hoffnung oder um das Vernehmlichwerden des kosmischen Humanen in der abendlichen Waldlichtung bei Rombach – immer ist es die Sprache eines Tieferen, Mehr-als-nur-Subjektiven, die uns in der symbolischen Gestalt oder im symbolischen Ereignis vernehmlich wird.

Die anti-psychologische Wendung ist bei Guardini, Bloch und Rombach gleichermaßen deutlich. Und auch der Tiefenpsychologe muß einräumen: Symbole kann es nur in einer »doppelbödig« gebauten Wirklichkeit geben, in der das sinnlich Erscheinende als Ausdruck eines Dahinterliegenden, Tieferen verstanden wird, das sich zur Sprache bringt – aber dieses Dahinterliegende braucht nicht das »Weltgesetz« des objektiven Idealismus, die sich in sich bewegende Materie Blochs oder der Weltgrund Rombach'scher Ontologie zu sein. Wenn das moderne Denken die Einsicht Pascals zu realisieren beginnt, daß der Mensch den Menschen um ein Unendliches übersteigt, dann haben wir im Menschen selbst jene Doppelbödigkeit gefunden, die eine symbolische Deutung freigibt, und gelangen in das Feld der Psychoanalyse.

2.2. In der ersten Auflage der »Traumdeutung« (1900) war Freud mit dem Thema Traumsymbolik noch recht vorsichtig umgegangen; im wesentlichen hatte er sich auf Ausführungen zum oben zitierten Garten-Traum beschränkt. Doch 1911 war Stekels vielbändiges Werk »Die Sprache des Traumes« erschienen, und nun wollte sich Freud nicht übertrumpfen lassen und trumpfte in der 3. Auflage zurück mit den berühmtberüchtigten Sätzen: »Alle in die Länge reichenden Objekte, Stöcke, Baumstämme, Schirme (des der Erektion vergleichbaren Aufspannens wegen!) und alle länglichen scharfen Waffen: Messer, Dolche, Piken, wollen das männliche Glied vertreten. ... Dosen, Schachteln, Kästen, Schränke, Öfen entsprechen dem Frauenleib, aber auch Höhlen, Schiffe und alle Arten von Gefäßen. – Zimmer im Traume sind zumeist Frauenzimmer ...»[31] usw. usw. über viele Seiten hin. »Ebenso sind viele Landschaften der Träume, besonders solche mit Brücken oder mit bewaldeten Bergen, unschwer als Genitalbeschreibungen zu erkennen«.[32] Also auch der Garten, wie im zitierten Traumbeispiel gezeigt, wäre die symbolische Darstellung einer Genitaltopographie.

Die »Doppelbödigkeit«, die Symbolisches ermöglicht, ist bei Freud eine innermenschliche geworden; nicht mehr die Welt besteht aus Kern und Schale, sichtbarer Erscheinung und verhülltem Geheimnis, sondern die Doppelbödigkeit ist zurückgenommen in den Menschen: die Symbole der Psychoanalyse sind Gestaltungen und Spiegelungen, Abbildungen körpernaher Empfindungen auf einer Art psychischer Projektionsfläche.

Philosophiegeschichtlich gesehen ist die Psychoanalyse die konsequenteste Vollstreckerin des von Nietzsche skizzierten und später von Philosophen wie Plessner und Bollnow[33] ausgeführten Programms einer »anthropologischen Reduktion«. Wahrheit ist nach Nietzsche »Ein bewegliches Heer von Metaphern ... die Wahrheiten sind Illusionen, von denen man vergessen hat, daß sie welche sind, Metaphern, die abgenutzt und sinnlich kraftlos geworden sind, Münzen, die ihr Bild verloren haben«.[34] Die ontologische Perspektive entsteht, wenn »der Mensch sich als Subjekt und zwar als künstlerisch schaffendes Subjekt vergißt«.[35] Das Verdienst der Psychoanalyse bestünde dann darin, die Ontologisierung aufgehoben, den Münzen ihr verlorenes Prägebild wieder zurückgebracht zu haben.

Freilich: mit plattem Psychologismus ist auch schlecht leben. So wurde die Psychologisierung des Symbolverständnisses auf die Spitze getrieben von J. Scharfenberg und H. Kämpfer in ihrem vielgelesenen Buch »Mit Symbolen leben«. Religiöse Symbole, sagt Scharfenberg, seines Zeichens Psychoanalytiker und praktischer Theologe – religiöse Symbole bearbeiten Konflikte, gestalten die stets gleichen menschlichen Grundambivalenzen: innerpsychische Konflikte wie Trennung, Beziehung, Identifikation, aber auch zwischenmenschliche in Familien und Gruppen.[36] Wer Symbole so radikal psychologisiert wie Scharfenberg, der steht in der Gefahr, alles Begegnende auf »bloß Psychisches« zu reduzieren und die Frage nach einer tieferen Seins- und Wirklichkeitsverankerung der Symbole aus dem Blick zu verlieren.

Die anthropologische Reduktion war notwendig, um verhärtete Ontologien zu verabschieden; sie kostete indes einen hohen Preis: sie nahm Seelisches auf den Menschen zurück, sie entseelte und entwirklichte die Welt. Endstation ist dann jener platte Psychologismus, wie er in Psychoanalytikerwitzen ironisiert wird, etwa mit der Frage, ob ein Zeppelin nicht doch auch ein Gegenstand zum Fliegen und nicht nur ein Phallus sei. Und daß ein Garten, Freud und dem alttestamentlichen Hohen Lied zum Trotz, nicht doch zuerst mit Landwirtschaft und dann erst mit dem Körper der Frau zu tun hat.

Der Reduktionismus beginnt, wo der Vielfalt des Symbolgeschehens eine psychologische Systematik unterlegt und die Vielfalt der symbolischen Welt in die handlichen Schubladen psychologischer Diagnostik einsortiert wird. Die Psychologisierung des Symbolischen hat als Kehrseite die Ent-Symbolisierung, und das heißt zugleich: die Ent-Seelung der Welt.

2.3. So wäre denn der dritte Weg der Symboldeutung ins Auge zu fassen, der den apodiktischen Charakter der ontologischen ebenso überwindet wie den weltlosen Charakter der rein psychologischen Deutung. Er gründet auf der Annahme von Entsprechungen von Innen und Außen, von Psyche und Welt.

Wieder war es Plessner, der diesen Gesichtspunkt der Entsprechung eingeführt hat. Er zitiert den Biologen v. Uexküll: »Wo ein Fuß ist, da ist auch ein Weg, wo ein Mund ist, da ist auch Nahrung, wo eine Waffe ist, da ist auch ein Feind«.[37]

Angewandt auf das Problem der Symbolbildung bedeutet dies: Früher träumte einer wohl von Pferden, wenn es galt, kraftvolle Bewegung, Lebenskraft, Triebhaftes etc. auszudrücken. Wem früher im Traum die Gäule durchgingen, der mag wohl heute im Auto die Bremse nicht finden – ein neues Stück Realität hat sich geeignet erwiesen, die symbolische Valenz der durchgehenden Pferde zu übernehmen.

Indessen: was geschieht, wenn in einer konkreten Umwelt eine bestimmte symbolische Valenz ausfällt? Was wird z.B. aus dem von Freud und Zulliger beschriebenen totemistischen Erleben der Ödipusphase samt den daran hängenden Tierphobien – die, nach meiner Vermutung, nicht neurotisch, sondern geradezu entwicklungsnotwendig sind – in einer Welt ohne Tiere? Hier geht eine Valenz des Menschlichen einfach dahin, »brother animal« existiert nur noch als Goldhamster oder im Zoo.

Entsprechendes gilt von den Pflanzen: Seit ich einen Garten habe, glaube ich, manche Parallelen von Pflanzenwelt und Kinderwelt zu sehen. An Pflanzen lerne ich etwas über die Intentionalität bewußtlosen Geschehens (z.B. Phototropismus), die ich beachten muß, um Wirkungen zu erzielen. Ich fange an zu sehen, daß es nicht nur eine Grille des alten Gustav Theodor Fechner war, über das Seelenleben der Pflanzen nachzudenken. Als ich keinen Garten hatte, hatte ich auch keinen Grund, Gleichnisse aus der Pflanzensphäre heranzuziehen – auch hier ist die Symbolisierung des Menschlichen an das Vorhandensein der entsprechenden Weltdinge geknüpft.[38]

Nebenbei: Nehmen wir solche Entsprechungen an, ergeben sich pädagogische Konsequenzen:

Den Stoff für seine Symbolschöpfungen nimmt das Kind (wie der Mensch überhaupt) aus der begegnenden Welt. Natur- und Kulturwelt sind geeignet, vom Kind mit symbolischen Bedeutungen aufgeladen zu werden. Die Symbolisierungsfähigkeit des Kindes hängt vom Reichtum und der Erschlossenheit der begegnenden Welt ab. In einer eingeengten, verarmten und/oder unerschlossenen Welt verkümmert die Symbolisierungsfähigkeit. Pädagogische Aufgabe ist es, dem Kind Ausschnitte der begegnenden Welt nahe zu bringen und interpretierend zu erschließen – nicht allein unter dem Gesichtspunkt ihrer sozialen Relevanz und Verwertbarkeit, sondern auch unter dem Gesichtspunkt ihrer Eignung für das Kind, sich darin gespiegelt zu finden.[39]

Wenn zugestanden wird, daß die Bildung von Selbst-Symbolen eine notwendige Komponente des Selbstwerdens darstellt, und wenn weiterhin gilt, daß sich diese Bildung von Selbst-Symbolen nicht im luftleeren Raum einer psychischen Innerlichkeit vollzieht, daß sie vielmehr auf ein Entgegenkommen symbolisierungsfähiger äußerer Realität angewiesen ist, so ergibt sich als pädagogische Aufgabe: »Welt« an die Kinder heranzubringen, die »spricht«, d.h. die der Auslegung fähig ist, an der Kinder etwas über sich selbst erfahren können.[40]

Symbolische Ensprechung besagt demnach: Berge und Meer, Sonne und Regen, Wald und Wüste werden zu Trägern symbolischer Bedeutung, weil es sie gibt und weil

Menschen im Laufe ihrer Artgeschichte gelernt haben, mit ihnen zu leben und sich in ihnen gespiegelt zu finden. Welche Verarmung für den Menschen, wenn der Wald stirbt und das Meer umkippt in eine stinkende Kloake. ... Es geht ihm damit zugleich ein Aspekt seiner selbst verloren.

Noch mehr gilt das Gesetz der symbolischen Entsprechung für die vom Menschen geschaffene Kulturwelt. Autos und Flugzeuge gibt es nicht nur der schnelleren Fortbewegung wegen, sondern auch als symbolische Verdichtung von Menschheitsträumen. Symbolträchtig sind die vom Menschen gebauten Häuser und Tempel, die von ihm erdachten Werkzeuge, die von ihm angelegten Wege und Gärten.

Was hier als korrelative Symboldeutung bezeichnet wird, schließt sich an C.G. Jungs »Synchronizitätsprinzip« an, ohne dessen metaphysische Implikationen zu übernehmen. Jung meinte zu beobachten, daß »bei Konstellation ... eines archetypischen Inhalts sinngleiche Außenweltereignisse einzutreffen belieben ...«.[41] »Die Synchronizitätsphänomene weisen somit auf einen bewußtseinstranszendenten Einheitsaspekt des Seins hin ...«.[42]

Just diese tiefe Seinsverankerung sollte besser dahingestellt bleiben. Wir begnügen uns, mit der schlichten Erfahrung festzustellen, daß wir von Pferden nicht träumen können, ohne daß es Pferde gibt. Die »Einheit des Seins« beschwören wir damit nicht. Es genügt uns, darauf hinzuweisen, daß eine notwendige Korrelation besteht zwischen den psychischen Inhalten, die sich symbolisch darstellen wollen, und dem symbolisierungsfähigen Material, das wir aus der umgebenden Welt entnehmen. Diese korrelative Sicht überwindet den Ontologismus ebenso wie den Psychologismus der Symboldeutung.

3. Der Garten: Menschenschöpfung und »auratischer Ort«

Menschen haben seit alters her Gärten angelegt – als ein Stück Kultur, das in symbolischer Entsprechung zu ihrem Wesen sich befindet. Und damit sind wir wieder am Ausgangspunkt unserer Überlegungen: der Symbolik des Gartens, diesmal unter einer korrelativen Perspektive, die es gestatten mag, die disiecta mebra der diversen tiefenpsychologischen Symboldeutungen auf einen Punkt zu bringen.

Ich hoffe, deutlich gemacht zu haben, daß allzu spezielle Zuschreibungen nach dem Motto »Garten bedeutet...« nicht erwartet werden dürfen.

Im Anschluß an den biblischen Mythos vom Garten Eden versuche ich zwei Aussagen allgemeinerer Art:

1. Garten ist ein Ort, wo Menschen sich nackt zeigen können, d.h. sich zeigen können als die, die sie sind

2. In seinem Garten schaltet und waltet der Mensch wie der mythische Schöpfergott im Garten Eden.

3.1. Der Garten erschien in den analytischen Deutungen unter dreifachem Vorzeichen: als erotisch-sexueller »Garten der Lüste«, als umhegter Mutter-Raum, als Symbol des Selbst. Was davon »ist« er wirklich? Er ist alles miteinander – und für jeden etwas anderes. Er ist ein Stück Entsprechung zum seelichen Binnenraum, das wir uns schaffen in der Welt draußen, in der freien Natur. Es gibt Landschaften, die gleichsam von Natur aus gewissen Stimmungen und Befindlichkeiten entgegenkommen. Landschaft, meint Barbara Schadendorf, ist ein Gegenüber des Menschen, das »Einfluß auf unsere Befindlichkeit« ausübt.[43] Dem einen ist diese, dem andern jene Landschaft nah und vertraut und innerlich bedeutsam. In diesem Zusammenhang spricht sie von der Sehnsucht der Menschen nach »auratischen Orten«, nach Orten mit einer Aura, einem besonderen Fluidum, wo man sich selbst »fühlen und finden kann«.[44]

Auch der Garten ist so ein »auratischer Ort«, der mit unseren Wünschen und Träumen korrespondiert, wo einer sich fühlen und finden, wo er sich, im biblischen Bild gesprochen, »nackt zeigen« kann. Doch was sich da zeigt in seiner Hüllenlosigkeit, das bleibt einem jeden selbst überlassen; es kann die sexuelle Nacktheit sein oder die des spielenden Kindes oder die Hüllenlosigkeit extremer Gefühle wie die Todesangst im Garten Gethsemane, so daß die Symboldeutungen des Gartens, die wir vergegenwärtigt haben, nur individuelle, keine allgemeine Gültigkeit besitzen. Allgemeine Gültigkeit beansprucht nur die Aussage, der Garten sei ein »auratischer Ort«, ein Ort der Hüllenlosigkeit, wo vielerlei erscheint, ein Ort, von dem man mit Goethes Faust sagen kann: »Hier bin ich Mensch, hier darf ich's sein«.

Zum auratischen Ort gehört auch, daß er zum Träger verdichteter symbolischer Bedeutungen werden kann, ohne diese aufzudrängen. So behalten alle die konkreten Symboldeutungen ihr Recht, die ich zu Anfang dieser Überlegungen gestreift habe: der Lustgarten und der fromme Meditationsgarten, wo man der heimlich Geliebten oder Gott begegnet, der Garten als Statussymbol, wo einer seinen Reichtum zur Schau stellt, oder der Schlaraffenlandgarten, wo einem die süßen Früchte in den Mund wachsen, der Wundergarten mit seltenen Blumen ebenso wie ein karges bißchen pflegeleichtes Koniferengrün ums Haus, dem abgeblühten Gemüt seines Besitzers entsprechend. Mein eigener Garten ist so struppig wie meine Seele.

Der Garten ist immer noch das Paradies, wo sich die Menschen nackt zeigen können: in der sexuellen Nacktheit des Hoheliedes, die in Freuds Traumdeutung ihren Nachklang findet, oder wenigstens im Bikini oder »oben ohne«; nackt auch in dem Sinne, in dem die Urmenschen klimatisch begünstigter Zonen nackt gingen: weil sie sich in einem Umfeld bewegten, in dem sie keines Schutzes gegen Unbilden bedurften. Der Garten ist ein Ort, der mir die Illusion gibt, daß ich mit der Welt zusammenpasse: weil dieses kleine Stück Welt, das ich mir angelegt habe, mit meinen Bedürfnissen zusammenpaßt.

3.2. Nun ist der Garten freilich ein »auratischer Ort« besonderer Art: Berge und

Wald und Meer haben ihre Aura von selbst; dem Garten, wenn er denn eine hat, ist sie vom Menschen gegeben. Der Garten ist ein Stück Welt, dem ich Leben eingehaucht, das ich nach meinen Bedürfnissen und Vorstellungen gestaltet habe: als Lustgarten, als Schlaraffengarten, als meditativen Garten. Der Garten nimmt alle symbolischen Valenzen bereitwillig an, die sein Schöpfer in ihn hineinlegt.

Apropos Schöpfer: als malerisches Motto für diese Vortragsreihe hätten die Herausgeber gerne Emil Noldes Aquarell »Der große Gärtner« verwandt. Leider gab es Copyright-Probleme. Das Bild zeigt Gott, den großen Gärtner, wie er mit der Hand den Wipfel eines der Gartenbäume berührt und ihm damit gleichsam Leben einhaucht – wie Michelangelos Schöpfergott durch die Berührung des Fingers den Lebensfunken auf den Adam überträgt. Der Mythos vom Weltenschöpfer ist anthropomorph: wenn ein Gott die Welt geschaffen haben sollte, dann muß er es gemacht haben wie ein menschlicher Gärtner; er hat um den Menschen herum den Garten Eden angelegt, weil ein schaffender Gott nur nach Analogie des schaffenden Menschen gedacht werden kann. Gott tut bei der Erschaffung der Welt, was der Gärtner tut: er legt einen Garten von kosmischen Dimensionen an. Der »große Gärtner« ist die Projektion des »kleinen«, des menschlichen Gärtners. Gott schuf einen Garten, sagt die Bibel – und der Umkehrschluß lautet: Wer einen Garten schafft, fühlt sich wie ein Schöpfergott, der einem Stückchen Welt seine Seele einhaucht, seine ganz persönliche Aura verleiht, sie nach seinem Bild und Gleichnis gestaltet.

Doch die Schöpfergott-Phantasie hat auch ihre malignen Aspekte. Zum einen die bornierte Selbstgenügsamkeit. My home is my castle, mein Garten ist meine Welt, in der ich mir selbst genüge. Idylle bedeutet Stagnation: Der Garten, das ist nicht nur Paradies und zauberische Welt, das ist auch Glück im Winkel, verlogne Idylle, Familienleben auf der Terrasse als beschränkter Daseinshorizont. Nicht umsonst nannte sich die Biedermeier-Zeitschrift für trautes Hausglück »Die Gartenlaube«. Und wer von der Symbolik des Gartens spricht, darf auch den Gartenzwerg nicht vergessen. Der »große Gärtner« hat den Menschen in den Garten Eden gesetzt; der kleine setzt den Gartenzwerg in seinen Vorgarten. Nichts liegt mir jedoch ferner bei meinen Überlegungen als der Lobpreis dieser biedermeierlichen Gartenidylle.

Anderseits darf, wer vom Garten-Schöpfer spricht, den Garten-Verwüster nicht vergessen. Der verwüstete Garten ist geradezu ein archetypischer Topos. Schon in den prophetischen Straf- und Gerichtsreden des Alten Testaments ist die Verwüstung der Gärten Symbol und Inbegriff von Verwüstung schlechthin. So kommt beim Propheten Joel der Herr mit einem verzehrenden Feuer daher: »Das Land ist vor ihm wie ein Lustgarten, aber nach ihm wie eine wüste Einöde ...«.[46] Vertrocknete Gärten ohne Wasser sind im Alten Testament durchgängig »Zeichen des Todes, des Unheils, der göttlichen Strafe«.[47]

Der Mensch mit seinem »Gotteskomplex«[48] betätigt sich nicht nur als Garten-Schöpfer, sondern leider noch mehr als Garten-Verwüster. Wir leben im Zeichen der zerstörten, der verwüsteten Gärten, in denen die Bäume sterben und das Moos wuchert vom sauren Regen. Es gibt nicht das Gartenglück im Winkel, das man festhalten und hinter einer Hecke oder einem Gartenzaun einschließen könnte. Was der Garten verheißt, muß Illusion und schöner Schein bleiben. Die Erde ist kein Paradies. Es gibt ihn nicht, den umhegten Ort, weder in mir noch außer mir, wo ich verweilen könnte. Es gibt nur kurze Raubzüge ins Glück. So wie in dem Traum, den mein Patient erzählte und dessen Auslegung ich mir bis zum Schluß aufgespart habe: es gibt nicht den »Garten im Herzen«, es gibt nur die Schönheit des Augenblicks – eine Schönheit, die sich sofort wieder auflöst und zerfällt. So ist es, und keine Gartenschau der Welt wird daran etwas ändern.

Anmerkungen

1 Genesis 2,9
2 vgl. Genesis 3
3 Das Hohelied (Hld) 4,12 – 15; 5,1, Übersetzung nach Keel Kommentar
4 Grimm, Nr. 12 Rapunzel
5 Grimm, Nr. 57 Der goldene Vogel
6 Wassilissa, die Wunderschöne, S. 13f.
7 Freud, S., GW II/III, S. 353f.
8 Jung, GW 12, S. 143
9 Keel, Das Hohelied, S. 162-173
10 vgl. Jung, GW 12, S. 206
11 Freud, S., GW VII, S. 222
12 Bettelheim, Kinder brauchen Märchen, S. 140
13 vgl. Laiblin, Wachstum und Wandlung, S. 271f.
14 Drewermann/Neuhaus, Der goldene Vogel, S. 36f.
15 Hirsch/Hirsch-Löwer, Ein Märchen vom Übergangsobjekt, S. 1030
16 Drewermann, Strukturen des Bösen, Bd. 2, S. 15
17 ebd., S. 18
18 ebd., S. 23
19 ebd., S. 26
20 zit. aus Werner, Die Symbole Pestalozzis, S. 58
21 ebd.
22 Fröbel, Mutter- und Koselieder, S. 92
23 ebd., S. 93
24 Guardini, Unterscheidung des Christlichen, S. 149
25 ebd., S. 427
26 ebd., S. 502
27 Bloch, Avicenna und die aristotelische Linke, Gesamtausgabe Bd. 7, S. 545
28 Bloch, Tübinger Einleitung in die Philosophie, Gesamtausgabe Bd. 13, S. 343
29 Rombach, Strukturanthropologie, S. 114
30 ebd., S. 117
31 Freud, S., GW II/III, S. 359
32 ebd., S. 361
33 vgl. Flitner, A., Wege zur pädagogischen Anthropologie, S. 15f.
34 Nietzsche, Über Wahrheit und Lüge im außermoralischen Sinne, Sämtliche Werke Bd. 1, S. 880f.
35 ebd., S. 883
36 vgl. Scharfenberg/Kämpfer, Mit Symbolen leben, S. 171f.
37 Plessner, Conditio humana, S. 41
38 vgl. Bittner, Selbstwerden des Kindes, S. 201f.
39 vgl. ebd., S. 200
40 vgl. ebd., S. 203
41 Franz, v., Symbole des Unus Mundus, S. 231
42 ebd., S. 232
43 Schadendorf, Landschaft und Psychoanalyse, S. 3
44 ebd., S. 4
45 Zwerge, Hofzwerge, Gartenzwerge
46 Joel, 2,3
47 Berg, S. 42
48 Richter, Der Gotteskomplex

Literatur

Berg, W.; Israels Land, der Garten Gottes. Der Garten als Bild des Heiles im Alten Testament, in: Biblische Zeitschrift (32) 1988

Bettelheim, B.; Kinder brauchen Märchen, Stuttgart 1977

Bittner, G.: Selbstwerden des Kindes, Fellbach 1981

Bloch, E.: Tübinger Einleitung in die Philosophie, Gesamtausgabe Bd. 13, Frankfurt/M. 1970

ders.: Avicenna und die aristotelische Linke, Gesamtausgabe Bd. 7, Frankfurt/M. 1972

Drewermann, E./Neuhaus, I.: Der goldene Vogel. Grimms Märchen tiefenpsychologisch gedeutet, Olten und Freiburg 1982[2]

Flitner, A.: Wege zur Pädagogischen Anthropologie, Heidelberg 1963

Franz, M.-L., von: Symbole des Unus Mundus, in: G. Zacharias: Dialog über den Menschen. Eine Festschrift für Wilhelm Bitter zum fünfundsiebzigsten Geburtstag; Stuttgart 1968

Freud, S.; Die Traumdeutung, GW II/III, Frankfurt/M. 1976[6]

ders.: Der Dichter und das Phantasieren, GW VII; Frankfurt/M. 1976[6]

Fröbel, F.: Mutter- und Koselieder, hrsg. v. H. Fröbel u. D. Pfaehler, Bad Neustadt 1982

Grimm, J. u. W.: Kinder und Hausmärchen, Cassel 1819

Guardini, R.: Unterscheidung des Christlichen, Gesammelte Studien 1923-1963, Mainz 1963

Hirsch, M. und Hirsch-Löwer, M.: Ein Märchen vom Übergangsobjekt, in: Psyche (41) 1987

Jung, C.G.: Gesammelte Werke, Bd. 12, Olten und Freiburg 1976[2]

Keel, O.: Das Hohelied, Züricher Bibelkommentare: AT 18, Zürich 1986

Laiblin, W.: Wachstum und Wandlung, Darmstadt 1974

ders. (Hrsg.): Märchenforschung und Tiefenpsychologie, Wege der Forschung Bd. CII, Darmstadt 1975

Nietzsche,F.: Über Wahrheit und Lüge im außermoralischen Sinne, in: ders. Sämtliche Werke, Kritische Studienausgabe in 15 Bänden, Bd. 1, München, Berlin, New York 1980

Plessner, H.: Conditio humana, Pfullingen 1964

Richter, H.E.: Der Gotteskomplex. Die Geburt und die Krise des Glaubens an die Allmacht des Menschen, Reinbek 1986

Rombach, H.: Strukturanthropologie. »Der menschliche Mensch«, Freiburg, München 1987

Schadendorf, B.: Landschaft und Psychoanalyse, in: Kind und Umwelt (2) 1983

Scharfenberg, J./Kämpfer, H.: Mit Symbolen leben, Freiburg 1980

Wassilissa, die Wunderschöne und andere russische Märchen, mit Illustrationen von Ivan Bilibin, nacherzählt von Elisabeth Borchers, Frankfurt 1987

Werner, G.: Die Symbole Pestalozzis, Bern 1954

Zwerge, Hofzwerge, Gartenzwerge – Eine Genealogie des Gartenzwerges, Schriften des Niederrheinischen Freilichtmuseums, Grefrath-Darenburg 1973.

Heilung aus dem Garten. Arzneipflanzen in der Kunst

Franz-Christian Czygan

Unter dem Motto Pablo Picassos »Kunst wäscht den Staub des Alltags von der Seele« möchte ich Sie in einer persönlich gestalteten Exkursion durch die Kunstgeschichte der Arzneipflanzengärten führen.

Ich gehe dabei sehr eigenwillig und eigenmächtig mit den Begriffen »Arzneipflanzen« und »Garten« um. Es wird eine von meinen persönlichen Vorlieben geprägte Wanderung sein. Wenn Sie mich als exakten Naturwissenschaftler nach dem Roten Faden fragen, muß ich Ihnen die Antwort schuldig bleiben. Vielleicht ist es der nicht immer leicht zu entknäuelnde Faden der Ariadne, der Theseus half, sich im Labyrinth von Knossos zurechtzufinden.

Der Arzneipflanzengarten, der am Anfang unserer Wanderung stehen muß, ist natürlich das Paradies. Dieses Wort bedeutet von seiner etymologischen Abstammung her im Altpersischen »Umzäunung, Umwallung«. Es bezeichnet aber auch das, was umzäunt ist, den Garten, insbesondere den Baumgarten. Über das hebräische »pardes« und das griechische »paradeisos« ist es im Alten Testament in der Genesis (1.Mo 2.,8.9) der Name für den Garten Eden und im Neuen Testament der »Ort der Seligen«. Später wurde der Begriff auch für den Vorhof der altchristlichen Basiliken mit ihrem Brunnen zur Fußwaschung oder für den Hintergrund der mittelalterlichen Mysterienbühnen benutzt.

In unserem Fall ist das Paradies der erste Nutz- und Arzneipflanzengarten. Im Mittelpunkt, z.B. im »Paradies« von Lucas Cranach d. Ä. (1472-1553) oder unter dem Paradiesbaum eines »Ortus sanitatis« von 1491 (Abb. 1), stehen Adam und Eva, er mit dem Apfel vom Baum der Erkenntnis in der Hand. Es ist ein Granatapfel (Punica granatum L.), das Symbol der Weisheit und Fruchtbarkeit. Einst war er eine wichtige Arzneipflanze, eine Gerbstoffdroge, ein Anthelminthikum (Wurmmittel) seiner Alkaloide wegen. Und es mag einer der Zufälle der Naturgeschichte sein, daß dieses Symbol der Liebe und der Venus nach Analysen der modernen Wissenschaft einen besonders hohen Gehalt an weiblichen Geschlechtshormonen aufweist. Auch in den berühmten chinesischen Malereien des Senfkorngartens (Abb. 2) ist der geöffnete Granatapfel zu finden; ebenso wie 300 Jahre später auf dem Gemälde »Der Traum« von Salvador Dali. In beiden Fällen symbolisiert diese Frucht Eros. Anders auf mit-

Abb. 1 Paradiesbaum aus einem »Hortus sanitatis« von 1491

telalterlichen Mariendarstellungen. So steht die Punica-Frucht in den Händen des Jesuskindes der Stuppacher Madonna (1519 von Matthias Grünewald, eigentlich Mathis Gothard Nithart, gemalt) als Metapher für Agape, aber auch als eine Art Reichsapfel oder Erdkugel, die die Macht der Kirche und Christus als Weltenherrscher symbolisiert.

Ich führe Sie weit zurück in unsere europäische Vergangenheit, zur Wiege unseres Kontinents, nach Kreta. Auf Fresken der minoischen Paläste finden wir Gärten dargestellt, in denen schon 1500 v. Chr. Crocus sativus L. wuchs, vielleicht sogar kultiviert wurde (Abb. 3a, 3b). Seine Narbenschenkel liefern noch heute den kostbaren

Abb. 2 Granatapfelblüte und -frucht aus einem »Senfkorngarten«

Safran, der als Gewürz geschätzt der Bouillabaisse oder der Paella nicht nur die besondere Farbe gibt, sondern auch den typischen Geschmack und Geruch.

Ganz sicher wurde auch schon im frühgeschichtlichen Kreta der Schlafmohn (Papaver somniferum L.) angebaut. Der Saft, der aus den unreifen Fruchtkapseln nach ihrem Anritzen austritt, wird nach dem Trocknen zum Opium, das auch heutzutage zur Gewinnung des schmerzlindernden und beruhigenden Morphins genutzt wird. Das Wissen der Minoer um das schlafmachende Geheimnis dieser Pflanze belegt die Mohngöttin von Gazi (15. - 16. Jahrhundert v. Chr.) (Abb. 4). In ihrer Kopfbedeckung stecken drei senkrecht angeritzte Mohnkapseln. Sollte damals Opium bei religiösen

Abb. 3a Minoisches Freskenfragment mit einer Krokuswiese

Zermonien eingesetzt worden sein?

Die betäubenden Eigenschaften des Opiums waren später den Griechen ebenfalls bekannt. So besingt im 8. Jahrhundert v. Chr. Hesiod das spätere Sikyon als Mekone, als Mohnstadt. Schon für das 9. vorchristliche Jahrhundert ist der Anbau des Mohns in Griechenland wahrscheinlich. Vermutlich hat allerdings der größte griechische Arzt, Hippokrates (460-375 v. Chr.), den nach der griechischen Bezeichnung für Saft »opos« auch »opion« genannten eingedickten Mohnsaft nicht benutzt. Erst Diokles von Karystos und Herakleides von Tarent sollen im 3. – 4. Jh. v. Chr. Opium als Medikament häufig verwendet haben. Natürlich widmet auch Plinius d. Ä. in seiner »Naturalis Historia« dem Opium ein längeres Kapitel (L. XX, LXXVI). Dort steht u.a. «... es hat nicht nur eine schlaferregende Wirkung, sondern verursacht sogar, reichlicher genommen, den Tod im Schlafe«. Ebenso beschreibt diese Droge der um die Mitte des 1. Jh. n. Chr. in Rom lebende griechische Arzt Dioskurides Pedanios in seinem Werk »De Materia Medica« (IV, 64).

Selbstverständlich war eine so wichtige Droge auch Objekt der unterschiedlichsten Kunstbereiche. Wir kennen goldene Ohrgehänge in Form von Mohnkapseln aus früheren Zeiten der Pharaonen. Auf Münzen der altgriechischen Stadt Metapontion am

Abb. 3b Safranpflanze (Crocus sativus L.)

Golf von Tarent waren Mohnpflanzen eingeprägt. Unter den 383 Pflanzendarstellungen der um 512 entstandenen Miniaturen des »Wiener Dioskurides« ist der Mohn zu finden.

Vielfältig sind die Hinweise in der Literatur. Ist Opium mit dem Pharmakon »nepenthes« in Homers Odyssee (IV, 219-223) identisch? Der Name bedeutet »ohne Leid«. Telemachos und dessen Gefährten erhielten es von Helena in Wein aufgelöst:

»Aber ein neues ersann die liebliche Tochter Kronions:
Siehe, sie warf in den Wein, wovon sie tranken, ein Mittel
Gegen Kummer und Groll und aller Leiden Gedächtnis.
Kostet einer des Weins, mit dieser Würze gemischet.
Dann benetzte den Tag ihm keine Träne die Wangen.«
(in der Übertragung von Johann Heinrich Voß von 1781)

Etwa 2700 Jahre später hat Ludwig Uhland dem Mohn ein poetisches Denkmal gesetzt:

Zur Warnung hört ich sagen,
daß wer im Mohne schlief,
hinunter wird getragen
in Träume schwer und tief.

Eine Fülle von medizinisch genutzten Pflanzen ist auch im berühmten »Papyrus Ebers« (aufgeschrieben um 1550 v. Chr.) aufgeführt. Daß manche dieser Pflanzen in besonderen Gartenabteilungen kultiviert wurden, zeigen uns Grundrisse von Thebaner Gärten, die überliefert sind.

Natürlich waren im »Papyrus Ebers« Duftpflanzen wie Weihrauch-Bäume (Boswellia-Arten), Myrrhen-Bäume (Commiphora-Arten) und Aloe (eine Art der thujaähnlichen Gattung Aquilaria) enthalten. Um diese Pflanzen für ihren hochherrschaftlichen Arzneipflanzengarten zu bekommen, scheute die berühmte ägyptische Königin Hatschepsut keine Mühen und Kosten. Nach Punt, dem rätselhaften Land zwischen Erythräa und Somalia, das möglicherweise mit dem sagenumwobenen Ophir identisch ist, schickte sie 1482 v. Chr., im 9. Jahr ihrer Regierung, fünf Schiffe. Sie sollten lebende Weihrauch- und Myrrhenbäume für die königlichen Pflanzenterrassen holen. Die Expedition war erfolgreich, wie uns Friese an den Terrassentempeln von Deîr-el-Bâhari zeigen (Abb. 5 u. 6).

Vielleicht 80 Jahre später ist eines der Spitzenwerke ägyptischer Reliefkunst überhaupt entstanden: »Der Spaziergang im Garten«. Meritaton, die Tochter Echnatons und Nofretetes, reicht dem sich auf einen Stock stützenden Semenchkarê einen Blumenstrauß. So deutete jedenfalls 1928 der englische Ägyptologe Percy E. Newberry dieses Relief. Arzneipflanzenforscher interpretieren diese Darstellung der königlichen Familie aus der Amarna-Zeit anders. Meritaton hält ihrem kranken, Schmerzen leidenden Ehemann eine lindernde Alraune (Mandragora officinarum L.) entgegen. Die Pflanze besitzt in allen Teilen Tropanalkaloide, die als Spasmolytikum krampflösend und als Analgetikum schmerzlindernd wirksam sind.

Arzneipflanzen als Heilmittel haben Griechen und Römer intensiv genutzt. Das machen Namen und medizinische Werke der klassischen Ärzte und Arztphilosophen Hippokrates (460-375 v. Chr.), Galen (129-199 v. Chr.) und Dioskurides (1. Jahrh. n.

Abb. 4 Mohngöttin von Gazi

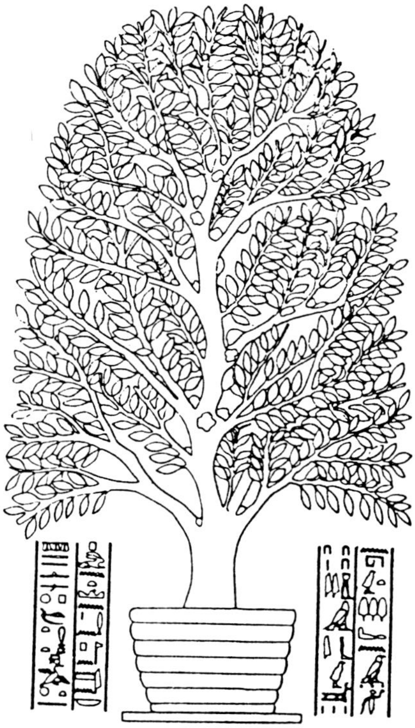

Abb. 5 Weihrauchbäume am Grabtempel der Königin Hatschepsut

Abb. 6 Mit Weihrauchbäumen beladene Schiffe der Königin Hatschepsut

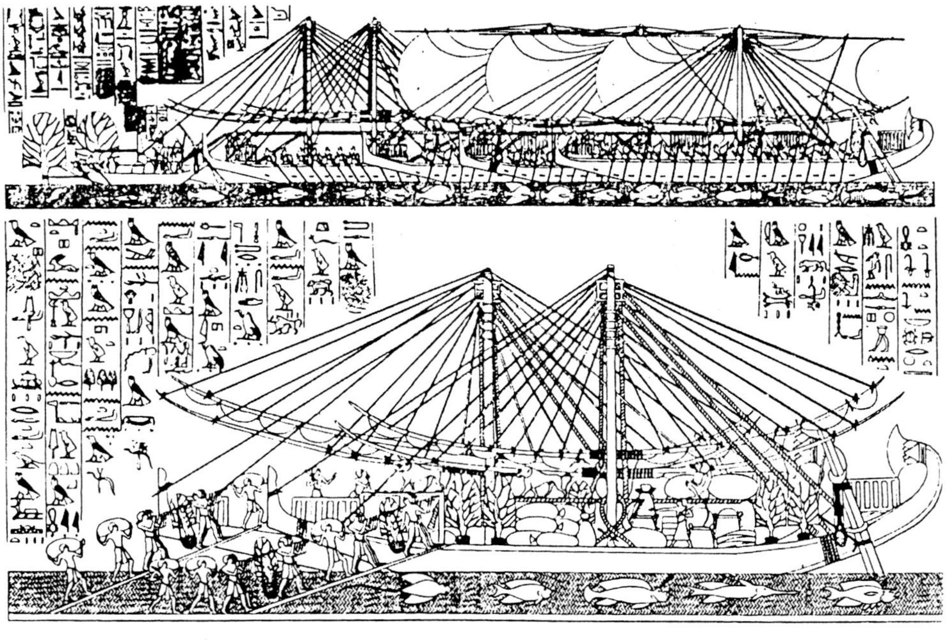

Chr.) deutlich. Bis weit über das Mittelalter hinaus wurden ihre Ratschläge mit geradezu religiösem Autoritätsglauben befolgt. Natürlich gab es auch Gärten, in denen diese Mittel angebaut wurden.

Besonders von reichen Römern kennt man solche Spezialeinrichtungen, die Extragärtner betreuten. So hat man in Pompeji ein Wandgemälde ausgegraben, auf dem auch damals medizinisch genutzte Pflanzen dargestellt sind. Die Rolle, die Gärten dieser Art in der Gedankenwelt der sonst so rationalen Römer spielten, hat Cicero mit den Worten zusammengefaßt: »Wer einen Garten besitzt und eine Bibliothek, hat alles was er braucht.«

Wenden wir uns Europa zu. Übergehen wir die arabische Phase der Garten- und Arzneipflanzengartenkunst. Zwei Ereignisse sind wohl entscheidend für die Entwicklung des mitteleuropäischen Arzneipflanzenanbaus und damit auch für seine Darstellung in der Kunst: Die Ministerialerlasse Karls des Großen, vermutlich aus dem letzten Jahrzehnt des 8. Jahrhunderts, das »Capitulare de villis«, und das Gedicht »Hortulus« des Reichenauer Benediktiner-Abtes Walahfrid Strabo, das etwa um 840 entstanden ist.

Das »Capitulare de villis« galt für das gesamte Frankenreich mit Ausnahme Italiens. Diese Vorschriften geben zum einen die Pflichten und Rechte der Dienstleute an, zum anderen wurde hier ganz konkret in einer Liste im Kapitel 70 aufgeführt, was anzubauen sei: Wir sehen Pflanzen wie Salbei (Salvia officinalis L.), Fenchel (Foeniculum vulgare L.), Mohn (Papaver somniferum L.) u.a.m., die noch heute hochaktuelle Arzneipflanzen der gültigen Arzneibücher sind (Abb. 8). Zu dem »Capitulare« besteht vermutlich auch ein enger Bezug im »Würzburger Rezept« (Abb. 7). Diese Vorschrift »contra omnes febres« aus der Karolingerzeit enthält etwa 50 Mittel, z.B. Wermut (Artemisia absinthium L.), Minze (Mentha-Arten), Rainfarn (Tanacetum vulgare L.), Raute (Ruta graveolens L.) u. a. m., von denen manche ihrer symbolischen Bedeutung wegen immer wieder auf mittelalterlichen Altartafeln und Gemälden dargestellt sind. Diese Pflanzen weisen auf intensive Kenntnisse der benediktinischen Mönchsmedizin hin. Mindestens 22 der Pflanzen des Rezepts sollen auch nach dem »Capitulare de villis« in den Arzneipflanzengärten der karolingischen Krongüter angebaut und in den Kräuterkammern aufbewahrt werden.

Das zweite – neben dem »Capitulare« – für unsere Thematik wichtige Ereignis ist sicherlich die Entstehung des Gedichtes von Walahfrid Strabo »Hortulus« (das Gärtlein), im Untertitel »Liber de Cultura Hortorum«. In eleganten Hexametern kündet dieses Poem von der Schönheit der Arzneipflanzen und von ihren Wirkungen. Die besonders eindrucksvollen Zeilen über die Gartenraute (Ruta graveolens L.) sollen in der deutschen Übersetzung von Stoffler hier als pars pro toto stehen:

> Diesen schattigen Hain ziert bläulichschimmernder Raute
> Grünend Gebüsch. Ihre Blätter sind klein, und so streut sie wie Schirmchen

Abb. 7 »Würzburger Rezept« aus der Karolingerzeit

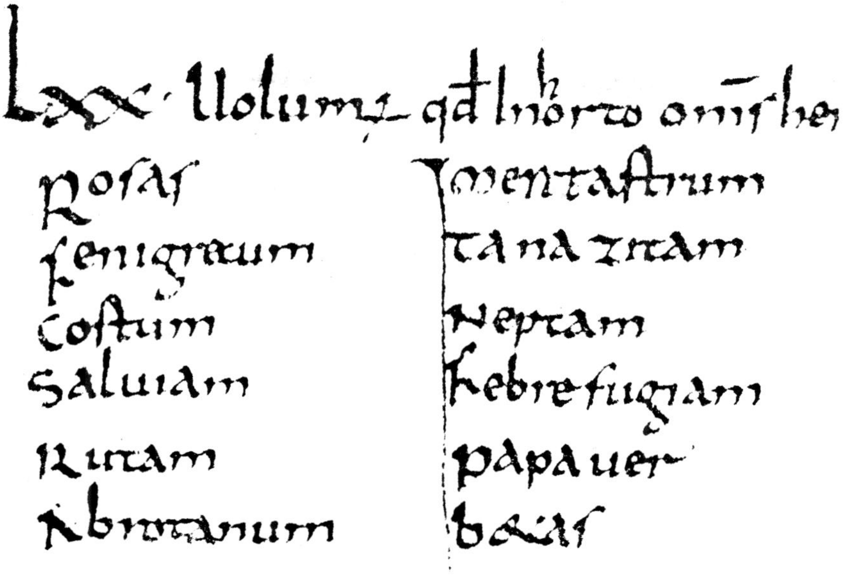

LXX· Volumus quod in horto omnes her

Rosas
fenigraecum
costum
salviam
rutam
abrotanum
mentastrum
tanazitam
neptam
febrefugiam
papaver
betas

Abb. 8 Auszug aus dem 70. Kapitel des »Capitulare de villis«

Abb. 9 Holzschnitt eines Kräutergartens von 1533

Abb. 10 Kürbispflanze aus dem Herbarium pictum von G. Öllinger

Abb. 11 Darstellung von Nelken und Lavendel aus dem Hortus Eystettensis

Kurz ihre Schatten nur hin. Sie sendet das Wehen des Windes
Durch und die Strahlen Apolls bis tief zu den untersten Stengeln.
Rührt man leicht sie nur an, so verbreitet sie starke Gerüche.
Kräftig vermag sie zu wirken, mit vielfacher Heilkraft versehen,
So, wie man sagt, bekämpft sie besonders verborgene Gifte,
Reinigt den Körper von Säften, die ihn verderblich befallen.

Dieses Bemühen, in den Gewürz- und Arzneipflanzen nicht nur biologische Objekte zu sehen, sondern auch solche der darstellenden Kunst und der Literatur, führte dann im ausgehenden Mittelalter nach Erfindung der Buchdruckerkunst mit beweglichen Lettern zu einer Vielzahl von Kräuterbüchern, »gebundenen« Arzneipflanzengärten: Namen wie Otho Brunfels (1488-1534), Leonhart Fuchs (1501-1566) und Hieronymus Bock (1489-1554), Conrad Gessner (gest. 1565), Pier Andrea Mattiolus (1500-1577) und Adamus Lonicerus (1528-1586) sowie ihre Werke belegen das (vgl. Abb. 9, die einen Arzneipflanzengarten aus dieser Zeit darstellt).

Ein Arzneipflanzengarten besonderer Art, der bisher nur wenig bekannt ist, enthält das »Herbarium pictum« des Nürnberger Apothekers Georg Öllinger. »Magnarum medicine partium herbariae et zoographiae imagines quamplurima excellentes«: beginnt der Titel des von Öllinger mit dem Arzt Samuel Quicchelberg 1543 bis 1553 herausgegebenen Werkes. Diese Handschrift der Erlanger Universitätsbibliothek war fast 400 Jahre unentdeckt. Dazu mag beigetragen haben, daß die Zeit der Entstehung dieses Herbariums mit dem Erscheinen der Kräuterbücher der Väter der Botanik (O. Brunfels, L. Fuchs und H. Bock) zusammenfiel.

Bei ihnen waren Holzschnitte mit Text verbunden. Nicht so bei Öllinger. Seine nur bildliche Materialsammlung versprach dem Apotheker oder Arzt, aber ebenfalls dem interessierten Laien wenig Nutzen. Und dennoch, die ganze Fülle barocker Lebensfreude scheint diese Bilder zu durchdringen. Aber ebenfalls spricht humanistisches Selbstgefühl aus den Bildern Öllingers, die eine großzügige, trotzdem auf das Detail nicht verzichtende Fähigkeit zur gelungenen Komposition erkennen lassen. Gerade die Kürbispflanze und ihre Ranken erinnern mit ihrer flächenfüllenden Dekoration an eine Stilsicherheit, wie sie uns in manchem spätgotischen Ornamentwerk entgegentritt (Abb. 10).

Der Garten Öllingers nimmt in seiner Lebensfreude ausstrahlenden Art manches vorweg, was dann gut ein halbes Jahrhundert später im hochbarocken »Hortus Eystettensis« zur endgültigen Vollendung gekommen ist (1. Auflage 1612). Dieses Werk mit 1084 einzelnen Pflanzenabbildungen (darunter viele Arznei- und Nutzpflanzen) auf 367 ganzseitigen Kupfertafeln schuf der Nürnberger Apotheker Basilius Besler im Auftrag des Bischofs von Eichstätt Johann Conrad von Gemmingen. Mit dem »Garten von Eichstätt« scheint mir die Botanik, insbesondere auch die Darstellung von Arzneipflanzen, kosmopolitisch in Wissenschaft und Kultur zu sein (Abb. 11).

Der Leitfaden der Ariadne führt uns nochmals zurück ins Mittelalter, um eine besondere Form von Arzneipflanzengärten in der Kunst kennenzulernen. Es sind die »beschlossenen Gärten«. Entsprechend dem Hohelied Salomos (4, 12) ist in der Kunstgeschichte der »Hortus conclusus« ein von einem Zaun oder Mauerwerk umgebener Garten, in dem Maria alleine oder mit ihrem Kinde sitzt, oft umgeben von Heiligen und Engeln, immer aber umrahmt von einer Blumenfülle. Dieser Garten stellt die unbefleckte Empfängnis Mariens dar. Dazu passen die vielen in ihrer Symbolik bedeutsamen Pflanzen, die Lottlisa Behling eingehend untersucht hat. Einer dieser Arzneipflanzengärten hängt in der Stuttgarter Staatsgalerie: ein »Noli-me-tangere-Bild« eines unbekanntes Künstlers, der nach seinem Hauptwerk »Meister des Göttinger Barfüßer-Altars« genannt wird (Abb. 12). Auf diesem Bild (vermutlich um 1425 geschaffen) begegnet Maria Magdalena dem als Gärtner erscheinenden Christus nach seiner Auferstehung. Magdalena will ihren Herrn anfassen, begreifen im eigentlichen Sinn dieses Wortes. Er wehrt sie mit erhobenen Händen ab: »Noli me tangere – rühre mich nicht an« (Johannes 20, 14-18).

Hier im Gartenmilieu war natürlich dem Künstler Gelegenheit gegeben, mit vollen Händen Pflanzen in den Garten zu setzen, Pflanzen, die nicht willkürlich ihren Platz hatten, sondern sehr wohl in ihrer mittelalterlichen Symbolik bestimmte Aussagen machten.

Von der Fülle der Gewächse, die diese Begegnung umrahmen, blüht zentral ein Strauß mit fünf gelben Narzissen (Narcissus pseudonarcissus L.) genau zwischen den Händen der sich Gegenüberstehenden. Osterglocke heißt diese alte Blume der Passion und Auferstehung. Auf manchem Bild, das das österliche Geschehen darstellt, ist sie zu finden. Meist in der Fünferzahl, entsprechend den fünf Wundmalen Christi am Kreuz bedeutet die Osterglocke den Sieg über den Tod.

Hinter der Maria von Magdala wächst die Madonnenlilie (Lilium candidum L.). Sie ist immer schon Symbol der Reinheit gewesen, nicht nur der Mutter Jesu, sondern ganz allgemein der weiblichen Komponente im Heilsgeschehen. Die Lilie – gelegentlich als Metapher ersetzt durch die Schwertlilie (Iris-Arten) oder die Feuerlilie (Lilium bulbiferum L.) – erinnert aber auch daran, daß in der fast zweitausendjährigen Geschichte des Christentums die Kirche der Frau den ihr geziemenden Platz immer verwehrt hat und derzeit noch vorenthält.

Rechts im Hintergrund des Bildes recken sich voll aufgeblühte Stockrosen (Althaea rosea L.). Diese Art ist auch heute Stammpflanze für Blatt- und Blütendrogen, die als Hustenmittel verwendet werden. Ihrer heilenden Wirkung wegen symbolisiert sie das Leben. Das tut in besonderer Weise auch die Akelei (Aquilegia vulgaris L.). Sie steht – Symbol des Heiligen Geistes – dem Herzen Jesu nahe und weist auf sein Erlösungswerk hin. Über Jahrhunderte hinweg hat die bizarre Blüte dieser Pflanze auf Fromme und Unfromme eine eigenartige Faszination ausgeübt. Schon bei den Germanen war die Akelei der Göttermutter Frigga geweiht. Als marianisches Attri-

Abb. 12 »Noli-me-tangere-Bild« eines unbekannten Meisters

Abb. 13 »Das Paradiesgärtlein« eines Oberrheinischen Meisters

but wurde sie auf die Mutter Christi übertragen. So soll die Akelei nach einer auf Amuletten in der Rembrandt-Zeit gebräuchlichen Lobpreisung Gottes der Kabbala-Formel »AGLA« (= Atha Gibbor Leolam Adonai = Du Held in Ewigkeit, mein Herr [Psalm 89, 53]) entsprechen. Volksetymolgisch wurde dann »AGLA« mit dem mittelhochdeutschen »aglai« für Akelei gleichgesetzt.

Diese und viele andere auf dem Altarbild angepflanzte Blumen sind interessanterweise an Wirkstoffen reiche und in der Volksmedizin oft verwendete Pflanzen. Sie versinnbildlichen in besonderer Weise, daß Heil und Heilung nicht nur etymologisch, sondern auch vom ethischen Wert her eng zusammengehören oder zusammengehören müßten. Es bestand damals – oft mehr als heutzutage – das Wissen um den Dualismus des Menschen. Nur die Einbeziehung dieser Ambivalenz von Psyche und Physis in die Therapie lassen auch heute einen Mediziner zum Arzt werden, der nicht die Krankheit, sondern den Kranken behandelt. Beide, Priester und Arzt, hatten ja seit altersher die Aufgabe zu heilen. Hier wird die fließende Grenze zwischen Heil und Heilung deutlich; hier ist die von mir oft als beglückend empfundene Verflechtung von Naturwissenschaft und Geisteswissenschaft zu suchen; hier erkennen wir das Spannungsfeld, auf dem sich naturwissenschaftliche und geisteswissenschaftliche Überlegungen nicht nur treffen, sondern auch auseinandersetzen.

Fast von selbst führen diese Überlegungen den Betrachter zu einem Arzneipflanzengarten eines oberrheinischen Meisters. Um 1420 ist das »Paradiesgärtlein« entstanden (Abb. 13). Heute hängt es im Städelschen Museum in Frankfurt. Dieses miniaturhaft gemalte Bild erinnert in besonderer Weise an die französische Buchmalerei des Mittelalters. Lottlisa Behling, die unerreichte Altmeisterin der kunsthistorischen Botanik, hat an den Anfang des 2. Kapitels ihres Standardwerkes folgende Worte gesetzt: «... Die Malerei des frühen 15. Jahrhunderts in Deutschland beginnt mit einer bezaubernden kleinen Tafel, bei der man gerade von einem botanischen Wunder sprechen möchte. Es ist das Paradiesgärtlein eines oberrheinischen Meisters...«

In diesem geschlossenen Garten soll uns eine Pflanze besonders interessieren: das Kleine Immergrün (Vinca minor L.). Es ist eine der vielen Pflanzen, die auf diesem Bild die lesende Maria, das spielende Kind, Heilige, den Erzengel Michael und einen vornehmen Jüngling umgeben. Feinste Naturbeobachtung und symbolische Bedeutung der Pflanzen dieses Bildes sind eng verschwistert. So ist es sicherlich kein Zufall, daß der erschlagene Dämon, der Drache St. Georgs, auf einen Vinca-minor-Rasen gebettet ist. Das Böse ist der Pflanze zugeordnet und zugestellt, von der eine Zauberwirkung gegen böse Geister ausging und die ein Apotropaikum war.

»Welcher diß Krut by yme draget vber den hait der tüffel kein gewalt« heißt es bei Peter Schöffer im 1485 in Mainz gedruckten »Gart der Gesundheit«. Aber er macht gleich das Apotropaikum zur Marienpflanze: »Aber anzwyfel mag kein böser geyst gewalt in dem Huß haben darin diß krut ist. Und viel besser ist es, so gewyhet wurde mit anderen krutern uff unser frauwen dag.« Die alte Sitte des am 15. August zu Mariae Himmelfahrt, dem »Tag unserer Lieben Frau«, geweihten Würz- und Kräuterbüschels wird hier genannt. Dieser Strauß, der ursprünglich vor allem Heilpflanzen enthielt, wird ja auch heutzutage in manchen katholischen Gegenden Deutschland, z. B. in Franken, Mitte August gebunden. Auch dies gemahnt die moderne Medizin an das Gemeinsame in Heil und Heilung.

Horti conclusi sind vielleicht auch die vielen Laubenbilder des Mittelalters, die das Gefühl des Geborgenseins dem Menschen der damaligen Zeit vermittelten oder aber wenigstens die Sehnsucht nach Geborgenheit ausdrückten.

Lassen Sie mich Ihnen noch einen Hortus conclusus aus dem Stadtmuseum in Trier vorführen: »Die Madonna mit dem Hl. Johannes und drei Putti in einer Landschaft«. Das Bild aus dem frühen 17. Jahrhundert wurde bislang Hendrik van Balen zugeschrieben. Erst jüngere Forschungen entdeckten Beziehungen zu Jan Beughel d. Ä., dem Blumen- oder Samtbreughel, und Rottenhammer. Rottenhammer selbst hat nämlich ein sehr ähnliches Bild gemalt, für dessen Blumenumkränzung er seinen Freund J. Breughel gewinnen konnte. Wer auch immer der Künstler war, eine genaue Betrachtung offenbart, daß er eine Vielzahl von in der Gotik geläufigen Mariensymbolen in dieses Bild hineinkomponiert hat: Den »Hortus conclusus«, der auf die Jungfräulichkeit der Mutter Gottes anspielt; die Auserwähltheit symbolisieren auch der Elfenbeinturm, der »turris eburnea«, der Krug am Wege als geistliches Gefäß, als »vas spirituale«, die Lilie oder hebräisch »sushann« als Anspielung auf die noch unberührte Susanna, die Pfingstrose als »rosa mystica«. Diese und andere Symbole – erwähnt sei noch der Korb am Wegesrand, ebenfalls Sinnbild für Maria als Mutter Gottes (erinnert sei an Jahwes Lobpreisung der Tochter Israels im 5. Buch Moses: »gesegnet wird sein Dein Korb«), – sind aus der Gotik überliefert und daher für dieses Bild aus dem frühen 17. Jahrhundert untypisch. Es fällt nun auf, daß diese Symbole alle in der rechten Bildhälfte zu finden sind. In der linken Seite öffnet sich die Landschaft; sie wirkt modern. Wird damit dieses Bild geradezu exemplarisch zum Schnittpunkt zweier verschiedener Geisteshaltungen: hier die spirituale Bilddarstellung der Gotik, dort die befreiende Landschaftsmalerei der Renaissance und Nach-Renaissance? Hier der Versuch, die mittelalterliche Symbolsprache zu erhalten, dort der Ausbruch in der realistischen Malerei? Der Garten als Abgesang für eine Epoche; die Landschaft, der geöffnete Garten als Aufbruch in eine neue Zeit?

Und anders als im Arzneipflanzengarten des »Meisters des Barfüßer-Altars« wird hier das neue Verhältnis zur Natur deutlich. Die Natürlichkeit der Darstellung zeigt das Bemühen, ein Abbild der Natur zu geben. Dieser Schritt, im Bild die reale Umwelt festzuhalten, war selbstverständlich bereits in früheren Jahrhunderten gelegentlich zu erkennen, nicht zuletzt vorbereitet und eingeleitet durch den Realismus in der Philosophie der Schriften der Kirchenväter, wie Thomas von Aquin und Albertus Magnus. Bei ihnen werden Pflanzen aufgrund ihrer charakteristischen Morphologie bereits

Abb. 14 Blütenblatt einer Akelei und Taube des »Genter Altars«

Abb. 15 »Docteur Gachet« von Vincent van Gogh

in bestimmten Kategorien eingeordnet. Damit wird der Weg zu einer realistischen und oft – nicht immer – symbolfreien Darstellung im Bild ermöglicht.

Dieser Umbruch vom Mittelalter zur Renaissance ist z.B. im Portinari-Altar (heute in den Uffizien in Florenz) von Hugo van der Goes (1440/45 – 1482) zu erkennen. Hier wird besonders deutlich, daß auch in der Malerei die Betonung der Realität und des Individuums in den Humanismus als Gegenbewegung zur Scholastik und kirchlichen Autorität führt. Hugo van der Goes spielt im Portinari-Altar (etwa 1473-1475 geschaffen) seinen Sinn für das Bühnenhafte voll aus. Geöffnet zeigt die Mitteltafel die Anbetung der Hirten. In diese seltsame leere Mitte mit dem strahlenden Licht ist das Jesusbild gebettet, umgeben von der Heiligen Familie, den rauhen Hirten und den prächtig anzuschauenden Engeln. Im Vordergrund ist ein Mini-Arzneipflanzengarten hingemalt: ein Albarello, ein Majolikagefäß mit weißen und blauen Iris und mit einer Feuerlilie, daneben ein venezianisches Rippenglas mit sieben voll erblühten Akelei-Blüten und roten Nelken (Dianthus caryophyllus L.). Davor liegen hingestreut duftende Veilchen (Viola odorata L.). Den Hintergrund bildet eine Getreidegarbe.

Alle diese Pflanzen haben die zum Teil schon genannte symbolische Bedeutung. Neben der Feuerlilie weist auch die Nelke auf die Passion Christi hin. Von besonderem Interesse ist jedoch die Zahl »sieben« der Blüten der Akelei. Diese Pflanze steht symbolhaft für Tauben, die ihrerseits Metapher für den Heiligen Geist sind. Ähneln doch die Blütenblätter mit ihrem Sporn langhalsigen Tauben (Abb. 14). Und so heißt diese Pflanze auch in England »Columbine Flower« und in einigen allemannischen Gegenden Deutschlands »Täuberl«. Sieben Akeleiblüten hat van der Goes gemalt. Ursprünglich betrug die Zahl der Geistgaben jedoch nur sechs. Bei Jesajas (11,1) ist zu lesen: »Und es wird eine Rute aufgehen von dem Stamm Isais und ein Zweig aus seiner Wurzel Frucht bringen, auf welchem wird ruhen der Geist des Herrn, der Geist der Weisheit und des Verstandes, der Geist des Rates und der Stärke, der Geist der Erkenntnis und der Frucht des Herrn!« Im hohen Mittelalter wurde die Sechszahl auf die heilige Sieben erhöht. Die Furcht des Herrn unterteilte man in Frömmigkeit und Gottesfrucht.

An die bäuerliche Herkunft des Flamen van der Goes erinnert die Getreidegarbe im Hintergrund. Vielleicht ist sie aber auch ein Sinnbild für die Fülle des durch die Geburt Christi in die Welt getragenen Bundes zwischen Gott und den Menschen. Oder hat van der Goes hier an Maria als »guten Acker, welcher ohne Saat Getreidehaufen hervorbrachte und eine reiche Ernte feierte«, erinnern wollen. So wird die Mutter Gottes im 6. Jahrhundert von Jakob von Batnae in einem Gedicht besungen.

Etwa zur Zeit des Portinari-Altars entstand ein Arzneipflanzengarten sui generis durch Sandro Botticelli (1440 – 1510), die »Allegorie des Frühlings«. Vermutlich um 1478 wurde sie für die Medici-Villa von Castello gemalt. Handelt es sich hier um die Herrschaft der Venus? Zephyr verfolgt Flora. Sein Weib geworden, wird alles, was sie berührt zu Blumen. Flora selbst erscheint als Frühlingsgöttin. Im Mittelpunkt des Bildes steht Venus, über ihr schwebt Amor mit gespanntem Bogen. Zur Mitte hin bewegen sich die drei Grazien und Merkur. Möglicherweise handelt es sich aber um eine Darstellung der Jahreszeiten von Februar (Zephyr) bis September (Merkur).

Dieser Arzneipflanzengarten der Renaissance lebt von dem Kontrast des dunklen Orangenhains und der Wiese auf der einen und der in sanftem Licht fast rhythmisch dahinfließenden Szene. Ist hier nicht eine tänzerische Bewegung hoher Musikalität zu erkennen? Soll damit etwas von der Unruhe des neuen Geistes der Renaissance ausgedrückt werden?

Was bietet uns dieser Garten an Heilpflanzen? Flora beschenkt den Betrachter mit einer floralen Fülle. Nelken (Dianthus caryophyllus L.), als Symbol der Liebe und der Reinheit auch auf vielen Verlöbnisbildern zu finden, fallen uns entgegen. Die Bäume tragen gleichzeitig Blüten und Früchte der Orange (Citrus aurantium L.). Sie dient als Heilmittel und ist Metapher für die Fülle, auch für die Schönheit. Waren nicht die goldenen Äpfel der Hesperiden im Garten der Götter in der Nähe des Atlasgebirges Apfelsinen? Ist nicht der Apfel, den Paris leichtsinnigerweise Aphrodite als der »Schönsten« zuerkannte, eine Citrus-Frucht gewesen?

Lassen Sie mich einen großen Schritt in die Zeit der letzten Jahre des vorigen Jahrhunderts tun. Eine Reihe von Pflanzen aus Arzneipflanzengärten finden wir bei Vincent van Gogh. Hat er doch den Oleander (Nerium oleander L.), diese heute wegen ihrer Herzglykoside wichtige Droge gemalt; ebenso die Stockrose (Althaea officinalis L.), die uns als Heilmittel schon bei dem »Noli-me-tangere-Bild« oder im »Paradiesgärtlein« begegnet ist. Die Absinthtrinkerin erinnert an den thujonhaltigen Wermut (Artemisia absinthium L.), die Ausgangspflanze dieses häufig mißbrauchten Getränks. Besonders deutlich wird der Bezug in van Goghs Oeuvre zu Arzneipflanzen in dem erst kürzlich für 75 Millionen Dollar verkauften Bild »Docteur Gachet«. Er hält in seiner Hand einen Stengel des blühenden Fingerhuts (Digitalis purpurea L.), eine Arzneipflanze, deren Inhaltsstoffe im vorigen und in diesem Jahrhundert entscheidend die Therapiemöglichkeiten der Ärzte verbesserten (Abb. 15). Diese Pflanze steht fast sinnbildhaft an der Grenze der alten empirischen Kräutermedizin zur modernen, mit hochwirksamen, aber auch hochgiftigen, isolierten Pflanzenstoffen arbeitenden Medizin. Das daneben heute auch die Therapie mit definierten Pflanzenextrakten wieder eine wichtige Aufgabe in der Heilkunde hat, ist eine andere aktuelle Entwicklung.

Lassen Sie mich hier unseren Streifzug durch die Kunst der Arzneipflanzengärten abbrechen – zu Ende müßte er noch lange nicht sein. Ich habe mit Ihnen eine botanische Exkursion sui generis gemacht. Wir sind hierher gegangen, dort stehengeblieben, manchmal auch ein wenig zurückgeblieben. Wir haben uns diese oder jene Pflanze angesehen.

Und hier schlage ich einen Bogen von den kunsthistorisch betrachteten Arzneipflanzengärten zur Würzburger Landesgartenschau. Sie soll auch, oder besser besonders dazu dienen, etwas mit dem Auge aufzunehmen. Denn das Sehen von Dingen des Alltags, von Dingen am Wegesrand ist eine Fähigkeit, die uns verloren zu gehen droht. Hat Josef Pieper recht, wenn er meint, wir hätten das Sehen verlernt durch zuviel sehen? Können wir nur noch plakativ aufnehmen: einfarbige Blütenfelder, eintönige grüne Zierrasen, kaum strukturierte oder aufgelöste, oft ermüdende, ja geradezu einsame Flächen moderner Künstler? Verliert der Mensch der Gegenwart mit dem Unvermögen, Details zu erkennen, auch die Empfindsamkeit und die Empfindlichkeit für kleinste, kontinuierlich in kleinen Schritten verlaufende Änderungen unserer Umwelt und unserer Gesellschaftsysteme? Sehen sollte kreativ sein. Es sollte sensibilisieren und Denkanstöße geben. Sehen kann beglücken, Sehen kann verzaubern. Das Sehen im Detail ist Eigenart und Eigenschaft des Augentieres Mensch. Die Kunst des Sehens und damit des Begreifens von einfachen Gegenständen muß wieder erlernt werden. Und dazu gehört die Fähigkeit, die sichtbare Welt mit eigenen Augen gewahr zu werden. Dies ist sicherlich eine Eigenschaft, die zum innersten Bestand des Menschseins gehört.

Ganz gewiß ist es daher auch eine Aufgabe der Landesgartenschau, durch Betrachten der Pflanzen zum Sehen anzuregen. Gerade Details von Pflanzen können und sollen dazu dienen, das Große zu erkennen. Am Eingang des Alten Botanischen Instituts der Universität Marburg stand der für Fromme und Unfromme, selbst für Agnostiker gleichermaßen bemerkenswerte und nachdenkenswerte Satz: »In Minimis Deus Maximus«.

Anmerkung des Verfassers
Der hier abgedruckte Aufsatz ist die gekürzte Fassung eines Vortrags, den ich am 5. Mai 1990 im Rahmen der Würzburger Landesgartenschau gehalten habe.

Literatur

Auf einzelne Literaturhinweise habe ich bewußt verzichtet. Im folgenden sind einige zusammenfassende Werke zum Thema »Arzneipflanzen und Kunst« zitiert.

Baumann, H.: Die griechische Pflanzenwelt in Mythos, Kunst und Literatur, München 1982.
Behling, L.: Die Pflanzen in der mittelalterlichen Tafelmalerei, Köln/Graz 1967.
Czygan, F.-C., und Kaiser, J.: Blattwerk - Alte und neue Arzneipflanzen in Aquarell und Lyrik, Stuttgart 1989.
Chapeaurouge, Donart de.: Einführung in die Geschichte der christlichen Symbole, Darmstadt 1984.
Haig, E.: The Floral Symbolism of the Great Masters, London 1913.
Hunger, H.: Lexikon der griechischen und römischen Mythologie, Wien
Keller, H. L.: Reclams Lexikon der Heiligen und der biblischen Gestalten, Stuttgart 1984.
Kluge, F.: und Mitzka, W.: Etymologisches Wörterbuch der deutschen Sprache, Berlin 1975.
Lehner, E. und J.: Folklore und Symbolism of Flowers, Plants and Trees, New York 1960.
Marzell, H.: Geschichte und Volkskunde der deutschen Heilpflanzen, Stuttgart 1938.
Schmidt, H. und M.: Die vergessene Bildersprache christlicher Kunst, München 1982.
Stoffler, H. - D.: Der Hortulus des Walafrid Strabo, Sigmaringen 1985.

Legenden zu den Abbildungen 1-15

Abb. 1: Der Paradiesbaum aus einem »Ortus sanitatis« von 1491

Abb. 2: Blüte und geöffnete Frucht des Granatapfels (Punica granatum L.) aus dem »Lehrbuch der Malerei aus dem Senfkorngarten« (chines.: Chieh-tzu-yüan hua-chuan), das zwischen 1679 und 1701 in drei Folgen erschienen ist. Die aufgeplatzte Frucht symbolisiert Reichtum, hier besonders Kindersegen. Die vier Zeilen des Gedichtes stammen von P'an Ni, einem Dichter vom Ende des 3. Jahrhunderts:

Blüten und Früchte sind gleichermaßen schön
und auch ihr Geschmack ist hervorragend.
Das Purpurgehäuse ist ganz herrlich
und die roten Blütenkelche unvergleichlich.

Abb. 3a: Krokuswiese. Minoisches Freskenfragment der Jüngeren Palastzeit (1600-1400 v. Chr.) Archäologisches Museum in Herakleion. Photo: Isolde Czygan

Abb. 3b: Safranpflanze (Crocus sativus L.). Die dunkelroten aus der Krokusblüte herausragenden Narbenschenkel liefern die »Safranfäden«, die als Gewürz und Färbemittel Verwendung finden. (Photo: W. Schier)

Abb. 4: Göttin oder Priesterin mit Mohnkapseln in der Kopfbedeckung. Tonstatuetten (Idole?) aus dem Heiligtum bei Gazi/Kreta. Entstanden um 1400 (?) v. Chr. in der Kultur der Nachpalastzeit (Photo: Kritikos; aus H. Wagner, Rauschgiftdrogen, Berlin etc., 1969)

Abb. 5: Darstellung eines Weihrauchbaumes am Grabtempel der Königin Hatschepsut. Die Übersetzung der zugehörenden Inschrift lautet: »Grünende Weihrauchbäume 31 Stück, herbeigeführt unter den Kostbarkeiten für die Majestät Gottes Amun, des Herrn der irdischen Throne. Niemals ist ähnliches gesehen worden seit Erschaffung des Weltalls.«

Abb. 6: Ein Schiff der Königin Hatschepsut wird in Punt beladen mit Weihrauchbäumen und anderen Schätzen des Landes. Zeichnung nach einem Relief im Grabtempel der Königin in Deîr el-Báhar (18. Dynastie)

Abb. 7: Das »Würzburger Rezept« aus der Karolingerzeit (Myth. f. 146 der Universitätsbibliothek Würzburg). – Die 5. Zeile von oben beginnt mit dem Wort »Saluia« (= Salvia = Salbei), die 7. Zeile mit »Tormentilla« (= Potentilla erecta = Blutwurst) die 18. Zeile mit »Gariofile« (= Syzygium aromaticum = Gewürznelke) und die 23. Zeile mit »Cinamomii« (= Cinnamomum ceylanicum = Zimt). Alle vier Pflanzen (und noch andere dieses »Rezepts«) sind Stammpflanzen für Drogen, die noch heute -- also mehr als 1000 Jahre später -- im offiziellen Deutschen Arzneibuch (DAB 9 von 1986) enthalten sind: Salviae folium, Tormentillae rhizoma, Caryophylli flos und Cinnamomi cortex.

Abb. 8: Das 70. Kapitel des »Capitulare de villis« (von ca. 790) beginnt mit den Worten: »Volum (us), q(uo)d in horto om(ne)s herbas habeant: id(est) lilium...« -- Wir befehlen, in den Gärten soll man alle nachgenannten Pflanzen anbauen: Lilien...« In dieser Abbildung sind die 1. bis 6. Zeile der linken und der mittleren Spalte vergrößert wiedergegeben. Deutlich zu erkennen sind u.a. die Pflanzenbezeichnungen Rosas (= Rosa-Arten), Salviam (= Salbei = Salvia officinalis L.), Rutam (= Gartenraute = Ruta graveolens L.), Abrotanum (= Eberraute = Artemisia abrotanum L.), Papaver (= Schlafmohn = Papaver somniferum L., hier nicht als Lieferant des Opiums, sondern der ölhaltigen Mohn-Samen). – Die Abbildung wurde von einem Facsimile-Druck der Abschrift des »Capitulare« aus der Herzog-August-Bibliothek in Wolfenbüttel hergestellt (Codex Guelf. 254 Helmst.).

Abb. 9: Darstellung eines Kräutergartens aus einem »Gart der Gesuntheit«, der 1533 in Antwerpen gedruckt wurde.

Abb. 10: Rechter Teil einer doppelseitigen Abbildung einer Kürbispflanze aus dem »Herbarium pictum« des Nürnberger Apothekers Georg Öllinger von 1553. -- Das Original dieses Herbariums wird in der Handschriftenabteilung der Universitätsbibliothek in Erlangen aufbewahrt.

Abb. 11: Wegen seiner Verwendung in der Parfümerie und in der Medizin wird der Lavendel (verschiedene Lavandula-Arten) u.a. in Südfrankreich viel angebaut. Er ist zusammen mit der duftenden Gartennelke als Kupferstich im »Hortus Eystettensis« abgebildet. Dieses barocke Werk, das im Auftrag des Fürstbischofs von Eichstätt, Johann Conrad von Gemmingen, an der Wende vom 16. zum 17. Jahrhundert geschaffen wurde (das Titelblatt der Zweitauflage trägt die Jahreszahl 1613), ist der erste Höhepunkt der Epoche pflanzlicher Kupferstiche in Deutschland.

Die Abbildungen 10 und 11 wurden freundlicherweise von der Handschriftenabteilung der Universität Erlangen/Nürnberg zur Verfügung gestellt.

Abb. 12: »Noli-me-tangere-Darstellung« eines unbekannten Meisters, der nach seinem Hauptwerk »Meister des Göttinger Barfüßer-Altars« genannt wird; vermutlich um 1425 entstanden. Heute in der Stuttgarter Staatsgalerie.

Abb. 13: »Das Paradiesgärtlein« eines unbekannten »Oberrheinischen Meisters« von etwa 1420. –Heute im Städelschen Kunstinstitut in Frankfurt am Main.

Abb. 14: Vergleich eines gespornten Blütenblattes einer Akelei (Aquilegia vulgaris L.) mit der den Heiligen Geist symbolisierenden Taube des »Genter Altars« der Brüder van Eyck (1432 vollendet)

Abb. 15: Portrait des Dr. Paul-Ferdinand Gachet, das Vincent van Gogh (geb. 1853) wenige Wochen vor seinem Selbstmord am 29. Juli 1890 malte. Es gibt zwei Fassungen dieses Bildes. Die hier abgebildete Darstellung seines Freundes und Arztes erzielte kürzlich auf einer New Yorker Auktion den sensationellen Preis von etwa 135 Millionen DM. – Die Digitalis-purpurea-Pflanze, reich an herzwirksamen Wirkstoffen, die Dr. Gachet in seiner rechten Hand hält, soll sicherlich Metapher für dessen Beruf sein. Vielleicht stammt dieser Rote Fingerhut aber auch aus dem Garten von Dr. Gachet, den van Gogh ebenfalls in seiner unnachahmbaren Art malte.

Gärten – eine Augendichtung

Gerhart Baumann

Gärten – kaum jemand, der sich nicht an einen Garten erinnert, der nicht Erwartungen und Erfahrungen seiner Jugend mit ihnen verknüpft, – Gärten der Nähe, Märchen- und Traumgärten, Gärten der Ängste und der Selbstbefreiung, Gärten der Erkenntnis. Von Gärten schreiben viele ihre Herkunft her, in ihnen sehen sie Stätten beglückender Heimkehr, erdichten sie ihr Paradies. Gärten verwandeln den Menschen, so wie dieser die Wildnis verwandelt. Der Garten, Vermittler der Natur, ein Bezug zum Ursprünglichen – oft noch der einzige, den der Mensch bewußt unterhält. So weit und so vielfältig Geist und Einbildungskraft, Schöpfungslust und Gestaltungsvermögen in die ursprüngliche Wildnis eingreifen, der planende Mensch seinen Willen geltend macht, so bleibt das geformte Land doch noch immer Natur, Wind und Witterung ausgesetzt, dem Wechsel der Jahreszeiten unterworfen, Hitze und Kälte preisgegeben, von Bodenbeschaffenheit und Feuchtigkeitsgraden abhängig, von Lichtverhältnissen gezeichnet und begrenzt. Vielleicht bilden diese Bedingungen eine wesentliche Herausforderung: der Garten, Natur, zugleich das Werk des Menschen. In folgerichtigem Entwerfen und unermüdlicher Tätigkeit versucht er, sich der Wildnis zu bemächtigen, mit den Mitteln und Möglichkeiten der Natur eine Wirklichkeit zu schaffen, die seinen Träumen und Vorstellungen entgegenkommt; eine verwandelte Natur, in welcher er seine eigene freizusetzen sich bemüht. Der Garten – eine Oase in den steinernen Wüsten, in der die Macht des Unscheinbaren wirkt, eine ansprechende Möglichkeit, drohende Naturferne aufzuhalten, eine Gelegenheit, im Sichtbaren vieles zu erfahren, an dem wir sonst achtlos vorübergehen. Man gewahrt Wiederholungen, die keine Langeweile aufkommen lassen, in denen unaufdringlich Gesetze an Erscheinungen abzulesen sind.

Der Garten vergegenwärtigt die Natur als eine Welt, die der Mensch sich zuordnet, Stätte seines Wirkens, seiner Besinnlichkeit, ein Gelände, in welchem er Aufbau und Zerstörung wahrnimmt, Anreiz und Widerstände, ein Ort der Geselligkeiten wie der Einsamkeit. Der Garten – eine unnachahmliche Welterfahrung; er ruft die sinnlichen Bindungen in das Bewußtsein, das Bedrängende und das Befreiende. Der Garten spricht zu allen Sinnen mit Farben und Düften, er beschäftigt Gesicht und Gehör. Er löst unbestimmte Regungen und Stimmungen aus, er umspannt alle Bewußtseinszustände von Melancholie bis zu unanfechtbarem Behagen. Die Macht der Erde zeigt sich, das Unzulängliche in allem Erdentreiben, ein Miteinander von Sinnlichkeit und Geist, von Anschauen und Erkennen. Man genießt im Garten die Schönheit der Schöpfung, zugleich weiß man, daß sie beständig bedroht ist. Im flüchtigen Spiel des Lichtes, in verschwimmenden Farbtönen, im metallischen Spiegel der Gewässer offenbart sich das Unwägbare. Es erwacht die Lust, sich der Natur hinzugeben, zugleich regt sich das Gefühl hinfälliger Glückseligkeit. Bedeutsame Parkanlagen sind darauf ausgerichtet, Durchblicke zu vermitteln, eine Weltperspektive auszuziehen, die das Offene begünstigt, aber nicht das Maßlose. Viele Anordnungen gelten dem Bestreben, Bestimmungen aufzuheben, die Ausdehnungen im Ungewissen zu belassen, die Grenzen zwischen Leblosem und Belebtem zu verwischen.

Der Garten wird zum bevorzugten Feld, in welchem viele Vorgänge zuständlich anmuten, zahlreiche Veränderungen in einer bewegten Dauer aufgehen.

Nicht ohne Abstand von sich selber wie das Tier steht der Mensch dem Dasein gegenüber; unablässig stellt er sich, stellt er seine Umgebung in Frage. In der bestürzenden Erkenntnis, daß er in jedem Augenblick ein anderer wird und doch derselbe bleibt, setzt er sich mit der Zeit, mit seiner eigenen Hinfälligkeit auseinander – notwendige Erwiderungen: der Gegenwart setzt er die Zukunft entgegen, der Jugend das Alter, dem Tod das Leben, dem Wirklichen das Mögliche. »Blühn und Verdorrn ist uns zugleich bewußt« – vernimmt man in der vierten Duineser Elegie von Rilke. Im Bewußtsein seiner Macht gewahrt der Mensch seine Machtlosigkeit, erfährt er seine unaufhaltsame Vergänglichkeit, der er mit dem Traum der Unsterblichkeit begegnet. Wachsen und Welken, eine der eindringlichsten Einsichten, die der Garten erlaubt und in den jeweiligen Anlagen sinnfällig verwirklicht. Das Werden im Vergehen wird fortwährend sichtbar, jene langsamen Veränderungen, in denen alles Wesentliche sich vollzieht; selbst das Fürchterliche in allem wirkt unscheinbar. Einige Pflanzen zeigen noch Blüten, während sie schon Früchte tragen – eine der aufschlußreichsten Einsichten, die sie dem Betrachter gewähren. Manche Gestalter heben in der Auswahl von Pflanzen und Bäumen auf die verschiedenen Färbungen der Jahreszeiten ab, andere legen es darauf an, durch immergrüne Gewächse und strengen Schnitt dem Park ein gleichförmiges, dem Wandel entrückendes Aussehen zu verleihen. In einer absichtsvoll aufgelichteten Natur sucht man sich mit der Welt in Übereinstimmung zu bringen. Nicht wenige Bemühungen zielen darauf hin, den Herbst im Garten so herrlich erscheinen zu lassen wie den Frühling.

Seit jeher haben Gärten die Einbildungskraft von Denkern und Dichtern angesprochen, sind sie bevorzugter Ort für Glaubenslehre und Mythologie: Eden und Gethsemane, die Gärten des Alkinoos und der Semiramis, die Zaubergärten der Armida, von Hadrian, von Epikur und Rousseau – Stätten des Kults und des Spiels, der Pastorale und des Abenteuers. Gärten – Stätten der Begegnungen, gegensätzlicher Möglichkeiten, Gärten der Lüste und der Garten der Erkenntnis, – ein Zusammenwirken von Vorder- und Hintergründigem, von Licht und Schatten, das zu allen Zeiten

Maler und Dichter anlockt. Der Garten ein Gleichnis – das die verschiedenartigsten Auslegungen erlaubt, der Hortus conclusus im Alten Persien und in der Bibel, der locus amoenus im westlichen Altertum. Der Garten als Labyrinth und als symmetrische Ordnung, Anlagen, die eine unermeßliche Weite vorspiegeln und solche, die als Raum zur Besinnung anhalten, wie es den Ostasiaten eigen: eine sparsame Bepflanzung, seltene Gewächse und Gestein – ein Garten der Einkehr, einsamer Selbstbetrachtung. Eine Abkehr von den Weltgeschäften ohne Weltverleugnung, eine Rückkehr zur unverstörten Natur im Geiste jener heiteren Entsagung, wie sie Goethe in seinen »Chinesisch-deutschen Jahres- und Tageszeiten« feiert:

»Sag, was könnt uns Mandarinen,
Satt zu herrschen, müd zu dienen,
Sag, was könnt uns übrig bleiben,
Als in solchen Frühlingstagen
Uns des Nordens zu entschlagen
Und am Wasser und im Grünen
Fröhlich trinken, geistig schreiben,
Schal auf Schale, Zug in Zügen.«

Der greise Herrscher, der nunmehr sich dem stillen Amt des Gärtners widmet, erfährt eine Wiedergeburt im »Kleinen Welttheater« von Hofmannsthal in dem Bekenntnis des Betagten:

»Ich trug den Stirnreif und Gewalt der Welt
Und hatte hundert der erlauchten Namen,
Nun ist ein Korb von Bast mein Eigentum,
Ein Winzermesser und die Blumensamen...«

Bald nach seiner Ankunft in Weimar bemüht sich Goethe, die Landschaft entlang der Ilm planvoll und weitsichtig zum Park zu gestalten, nachdem er selbst das Gartenhaus am Stern bezogen hatte. Von einem Besuch der einzigartigen Anlage, die Fürst Franz von Dessau in Wörlitz geschaffen, berichtet er Charlotte von Stein: »Hier ist jetzt unendlich schön. Mich hats... gerührt wie die Götter dem Fürsten erlaubt haben einen Traum um sich herum zu schaffen. Es ist wenn man so durchzieht wie ein Mährgen das einem vorgetragen wird und hat ganz den Charakter der Elisischen Felder in der sachtesten Manigfaltigkeit fliest eins ins andre, keine Höhe zieht das Aug und das Verlangen auf einen einzigen Punckt, man streicht herum ohne zu fragen wo man ausgegangen ist und hinkommt.« (14. Mai 1778) Nichts weniger als die Weisheit des Wanderers Goethe vermittelt diese Betrachtung: derjenige kommt am weitesten, der nicht weiß, wohin er geht, er nähert sich einem unbeschreiblichen Ziel, indem er keines hat.

Seine Begegnungen mit der Natur gestaltet der Dichter in Ettersburg und Tiefurt, in Entwürfen und nicht zuletzt in zahlreichen Zeichnungen; er skizziert die Floßbrücke im Weimarer Park, Ruinen, eine leuchtende Nachtwolke über seinem Gartenhaus. Stets achtet er das Naturgemäße.

Er versucht, sichtbar zu machen, was, in der Natur angelegt, nicht ohne Weiteres zur Erscheinung gelangt. Mit Hilfe der Kunst erprobt er ihre Verwandlungsmöglichkeiten im Spätsommer 1778, indem er das Ufer der Ilm in jenes »Zaubergemisch von Hell und Dunkel« taucht – jene Beleuchtung, die man vereinfachend Rembrandt zuschrieb, eine Vision »Rembrandtischer Nachtstücke, die man ewig hätte vor sich sehen mögen«, wie Wieland bewundernd schreibt. (An Joh. Heinrich Merck, 27. August 1778)

Kritisch setzt sich der Dichter im Vorfeld seiner »Wahlverwandtschaften« mit der »Gartenkunst« auseinander. Zu verdienstvollen Gestaltern gesellen sich vorzugsweise auf diesem Feld gewissenlose Dilettanten; sie behandeln »Reales als ein Phantasiewerk«, phantasieren gesetzlos und willkürlich – Eingriffe in die Natur, die der Morphologe und Naturforscher Goethe entschieden verwirft, so wie der Ästhet die »Kartenhaus-Architektur«, welche in Gärten sich verbreitet, als Entwürdigung der Baukunst verurteilt. Nur derjenige, welcher die Natur achtet, vermag ihr in der Kunst zu begegnen. Gartenkunst – Goethe entwickelt in ihr eine strenge Ethik.

Auf der Stufe des Hochalters umkreist der 79jährige Goethe noch einmal seine Begegnungen mit der gestalteten Natur, eine Selbstbegegnung zugleich, ein unvergeßliches Nachsommer-Gespräch über Leben und Überleben. Nach dem Hinscheiden des Fürsten und Freundes findet der Betagte eine Zuflucht, in welcher er gleichnishaft Gebäude und Gärten anspricht, Farben und Jahreszeit. »Bei dem schmerzlichsten Zustand des Innern mußte ich wenigstens meine äußern Sinne schonen und ich begab mich nach Dornburg«, vertraut er dem Altersgefährten Zelter: »Ich weiß nicht ob Dornburg dir bekannt ist; ... ein Städtchen auf der Höhe im Saaletale unter Jena, vor welchem eine Reihe von Schlössern und Schlößchen gerade am Absturz des Kalkflözgebirges zu den verschiedensten Zeiten erbaut ist; anmutige Gärten ziehen sich an Lusthäusern her ... Die Aussicht ist herrlich und fröhlich, die Blumen blühen in den wohlunterhaltenen Gärten, die Traubengeländer sind reichlich behangen ... Von den andern Seiten sind die Rosenlauben bis zum Feenhaften geschmückt und die Malven und was nicht alles blühend und bunt, und mir erscheint das alles wie der Regenbogen auf schwarzgrauem Grunde.« (10. Juli 1828)

Das Gartengelände, ein Ort der Besinnlichkeit, zugleich ein spätes Kapitel aus der Farbenlehre, complementärer Zuordnungen – Wirkungen und Gegenwirkungen, welche zum Ganzen sich vereinigen, ein Ganzes, welches die Sinne ebenso anspricht wie den Geist, eine Summe aus Schatten und Licht, Auf- und Niedergang, gemäß jenen Gedichten, die in den folgenden Wochen in Dornburg entstehen.

Fern von Übereilungen und Versäumnissen bedürfen Gärten jener Stetigkeit, welche organischem Leben entspricht. Der Gärtner ist folgerichtigem Tun verpflichtet. Weitsichtig trifft er seine Wahl, und jene bedeutet unwillkürlich eine Entsagung. Er ist auf Erwartungen angewiesen, ohne zu wissen, was ihn, was er erreicht. Gartenkunst – das Zusammenwirken von Calcul und Phantasie, Wissen und Schauen, Erfahrung und Vorstellungskraft. Der Garten selbst ein Vermächtnis, wie es Goethe in Dornburg zusammenfaßt, daß er eben »in der Gliederung dieser Folge, selbst an- und abtretend, so Freude als Schmerz wie in dem Wechsel der Jahreszeiten so in dem Menschenleben, an anderen wie an sich selbst zu erwarten habe.«

Die Anschauung des Gartenlebens überliefert ein bedeutsames Bekenntnis Goethes, wie Epikur oder Rousseau sich darin gleichnishaft geäußert hatten. Jedes Zeitalter, jede Nation verfolgt in ihren Gärten und Parkanlagen eine Idee, beinahe ist man versucht anzumerken, zuweilen eine Metaphysik. Die Vorstellungen des Bewußtseins, welche der französische Geist in das Sichtbare umsetzt – sie verpflichtet sich einer übersichtlichen Ordnung, den Forderungen der Symmetrie, den Geraden und dem Kreis. Es sind Anlagen cartesianischer Gesinnung, eine Verbindung von mathematischer Strenge und jener Schönheit, die in der Freiheit der Vernunft aufscheint, ein leidenschaftlich durchdachter Entwurf, der alles Willkürliche und Ungewisse verabscheut.

Der geheimnisvollen Klarheit der Entsprechungen, der Anschauung des Ornamentalen, die sich in den Anlagen eines Le Nôtre vollkommen ausspricht, erwidert die Begeisterung für eine Natur, die sich den Regeln entzieht, scheinbar zwanglos sich entfaltet, in ungebundenen Verhältnissen sich ihres Ursprungs erinnert – jene Natur, die Shaftesbury beispielhaft feiert. Gestaltungen aus »Enthusiasmus«, Schönheit als Übereinkunft mannigfaltiger Gegensätze – eine Schönheit, die im Wechsel der Belichtungen, in rhythmischen Bewegungen sich entfaltet, in denen die Blickbahnen sich vervielfältigen. Gewundene Wege, ausladende Hügel und Gewässer, unregelmäßige Gruppen von Bäumen und Gesträuch – der englische Garten, in welchem sich eine wiederentdeckte Natur offenbart, organisches Leben im Wechsel der Einstellungen sich verdichtet, – vertraut und immer noch unbekannt, – Gärten, die eine Welt umspannen, die sich zum Ursprünglichen bekennen. Sie halten sich offen, sie verführen dazu, in der Ferne zu suchen, was man in der Nähe besitzt.

Parkanlagen versammeln Erdteile und Epochen: ostasiatische Gewässer und Gehölze, Inseln und Gestein, orientalische Gewächse, niederländische Blumenbeete; Türme und Tempel, Terrassen, Grotten, Kapellen, Denkmäler, Wasserspiele: Tivoli und Tusculum, Pantheon und die Kartause, Pyramiden und Triumphbögen, Pagoden und Apollon-Heiligtümer, Palladianische Fassaden und gotische Ruinen, Einsiedeleien und Moscheen, ägyptische Gewölbe und Gräberstraßen – manche Anlage, ein Text aus Zitaten zusammengesetzt. Eine unwirkliche Wirklichkeit zuweilen, eine widersprüchliche Szenerie – flache Dekoration oder eine Predigt über die Nichtigkeit aller Dinge angesichts einer unzerstörbaren Natur?

Der Garten – individuelle Ausdruckskunst, unverwechselbare eigene Welt. Unabhängig vom Ausmaß, vermag er sich in seiner Ordnung, in seinem Charakter zu behaupten. »Es ist ganz gleich, ob ein Garten klein oder groß ist«, weiß Hofmannsthal, der Gartenherr von Rodaun.« Was die Möglichkeiten seiner Schönheit betrifft, so ist seine Ausdehnung so gleichgültig, wie es gleichgültig ist, ob ein Bild groß oder klein, ob ein Gedicht zehn oder hundert Zeilen lang ist. Die Möglichkeiten ... sind einfach unmeßbar ... Es können im Hof eines Bauernhauses eine alte Linde und ein gekrümmter Nußbaum beisammenstehen und zwischen ihnen im Rasen durch eine Rinne aus glänzenden Steinen das Wasser aus dem Brunnen ablaufen, und es kann ein Anblick sein, der durchs Auge hindurch die Seele so ausfüllt wie kein Claude Lorrain. Ein einziger Ahorn adelt einen ganzen Garten, eine einzige majestätische Buche, eine einzige riesige Kastanie, die die halbe Nacht in ihrer Krone trägt.« Rudolf Borchardt, der leidenschaftliche Gärtner, fügt vergleichend hinzu: »Der ostasiatische Denker- und Träumergarten verkürzt als Epigramm die Sehnsucht der menschlichen Seele nach Einsamkeit und Einkehr.«

Die weiträumige Anlage wie das beschränkte Geviert – sie fordern einen empfänglichen Sinn für das Miteinander, für das wechselseitige Zusammenwirken, damit sich ein unerklärlicher Stimmungszustand verdichtet, ein unerschöpfliches Gespräch möglich wird, »So wie die Worte des Gedichtes und die Farben des Bildes einander anglühen, eines das andere schwingen und leben machen.« Der Gärtner – ein Zwillingsbruder des Dichters, – so gewahrt ihn Hofmannsthal. Für den Dichter bezeichnet »Poesie das Magische der Zusammenstellungen«, der Gärtner bewirkt mit Gewächsen und Gestein, mit Wasser und Lichtbahnen, »was der Dichter mit den Worten tut: er stellt sie so zusammen, daß sie zugleich neu und seltsam scheinen und zugleich auch wie zum erstenmal ganz sich selbst bedeuten, sich auf sich selbst besinnen. Das Zusammenstellen oder Auseinanderstellen ist alles: denn ein Strauch oder eine Staude ist für sich allein weder hoch noch niedrig, ... weder üppig noch schlank: erst seine Nachbarschaft macht ihn dazu ...«

Nicht wenige Gartenarchitekten hegen den Ehrgeiz, ein Gesamtkunstwerk vorzustellen, oft erliegen sie den Verführungen einer hemmungslosen Phantasie. Selbst weiträumige Anlagen verlangen eine bedachte Auswahl, erzielen ihre eindringlichsten Wirkungen in Anordnungen überlegener Sparsamkeit. Die schwierige Aufgabe besteht darin, ein unzerlegbares »Feld« zu gestalten, das vorgängig alles in sich versammelt, Bewegung und Ruhe, sich nicht als zusammengestücktes Nebeneinander ausweist, das gesichtslos und unverbindlich bleibt. Erst dann entfalten sich unerschöpfliche Ansichten, zeigt sich in allen Vereinigungen auch das Besondere; diese wiederum fügt sich wie selbstverständlich in das Ganze, in das gemeinsame Anwesen, in welchem es aufgeht. Der überlegene Gartenkünstler muß die Kunst des Ausgleichens beherrschen, Contrapunktiker der Elemente, Entdecker und Erfinder.

Gärten sind Stätten und Hintergründe der Erinnerung. Denkmäler, Anlagen sind dazu ausersehen, Abwesendes zu vergegenwärtigen – Rätsel der Stille. Witterung und Belichtung, Düfte, Farbflecken, Schattenfiguren – sie entbinden Unsägliches und beschwören minuziös vergangene Einzelheiten. Die camera obscura der Erinnerung richtet sich mit Vorliebe auf Gärten und Gewässer, Blüten und Licht. Mit unerhörter Eindringlichkeit erfährt es Marcel, das andere Ich von Marcel Proust, in der »Recherche«: wie »Japaner in eine mit Wasser gefüllte Porzellanschale ... unscheinbare Papierstückchen werfen, die, sobald sie sich vollgesogen haben, ... Farbe annehmen und deutliche Einzelheiten aufweisen ..., ebenso stiegen jetzt alle Blumen unseres Gartens und die aus dem Park von Monsieur Swann, die Seerosen auf der Vivonne ... und ganz Combray und seine Umgebung, alles deutlich und greifbar, die Stadt und die Gärten auf ...« Eine verlorene Welt, eine verlorene Zeit verdichten sich in solchen Garten-Räumen, unabhängig davon, ob es Stätten sinnhafter Erfahrung oder Traumlandschaften sind – die Grenzen sind oft durchlässig, und im einen erscheint nicht selten das andere. Im Unbestimmbaren ist der Garten des »Neuen Paris« angesiedelt, den Goethe in seinem Knabenmärchen vieldeutig im Stil von Tausendundeiner Nacht gestaltet, zugleich greift er auf Anregungen zurück, welche ihm jene Tapeten vermitteln, die Frankfurter Maler im Auftrag des Grafen Thoranc im Giebelzimmer des jungen Goethe geschaffen hatten. Genau bestimmt ist hingegen die »Pfaueninsel«, deren sich Theodor Fontane in seinen »Wanderungen durch die Mark Brandenburg« entsinnt: »Wie ein Märchen steigt ein Bild aus meinen Kindertagen vor mir auf: ein Schloß, Palmen und Känguruhs; Papageien kreischen, Pfauen sitzen auf hoher Stange oder schlagen ein Rad; Volieren, Springbrunnen, überschattete Wiesen; Schlängelpfade, die überall hinführen und nirgends; ein rätselhaftes Eiland, eine Oase, ein Blumenteppich inmitten der Mark.« Fontane versteht die Sprache der Gärten, Wege als Texte zu lesen.

Vielleicht hat Robert Musil neben Marcel Proust dem Garten die vielwertigsten Bedeutungsmöglichkeiten eingeräumt. In den Gärten-Gesprächen der Geschwister, Ulrich und Agathe, den »Ungetrennten und Nichtvereinten«, hat er nichts weniger verdichtet als »taghelle Mystik«. Unberührt tritt der Garten in den Blick der Zwillingsgeschwister, »als wäre er eben erst geschaffen« worden, und noch in den »Atemzügen eines Sommertags verklärt sich in ihm eine grenzenlose Welt. Sie offenbart ihren Feldcharakter, indem jegliches alles zu vertreten vermag, die Sinnlichkeit den Geist, wie in den Zeiten des Ursprungs: »Ein geräuschloser Strom glanzlosen Blütenschnees schwebte ... durch den Sonnenschein; und der Atem, der ihn trug, war so sanft, daß sich kein Blatt regte ... Die zärtlich und veschwenderisch vom jungen Sommer belaubten Bäume und Sträucher ... machten den Eindruck von fassungslosen Zuschauern, die, in ihrer fröhlichen Tracht überrascht und gebannt, an diesem Begräbniszug und Naturfest teilnahmen. Frühling und Herbst, Sprache und Schweigen der Natur, auch Lebens- und Todeszauber mischten sich in dem Bild...« Alles ist hier Gleichnis und »nichts mehr nur Gleichnis«. Eine Berührung der Sphären, indem die geläfigen Dinge und Zustände ihre Möglichkeiten eröffnen, schwebende Bedeutungen gewinnen. Erschöpfend und unerschöpflich, unbeschreibliche Begegnungen, ein offenbares Verschweigen, verschwiegenes Offenbaren, eine unfaßbare Wirklichkeit, ein Geschehen, ohne daß etwas geschieht.

Gärten – ein sinnfälliges Zeitfeld. Mächtige Bäume gesellen sich zu jugendlichem Gesträuch, unangreifbare Steinfiguren säumen Beete, denen nur ein einziges Blütenjahr vergönnt ist, ein Miteinander vielgestaltiger Alters- und Wachstumsepochen. In Erinnerungen sucht man Unwiderrufliches zu überwinden, Kommendes auszulegen. Der Gang durch den Garten, ein Weg der Selbstbesinnung im Bewußtsein des Abschieds – ein Bewußtsein, das Gérard de Nerval beherrscht wie Paul Verlaine, das sich im Lied vom verwilderten »Alten Garten« bei Eichendorff äußert, das sich bei Gottfried Keller unvergeßlich zu jener Situation verdichtet, in welcher im Baumgarten Judith, eine bäuerliche Pomona, aus dem Herbstnebel dem Grünen Heinrich entgegenkommt.

Der Garten der Erkenntnis – mythologischer und biblischer Vorwurf –, er schreibt sich beispielhaft fort in der Geschichte eines Fürsten, der sich nicht erkennt, von Leopold von Andrian. In seiner »sinnreichen Schönheit«, – darin gewinnt das Wien des ausgehenden 19. Jahrhunderts kultische Bedeutung in erlesener Gleichförmigkeit: «... und alle Gärten waren schön, die festlichen Gärten der Schlösser mit Statuen, Trophäen und viereckigen Teichen und die öffentlichen Gärten voll Blumen und Musik, und die verstaubten Gärten der Vorstadt, in denen Soldaten und Mädchen mit offenem Munde schlafen ...« Wenige Monate vor dem Erscheinen dieses Buches vermerkt Loris-Hofmannsthal von einem Gang mit seinem Freund Andrian in der Abenddämmerung von Schönbrunn: »Zwei Alleen, sternförmig ausgehend: in der linken fast Dunkelheit, auf dunklem Gewölk ein blasser Regenbogen; in der rechten heller metallisch blauer, leise grüner Himmel, mit matt silbernen Wolken und über Wipfeln purpur untergehender Sonne. In diesen zwei Alleen zweierlei Epochen, zweierlei Schicksale ... Wir glauben die Seele dieses Wien zu spüren, die vielleicht in uns zum letzten Male aufbebt ...« (23. IV. 1894).

In diesem Wien lebt noch die Überlieferung des barocken Welttheaters in seiner Doppeldeutigkeit, Festlichkeit und Askese, eine Welt der ungewissen Grenzen; nie läßt sich endgültig bestimmen, wie Wirklichkeit in das Unwirkliche übergeht, wo das Leben zum Traum sich verwandelt, das Gesicht zur Maske wird, Masken sich entlarven. Nicht zufällig endet der »Tolle Tag«, »Figaros Hochzeit«, im nächtlichen Park. Laubengänge werden zu Gewölben, Hecken zu Formen einer Architektur – der Garten Hintergrund einer vielgestaltigen Szene, eines magischen verwirrenden Hell-Dunkel. Der Prolog eines altklugen Geschlechts bekennt nunmehr:

»Hohe Gitter, Taxushecken,
Wappen nimmermehr vergoldet,

... Knarrend öffnen sich die Tore, –
Mit verschlafenen Kaskaden ...
Auf dem glattgeschorenen Rasen
Liegen zierlich gleiche Schatten
Schlanker Oleanderstämme;
Zweige wölben sich zur Kuppel ...«

Ein Geschlecht, das sich nie völlig von seinen Träumen zu lösen weiß, dem jedes Ziel nur einen Vorwand gibt sich zu suchen, das sich selbst zum Schauspiel wird, dem Spiel Selbstgenuß bedeutet:

»Eine Laube statt der Bühne,
Sommersonne statt der Lampen,
Also spielen wir Theater ...«

Schauspieler ihrer »selbstgeschaffenen Träume«, gelangen sie nicht von der Natur zur Kunst, vielmehr entdecken sie in ihrer Kunst, welche sie leben, vorgeformte Natur. Sie genießen die Vermischung von Weite und Nähe, von Dunkel und Helle, von Tag und Traum in Erinnerungen an das »Concerto campestre« des Giorgione, an das Arkadien von Guercino und Poussin, an das Kythera von Watteau und an das »Fest von Saint-Cloud« von Fragonard, die Seerosen-Teiche in den Gärten von Claude Monet. Sie feiern sich selbst in jenen Augendichtungen, welche von Malern geschrieben, in denen die Kunst sich zu erlesener Natur verklärt, Natur in Kunst sich spielend empfängt – eine Gegenwart der Erinnerungen. Hier wie dort werden Gärten zu Vorstellungen unserer inneren Erfahrungen, zu Entwürfen eines bildnerischen Denkens.

Zeichnet sich der Dichter in der Wahl seiner Worte aus, in erlesenen Gruppierungen und Wechselwirkungen, die eine Vielstimmigkeit vernehmbar werden lassen, die unmittelbar sich nicht erreichen läßt, so stellt sich dem Gestalter der Gärten die Aufgabe, Gewässer und Gestein, Pflanzen und Bodenform auszuwählen, Licht- und Farberscheinungen zu erzielen, Begegnungen, die in Anregungen und Verwandlungen, in einer Beziehungsvielfalt dem Auge sich als unerschöpfliche Dichtungen entfalten. Manche lesen sich wie Stimmungszustände, wie Gedichte, andere gemahnen an dramatische Szenen, in anderen wiederum ergeht man sich wie in einem unendlichen Roman. Nicht zuletzt erschließen die vielgesichtigen Anlagen, wie Schönheit mit Strenge sich verbünden.

Gärten bezeichnen auch Landschaften der Erwartung. Man kennt die verschlungenen Wege, die verschwiegenen Teiche, oft hat man sie umrundet, aber immer wird man von dem Bewußtsein begleitet, man stoße auf etwas Unerwartetes, sie hielten noch eine Überraschung für uns bereit. Man wird den Gedanken nicht los, sie hätten noch etwas aufgespart – eine unheimliche wie reizvolle Vorstellung, die sich bei jedem Besuch erneuert.

Dichtungen anderer Art lassen sich an Gartenanlagen gleichfalls ablesen: die sprechende und stumme Biographie ihrer Herrschaft, ihrer Schöpfer: Pückler-Muskau in Muskau und Branitz, Graf Schönborn in Göllersdorf, Johann Graf von Harrach in Bruck an der Leitha, Wilhelm von Humboldt in Tegel. Die Gartenarchitekten selbst schreiben mit ihren Gärten ihre Lebensgeschichte: William Kent, Claude-Henri Watelet, Friedrich Ludwig von Sckell, Peter Johann Lenné – um nur einige wegweisende Namen anzuführen.

Gärten – eine Pädagogische Provinz, eine Schule der Geduld, eine umfassende Sozialgeschichte. Städte wiederum empfangen von ihnen ihr Gesicht, ihren Charakter: London ist ohne Hyde- oder Regentspark ebensowenig vorstellbar wie München ohne den Englischen Garten oder den Park von Nymphenburg, Kassel ohne die Wilhelmshöhe. Paris gewinnt Licht und Weite, Gliederung und Perspektiven durch den Jardin des Tuileries, den Jardin du Luxembourg, den Parc de Monceau. Wien gewahrt sein Lebensgefühl nicht zuletzt im Volksgarten und im Prater. Czernowitz erhält sich in seinem Stadtpark lebendig – Erinnerungen an ihn spricht Paul Celan an, wie zuvor schon Alfred Margul-Sperber. Keine Stadt, die sich einige Bedeutung zuerkennt, kommt ohne Volks- und Bürgergarten aus. Überall erkennt man in der Garten-Kunst den Ausdruck einer Cultur, die gleichermaßen das Auge anspricht wie das Gefühl – eine Cultur, in welcher Vorstellungen zu lebendigen Formen sich gestalten.

Die Gegenwart der Natur – in Gartenanlagen gewinnt sie Gesicht, auch in denjenigen der Kunst, – in jenen Augendichtungen, welche der Sehnsucht des Menschen entgegenkommen, in den Spiel-Räumen der Einbildungskraft. Dichter können es seit jeher sich nicht versagen, wirklich-unwirkliche Räume und Landschaften zu entwerfen, Homer, Vergil Sannazaro, Jean Paul – um nur einen zufälligen Umriß zu ziehen. Im Garten überkommt den Menschen das Bewußtsein des Gewesenen, des Erreichten und Vesäumten, aber auch des Kommenden. Nirgendo auffälliger als im Garten greift »Vergängliches und Dauerndes« ineinander, zeichnet sich Ottilie in den »Wahlverwandtschaften« auf. Wie kaum eine zweite Gegebenheit vermitteln Gärten das Bewußtsein der Zeitlichkeit, Begegnungen mit Vorgängen und Abläufen, in denen die Zeit, die so schwer faßbar, ihre Gesichter aufscheinen läßt in Aufbruch und Abschied, im erregenden Zugleich von Blühen und Verwelken, in Anschauungen des Noch-Nicht und Nicht-Mehr.

Es ist derselbe Garten, der unerschöpflich sein Gesicht verändert, – derselbe und immer ein anderer. Steine verwandeln sich zu Figuren, Gänge zu einem Labyrinth, Farbtöne zum Lichtspiel, Blüteninseln beleben sich zu einem Text, Erhebungen bilden eine Bühne, Schattenrisse verdichten sich zu mythologischen Erscheinungen. Betrachter wie Wanderer genießen Ansichten und Rollen, – Natur erfahren sie als Kunst-Werk, Kunst erschließt sich als gestaltete Natur, entfaltet sich im Wechsel der Wirklichkeiten.

Gärten – man sucht in ihnen das Vertraute und entdeckt etwas Unvermutetes, man ergeht sich in Erinnerungen und erblickt in ihnen das Gegenwärtige, – das eine gemahnt unaufhörlich an das andere. Nicht zuletzt zeitigen Erinnerungen eine Augensinnlichkeit, der man sich nicht zu entziehen vermag, – Dichtungen des Auges, gesättigt mit Vorbildern, bildhaften Aufzeichnungen oder Texten, die sich unterwegs in Formen der Anschauung, in Geisteslandschaften verwandeln, aus Erinnerungen in Erinnerungen übergehen, Unmittelbarkeit und Übertragung in einem. Unerschöpflich im Spiel der Tages- und Jahreszeiten, Gedichte einer entworfenen Natur – vom Auge in fortgesetzten Wiederholungen empfangen und zurückgeworfen.

Gärten, Stätten der Begegnung wie der Selbstbetrachtung, in ihnen beschreibt der Mensch Um-Wege zu sich selbst, eine not-wendige Besinnung auf seine Herkunft im Zeitalter der Maschinen und Mechanismen – in einer Welt, die sich unaufhaltsam von der Natur zu entfernen scheint, – in ihr äußert sich der unwiderstehliche Drang, das Abwesende anzusprechen, zu erreichen. Der Mensch, der sich in Eigenschaften auseinanderlegt, auf bloße Zuweisungen angewiesen, gewahrt sich dabei als Einheit. Im gestaltenden Umgang mit der Natur beleben sich Möglichkeiten, die sonst brachliegen – unschätzbare Bindungen, das Bewußtsein des Organischen. In Gärten wirkt der Traum des Menschen derart machtvoll, daß er in ihnen noch ein Gespräch mit der Natur zu führen vermag, ein »Sag ich's euch, geliebte Bäume/Die ich ahndevoll gepflanzt ...« (Goethe), daß er versucht, sie seinen Träumen anzunähern. Der Gang durch den Garten – eine Selbstbegegnung, ein Weg durch Lebens- und Wachstumsepochen, zuletzt ein Vermächtnis, in dem die Natur dem Menschen sich eröffnet, der Mensch sich auch als Gestalt und Gestalter der Natur erfährt. Aus dem verlorenen Garten zum wiedergefundenen zu gelangen – ein unermüdlicher Aufbruch im Schau-Spiel der Natur, das sie sich selber, das sie dem Menschen gewährt, – ihre unendliche Augendichtung.

Philosophie des Gartens

Heinrich Rombach

Überall, wo es Menschen gibt, finden sich Gärten. Jede Kultur hat ihre eigenen Gartenformen entwickelt, ja jedes Land und jede Region. All diese vielen Gartenformen haben jeweils ihren Reiz und ihren Geist. Das geht von strengen ornamentalen Formen mit unerbittlicher Symmetrie über die von der Küche und der Apotheke diktierten Lineaturen der Gemüse- und Kräutergärtlein bis hin zu den großen Parkanlagen der italienischen Villen und der englischen Schlösser und bis hinüber zu den atemberaubenden Landschaftsgestaltungen der »hängenden Gärten« in Asien. All diese unterschiedlichen Gestaltungen geben auch Zeugnis von einer jeweils verschiedenen Auffassung des Menschen über sich selbst und seine Stellung in der Natur. Der Garten begleitet den Menschen als sein Spiegel- und Gegenbild, ja er geht ihm schon im Mythos voraus, denn noch ehe der Mensch war, war der Garten, nämlich Eden.

Dies alles veranlaßt uns, im Garten ein Grundphänomen zu sehen, das zum menschlichen Dasein ebenso gehört wie die anderen großen Grundphänomene, die Religion und die Kunst, die Philosophie und die Erziehung, die Gemeinschaft und das Recht und viele andere, die zusammen die Welt des Menschen ausmachen. Sie finden sich überall, selbst dort noch, wo sie vernachlässigt oder vergessen oder verneint werden. Sie gehören unbedingt zum Menschen. Die Philosophie des Gartens hat nun keine andere Aufgabe, als den Garten als ein solches Grundphänomen zu enthüllen. Was ist also der Garten, jenseits aller typologischen Besonderheiten und formalen Unterschiede? Was ist das »Wesen des Gartens«, wenn dieser allen Einzelinteressen und Sonderzwecken voraus zur Selbstkonstitution des Menschlichen als solchem gehört?

Wer nach dem Wesen von etwas fragt, tut gut daran, zunächst nach dem Wesensort zu suchen, und da ergibt sich schon das erste Merkwürdige des Gartens, daß er nicht einfach in die menschliche Welt gehört, sondern eine Stelle zwischen zwei Welten einnimmt, zwischen der des Menschen und der der Natur. Jede dieser beiden Welten ist in ihrer Weise bestimmt und geklärt und von einem eindeutigen Prinzip her verstanden. Die Welt des Menschen geht, was immer sie enthalten mag, auf etwas zurück, was die Griechen thesis nannten, Setzung, Absicht, Wille, Ordnung. Die Welt der Natur geht dagegen auf ein reines, unabgezwecktes Hervorgehen zurück, auf das, was die Griechen physis nannten. Und zwischen diesen beiden Prinzipien gibt es eigentlich kein Mittleres, etwas ist entweder thesei oder physei, entweder einer Absicht und Setzung zufolge oder rein und absichtslos aus sich selbst hervorgehend. Nur was thesei geschah, ist dem Menschen zuzurechnen und daher unter den Schuldaspekt gestellt, was physei geschah, wie beispielsweise das Beutereißen eines Raubtieres, ist nicht unter die Zurechnungsfrage gestellt und kann dem Lebewesen nicht als »Schuld« zugerechnet werden. Dies die Grundunterscheidung der Griechen, die uns heute selbstverständlich erscheint, aber für die Natur-Völker vor den Griechen unvorstellbar war.

Und nun ist es das Merkwürdige, daß der Garten zwischen dem Menschen und der Natur, zwischen thesis und physis angesiedelt ist. Er geht nicht einfach nur auf eine Setzung und einen Zweck zurück, wie beispielsweise der Acker oder das Bewässerungssystem, aber auch nicht auf natürliche Gegebenheiten, wie etwa die wilde Landschaft oder der sich windende Bach. Die Gewichte zwischen diesen beiden Möglichkeiten mögen zwar verschieden verteilt sein, sie müssen jedoch zusammenwirken, wenn das Grundphänomen Garten entstehen soll. Der Garten darf weder ein Ergebnis des Menschen gegen den Wildwuchs der Natur noch ein Ergebnis der Natur ohne die ordnende Hand des Menschen sein. In ihm müssen sich beide Gestaltungsprinzipien zu einer schönen Einheit verbinden. Er muß so angelegt sein, daß sich in ihm die Natur ungezwungen entfalten kann, und doch auch wieder so, daß man darin die glückliche Hand des Menschen erkennt. Beides darf aber – und jetzt nähern wir uns dem Wesensprinzip des Gartens – nicht in der Form einer Mischung vorliegen, sondern es muß als ursprüngliche Einheit entstehen und von Grund auf aus einem Guß sein. Die menschliche Hand muß so ordnen, daß sich darin die Natur gerade ihrem eigenen Wachstumsgesetz entsprechend entfalten kann, und die Natur wird so gelockt und gereizt, daß sie sich ganz einem menschlichen Formgefühl und Harmoniebedürfnis entsprechend verhält. Der Garten sieht so aus, als ob er rein von Natur, und zugleich so, als ob er rein aus Gestaltungsabsicht entstanden wäre. Das Wesen des Gartens muß also darin gesehen werden, daß er aus tieferliegenden Tendenzen heraus entsteht, aus solchen, die noch nicht nach dem Unterschied von Mensch und Natur, thesis und physis getrennt sind. Oder, um diese Einsicht noch etwas zuzuspitzen: Wenn es den Menschen erst in Absetzung von Natur und die »Natur« erst im Gegenzug zum Menschen gibt, so repräsentiert der Garten ein Ordnungsprinzip, das noch vor der Unterscheidung von Mensch und Natur liegt und in gleicher Weise sowohl dem menschlichen wie dem natürlichen Dasein zugrundeliegt. Es weist auf den eigentlichen Ursprung allen Seins zurück, der noch ungeschieden und ungeteilt, ungetrübt und unbeschränkt am Werke ist. Er ist das Symbol des »Einen«, jenes höchsten Wesens, das in vollständiger Einheit mit sich selbst und mit allem, was lebt, lebt.

Von hier aus ist der Garten nicht nur das Symbol, sondern jener geschützte und glückliche Einheitsbereich, in dem alles mit allem in Übereinstimmung und damit zugleich in ungesollter und ungeforderter Identität mit dem absoluten Schöpfungsprinzip lebt. Er ist also weder eine Sonderform des Menschen noch der Natur, sondern jene Ursprungsgestalt, die noch frei von allen Sonderformen ist und in der der Mensch auf eine ganz natürliche Weise zurück zu sich selbst und zugleich zutiefst in den Kosmos hineinfinden kann.

An diesem Punkt verschlägt es der philosphischen Analyse für einen Augenblick die Sprache. Wenn es nämlich so ist, dann haben wir im Garten jenes einzige Seiende vor uns, das nicht nur bildhaft sondern realiter Hervorgangspunkt des höchsten und letzten Ursprungsprinzips ist, und das gilt gerade auch dann, wenn der Garten eine ganz harmlose und vergleichsweise nebensächliche Erscheinungsweise hat. Gerade die Ungezwungenheit, ja Unwichtigkeit und Nebensächlichkeit ist die Wesensfolge jener Kraft, die sich noch nicht nach Wichtigem und Unwichtigem, Haupt- und Nebensache, Grund und Folge zerteilt hat. Diese Kraft ist auch dann tätig, wenn sie aus dem unprätentiösen Menschen wie aus einem spielenden Kind hervorgeht und wenn sie mit nichts anderem arbeitet als mit ganz gewöhnlichen und natürlichen Wachstumsvorgängen. So wie der Tempel das Haus Gottes ist, der »über« der Natur und dem Menschen steht, so ist der Garten gleichsam der Tempel jenes ursprünglich Einen, in dem noch nichts gegen anderes abgestzt und noch niemand über anderes gestellt ist. Im Mythos gesprochen: Der Garten Eden ist nicht nur älter als der Mensch, er ist auch älter als Gott, oder: er ist die älteste Wesensgestalt Gottes, die ursprünglichste Wurzel aller Erkenntnis. Und: es tut vielleicht nicht jedem gut, von diesem Baum der Erkenntnis zu essen.

Von daher verstehen sich die alten, überall vorfindlichen Mythen und Bilder des ursprünglichen Gartens, des reinen Paradieses, in dem Mensch und Natur, Natur und Gott, Gott und Mensch noch ungetrennt beieinander ja miteinander sind. Nach dem Mythos, der eine ursprüngliche und unwidersprechliche Wahrheit aussagt, reißen die Differenzen erst später auf, die Differenzen zwischen Mensch und Gott, Adam und Eva, Tier und Mensch, Pflanze und Stein, Feuer und Wasser, Wollen und Sollen, Sorge und Glück, Machen und Lassen, Freiheit und Zwang, Natur und Gnade.

Es gibt vielleicht nur noch ein anderes Grundphänomen, das diese ungeschiedene Einheit eines doch reichhaltigen und vielfältigen Lebens symbolisiert und enthält, das Kunstwerk. In ihm geschieht ein ebensolches Zusammenwachsen von gegenteiligen Entstehungsbedingungen. Die im Kunstwerk gefundene Gestalt muß zugleich wie absichtslos ganz aus sich selbst und ihrer eigensten Entfaltungstendenz entstanden sein, wie auch aus dem Formungsvermögen des willensbestimmten Menschen. Gestaltungen, die ganz und gar aus der Natur, also nur »zufällig« entstehen, können ebensowenig ein Kunstwerk sein, wie Gestaltungen, die vom Menschen »gemacht« und in einer bestimmten Absicht hergestellt sind. Vielmehr muß der Mensch, beispielsweise im Gedicht, so sprechen, als ob anderes, Unendliches spräche, aber doch auch wieder so, daß das gesprochene Gebilde als ein solches des verstehenden und

Inhalte verfolgenden Menschen gehört werden kann. Im Gedicht spricht zugleich der Dichter und das Unendliche, und zwar so, als ob sie beide nicht getrennt und geschieden wären. Es ist darum ganz wichtig und kennzeichnend, wenn der Garten vom Literaturwissenschaftler als »Augengedicht« bezeichnet wird. Der Philosoph würde vielleicht noch einen kleinen Schritt weiter zum Ursprung zurückgehen und den Garten ein »Pflanzgedicht« nennen. Den eigentlichen Genuß hat nämlich nicht erst der Betrachter, sondern, dem voraus und vielleicht intensiver, der Pflanzer, dem alles so wohl gelungen ist und der sich vom Garten beschenkt, ja überschenkt fühlt. Das Wachstumsgeschenk des Gartens liegt nicht erst in den Früchten, sondern schon im Aufgang, indem das Werk der Hände, ohne diese eigentlich zu verlassen, über sich selbst hinausgetragen wird. Nur der Gärtner kann den Garten wirklich sehen. Er »sieht« gleichsam jenes dritte Wachstumsprinzip zwischen Menschen und Natur, das sich ein glückliches und genaues Erscheinungsbild gegeben hat. Darum gehört in jeden Garten eine Bank, d.h. ein Gesichtspunkt, von dem aus jenes Unerhörte und Ungesehene, das allem zugrundeliegt, gesehen wird. Nur wer den Garten angelegt und bearbeitet hat, kann ihn »sehen«, und nur er sieht und genießt in ihm jenes Unendliche und Namenlose, in dem zwar schon alles von allem unterschieden, aber noch nichts von etwas getrennt ist.

Wenn wir dieses ungeschiedene Hervorgangs- und Wachstumsgeschehen, das als eines und dasselbe zugleich aus dem Menschen und der Natur hervorgeht, »Konkreszivität« nennen, so können wir zusammenfassend sagen, daß das Wesen des Gartens die Konkreszivität ist. Aus diesem Wesenspunkt ergeben sich nun mehrere Wesenszüge, die die Sache in ihren ganzen Erscheinungsreichtum führt. Eine Philosophie des Gartens darf sich also nicht damit begnügen, nur den Wesensort und den Wesenspunkt gefunden zu haben, sie muß wenigstens in einigen skizzierten Strichen die Wesenszüge andeuten.

Da finden wir zunächst den Wesenszug der Eudaimonia. Er erbringt den Lustcharakter, der immer und überall zum Garten gehört, und er ergibt sich aus dem Anteil der Natur am Geschehen bzw. daraus, daß das Wachstumsgeschen hier nicht nur zum Teil, sondern ganz und gar dem reinen Hervorgang der Natur entspringt. Freilich, wie wir wissen, nicht ohne zugleich ganz die Absichtlichkeit des Menschen mitzuenthalten und weiterzuführen. Das, was wir mit der Kategorie »Gedeihen« meinen, entstammt diesem ersten Wesenszug des Gartens. Alles, was gedeiht, ein Kind, eine Arbeit, eine Gemeinschaft, hat aus diesem Grunde Gartencharakter, muß auch mit den eigentümlichen Merkmalen der Gartenarbeit betreut werden, nämlich pflegsam, einzelheitlich und zurückhaltend, bloß reizend nicht nötigend, schonend und dankbar. Mit dem eudaimonischen Wesenzug ist der Grundcharakter der Leichtigkeit der Eigendynamik und der Selbstmehrung verbunden, der überall dort eintritt, wo etwas den Gartencharakter, also die Ontologie der Konkreszivität, besitzt. Und zugleich gilt das Umgekehrte: Nichts gerät in den Entwicklungsprozeß der »Selbstmehrung«, d.h. ins »Gedeihen«, das nicht im Sinne der Garten-Ontologie gehalten und betreut wird.

Den zweiten Wesenszug des Gartens können wir den der Indistanz nennen. Er besagt, daß alles, was zum Garten gehört und in seine Wesensentwicklung hineingenommen wird, in eine Ungeschiedenheit gerät, die die Dinge zwar sein läßt, was sie sind, ihnen aber die Abständigkeit voneinander und Gegensätzlichkeit zueinander nimmt. In einer gärtnerischen Pädagogik stehen sich Führen und Wachsenlassen nicht gegenüber und unterscheiden sich nicht anteilig. In einer gärtnerischen Religion ist der Mensch dem göttlichen Prinzip nicht unterworfen, sondern da gilt auch das Umgekehrte, daß sich der Gott aufs Menschliche verpflichtet, also gleichsam dem Maß des Menschlichen unterwirft. Das Göttliche und das Menschliche widerspricht sich nicht, sondern geht in schöner Gemeinsamkeit zugleich auf. In einer solchen Religiosität ist Gott nicht »Herr«, sondern »Vater«, was etwas ganz anderes ist. – In einer gärtnerischen Rechtsprechung wird der Mensch nicht dem Gesetz unterworfen, sondern das Gesetz im Sinne der Selbstmehrung des Menschlichen verstanden und angewandt. Kein Mensch ist nur der Täter seiner Taten, sondern immer auch der von diesen Getane. Daraus ergibt sich ein neues und anderes Verhältnis zu Schuld und Verantwortung, weder ein solches der eindeutigen Zurechung noch ein solches der permissiven Entlastung. Jenseits der Ethik und jenseits der Milieutheorie werden die Geschehnisse und Verhältnisse auf eine andere Ontologie, die erst die wahre menschliche ist, auf die hortensische Ontologie, von hortus, der Garten, zurückgeführt.

Viele Beispiele wären noch zu nennen. In sie spielt auch immer der dritte Wesenszug hinein, den wir den der Selbsttranszendenz nennen wollen. Dies besagt, daß etwas, das in ein hortensisches Gesamtgeschehen gestellt wird, dadurch in eine höhere Entfaltungsdimension getrieben wird. Jeder weiß, daß die in einem Garten gezogenen Gewächse sich, wenn dieser Prozeß nur lange und grundsätzlich genug geführt wird, zu ganz anderen Dimensionen und Formen entwickeln, als wenn sie nur in ihrer Wildform geführt werden. Dieser Wesenszug ist in früheren Generationen sehr viel deutlicher bewußt und höher verdankt worden. Zur Ikonographie des Gartens in der abendländischen Malerei gehören diese Treibungen und Übertreibungen des Wachstums. In einer etwas veräußerlichten aber damit zugleich verdeutlichten Form kennen wir dieses Phänomen als »Schlaraffenland«. Eine Gartenkultur führt eben, das hat der geschichtliche Mensch erfahren, dazu, daß von einem erstaunlich kleinen Erdausschnitt in gesegneter Weise und immer weiter zu steigernder Form Nahrung und Lebensgenuß für viele gezogen werden kann. Das Gärtnern darf sich dabei natürlich nicht nur auf die Pflanzen, sondern muß sich auch auf die Tiere und den Menschen, ja auf den Boden, auf die Bewässerung und auf die Reinheit beziehen. Allgemein und im Sinne einer hortensischen Ontologie muß man sagen, daß alles, was im Grundcharakter des Gartens und des Gärtnerns gestaltet und behandelt wird, in eine Selbsttranszendenz gelangt, die zu höheren Dimensionen des Lebens führt.

Dies ist ein ganz wichtiges Prinzip, ohne das die Menschheitsgeschichte niemals den Fortschrittscharakter erlangt hätte, den sie hat.

Der vierte Wesenszug ist der der Exklusivität. Er kommt am meisten in jenem Archetypus zur Geltung, der unter dem Namen »hortus conclusus« bekannt ist. Er besagt, daß alles, was Gartencharakter hat, im Grunde unzugänglich ist, abgeschlossen, nach außen abgesetzt und wie mit einer Mauer umgrenzt. Dies darf man nicht äußerlich verstehen, sondern man muß es, wie die anderen Wesenszüge auch, aus der eigentümlichen und unableitbaren Ontologie des Gartens heraus begreifen. In diesem Sinne kann z.B. auch eine Familie ein Garten sein. In ihr herrscht dann jene eigentümliche Gemeinsamkeit, die nicht eigens hergestellt werden und die sich nicht unbedingt in Ruhe und Ordnung ausdrücken muß. Sie kann sich gerade auch in Eigenwilligkeit und Auseinandersetzung, ja in Streit und Versöhnung bekunden. Es gibt ja auch Steingärten, deren höhere Ordnung gerade darin besteht, daß sie jegliche einfache Ordnungsvorstellung sprengen und verneinen. Alle Arten von Beziehung, wie differenziert und eigensinnig auch, können von einer Innigkeit und Herzlichkeit unterfangen sein, die die Menschlichkeit steigert. Aber gerade in solchen Fällen ist der Gartencharakter nicht von außen zu sehen. Im Grunde ist kein Gartenzustand von außen zu sehen, sondern nur von innen aus dem Pflanz- und Mehrungsgeschehen selbst heraus. In den jeweils eigenen Gartencharakter findet nur derjenige Betrachter hinein, der seine eigenen Vorstellungen fallen läßt und sich ganz der Eigengesetzlichkeit und dem selbsttranszendent entwickelten Sinne dieses speziellen Gesamtgebildes öffnet. Ganz ebenso ist auch ein Gedicht nur für denjenigen hörbar, der in die eigentümliche Sinnkonkreszens dieses Ausdrucksgeschehens hineinfindet und alles, was es darin zu bemerken und zu hören gibt, ganz aus demjenigen heraus versteht, was es darin zu vernehmen und zu hören gibt. Alles geht da aus allem hervor. Nur wer sich mitten drin in diesem Hervorgang hält, kann das darin Hervorgehende erfassen. Von außen ist da nichts zu vernehmen und nach außen ist nichts weiterzugeben. Wer in diesen hortus conclusus hineinkommen will, muß wie durch einen Zauber »hineingeraten«. Es gibt da kein Tor. Jeder Garten ist »verschlossen«, hat seine eigene Hermetik.

Ich komme nun auf zwei Wesenszüge zu sprechen, die ich sehr wichtig finde und die für die Philosophie des Gartens von entscheidender Bedeutung sind. Das erste ist – hier also unser fünfter Wesenszug – die Universalität der Gartenverfassung. Sie besagt, daß alles Garten sein kann. So kann beispielsweise die menschliche Arbeit in die Gartenverfassung gebracht werden, dann nämlich, wenn sie jenseits der äußerlichen Notwendigkeit einen spielerischen Charakter erhält, der dennoch nicht den Ernst der Dinge negiert. Er zeichnet sich durch Sorgsamkeit aus, folgt aber nicht äußerlichen Ordnungsprinzipien, sondern läßt jedem einzelnen Vorgang seinen eigenen Lauf und seine eigene Dynamik. Dadurch wird der Prozeß zugleich leichter und ergiebiger. Dies sollten die Arbeitgeber aller Branchen lernen. Aber ebenso soll jedes andere Phänomen eine Gartenontologie bekommen, so wie schon erwähnt die Familie, die weder beackert werden noch verwildert sein will, sondern die eine Harmonie aller Mitglieder unter absoluter Freistellung jedes einzelnen erreicht. Wer meint, dies sei nicht erreichbar, hat keine Ahnung, weder vom Garten noch von der Familie. Ebenso jede menschliche Gemeinschaft, im privaten, im kirchlichen und im staatlichen Raum. Nirgendwo dürfen die strengen Rabatten verdinglichter Ordnungsformen herrschen, sondern überall muß dem Eigenwuchs freier Raum gewährt, ja ganz speziellen Formen ein vollständiges Eigenrecht eingeräumt werden. Nirgendwo behauptet sich die Gemeinsamkeit durch Vorschriften, sondern höher und fruchtbarer durch Entwicklungsvorgaben, die eine höhere Eigenheitlichkeit bringen. Die Tiefe eines Glaubens offenbart sich mehr in der reichen Blüte unterschiedlichster Eigengestaltungen als in der auf die Schnur gezogenen Stiefmütterlichkeit eines strengen Gartenamtes. Auch der Staat kann nicht an einer strengen Ordnung interessiert sein, sondern muß seine Gestaltqualität, und das ist seine menschliche Qualität, an der offenen Freizügigkeit und vielfältigen Formungstendenz seiner Mitglieder haben. Dies gilt allerdings auch für die Mitglieder selbst, die nicht darum kämpfen sollten, daß ihre einseitige Parteiung zu einer möglichst uneingeschränkten Geltung kommt, sondern daran, daß auch ganz andere Ansätze und Intentionen mit ihnen, ja durch sie zur Geltung kommen. Ein Demokrat wählt ja nicht eine Partei, er wählt das Ganze aller Parteien, und er kämpft nicht gegen die anderen Parteien, sondern gegen die eigene, wenn diese andere Parteien zu überherrschen oder gar auszuschließen droht. Ist dies nicht das Problem Gorbatschows? Und zugleich das Problem der Balten, der Armenier, der Aserbeidschaner? Sie wollten nicht zum riesigen Acker einer Einheitskolchose gemacht, sondern in einem Garten russischen Lebens freigesetzt sein, wo jedes Volk sein eigenes Leben, aber im offenen Bereich einer lebendigen Gemeinschaft haben darf. Da braucht es keinen eisernen Traktoristen, der lineare Furchen zu ziehen, sondern einen Völkergärtner, der alles auf »Gedeihen« zu stellen versteht. Eine gärtnerische Politik verfolgt auch umgekehrte Ziele, wie wir sie in einer bloß formalistischen Demokratie, die eine gefährliche Scheindemokratie ist, kennen. Da gibt es viel zu lernen. Nicht muß der Garten vom Menschen, sondern es muß der Mensch vom Garten lernen. Ob Gemeinschaft oder Recht, Kunst oder Politik, Religion oder Philosophie, Erziehung oder Wirtschaft, Ehe oder Moral, Sport oder Bildung, alles muß vom Garten lernen.

Vielleicht als Beispiel nur eben noch der Sport. Die Wettkämpfe sollten weniger den Charakter von Wettkämpfen als den von Wettspielen haben. Als Sieger sollte nicht derjenige ausgezeichnet werden, der alle anderen überrannt, sondern derjenige, der alle anderen zu einem höheren Zusammenspiel vereint hat. Vor allem sollten nicht am Schluß Leistungen auf Treppchen unterschieden und voneinander abgesetzt, sondern Solidaritäten gepflegt und sichtbar gemacht werden. Der Wettstreit braucht deswegen nicht aufgehoben, aber er sollte durch Leistungen des Zusammenspiels überwölbt und auf einen neuen Gesamtcharakter eingestimmt werden. Vor allem sollte die Zählung der Medaillen nach Nationen als eine primitive Form des Nationalismus – es gibt auch hohe Formen des Nationalbewußtseins – erkannt werden. Wann endlich stöhnt die Menschheit unter dieser Verhöhnung des Sport- und Spielprinzips auf? Sollten nicht spielerische Formen der Kunst, der Musik, der Dichtung dergestalt mit in die Olympischen Spiele aufgenommen werden, wie dies bei den viel menschlicher empfindenden Griechen der Fall gewesen ist? Warum reduziert man Olympia auf Stoppuhr und Bandmaß? Warum gibt man dieses Fest der Völker, das ein erdumspannendes Friedensfest sein könnte, in die Hände von Technikern und Apparatschiks? Warum benutzt man die sportlichen Spiele nicht dazu, das Zusammenleben der Menschen nach dem Grundbild des Gartens und nicht nach dem Bild der Äcker und ihrer feindseligen Grenzen zueinander zu ordnen?

Während der fünfte Wesenszug des Gartens auf die Universalität ging, nämlich darauf, daß alles, was der Mensch zu tun hat, in der Form des Gartens getan werden kann, die Arbeit ebensogut wie das Spiel, die Erziehung ebensogut wie Politik, der Städtebau ebenso gut wie die Kunst, geht der sechste Wesenszug noch einen Schritt weiter: Er fordert das Recht auf Garten. Anders formuliert: alles braucht einen Garten. Alles, was gedeihen soll, setzt ein Umfeld voraus, das die Gartenstruktur hat. Wenn jemand eine Einzelarbeit verrichten soll, tut er gut daran, das Umfeld dieser Arbeit zu organisieren. Er legt nicht einfach los, sondern er ordnet die Bedingungen des Entstehens so auf dieses Entstehen zu, daß dieses nur noch das Ergebnis einer Gesamtwirkung ist und nicht mehr die Wirkung einer Einzelursache. Um wieder das Beispiel des Sports heranzuziehen: Der Einzelkämpfer bringt seine Höchstleistung nur, wenn ihn ein entsprechender Mannschaftsgeist stützt und befeuert. Der beste Trainer ist nicht der, der den einzelnen trainiert und daraus eine höchstmögliche Gesamtleistung zu gewinnen sucht, sondern der, der das Ganze wie einen Garten anlegt, so daß die einzelne Leistung wie eine Blüte von selbst in dem ihr zugehörigen Umkreis hervorkommt. Im Beispiel der Musik geprochen: Die schönste Leistung des Solisten erscheint nur dann, wenn sie durch ein gutes Orchester den geeigneten Garten bereitet bekommt. Komponist und Dirigent sind daraufhin angesprochen, den Garten der Komposition so anzulegen, daß eine solistische Einzelleistung oder ein einzelnes musikalisches Motiv darin überhaupt erst die gemäße Umgebung, den geeigneten Horizont und das nötige Licht erhält. Alles will so komponiert sein, daß das Einzelne von einem erschließenden und herausrufenden Hintergrund aufgeht und dieses Ganze wiederum durch die in ihm hervorkommende Einzelheit in seiner grundlegenden Vorleistung aufscheint. Jeder Mensch hat ein Recht auf seinen Garten, d.h. jetzt darauf, daß er in einer Umgebung leben darf, die ihm entspricht und ihn steigert und die selbst wieder durch ihn zum Sprechen gebracht und zu größerer Höhe geführt wird. Weder ist der Garten nur die Voraussetzung der Einzelleistungen noch die Einzelleistung nur ein Dienst am Garten. Beides lebt – in Konkreszivität – so zusammen, daß es jeweils nur in diesem Zusammenspiel wird, was es zu sein vermag. Gebt allem seinen Garten – und ihr werdet es nicht wiedererkennen.

Der siebte und letzte Wesenszug, den wir hier verfolgen, ist der des Fundamentalismus. Er besagt, daß die Gartenverfassung, die in allem Seienden und in allen Aufgaben erreicht und verwirklicht werden kann, zugleich die Ursprungs- und die Zielverfassung des Lebens ist. Alles Leben erhält seine wesenseigene Dimension und seine bestmögliche Verwirklichung nur durch die jeweilige Gartensituation. In der Wildnis erstickt alles, in der Planung verkümmert alles. Der eigentliche und ursprüngliche Sinn des Seins ist die gegenseitige Beförderung der Dinge, der hortensische Lebensmodus. Was immer an gelungener Seinsform besteht bei Natur und Mensch, bei Pflanze und Tier, in Gesellschaft und Geschichte, ist aus einer Gartensituation entstanden. Sie ist das Ursprungsprinzip allen weiterführenden Werdens, aller Selbsttranszendenz und Mehrung. Zugleich gilt auch, daß die Gartenverfassung Zielgestalt des Lebens ist, also nicht nur allen höheren Dimensionen zugrundeliegt, sondern von allen Dimensionen in immer höherer Gestalt angezielt wird. Die vom Kosmos angestrebte Seinsform ist weder die der Einzelexistenz noch die eines systematischen Gesamtzustandes, sondern die eines freien und lebendigen auf Gedeihen und Gelingen gesetzten Zusammenspiels. Nicht nur die menschlichen Verhältnisse sollen in die Gartenverfassung gebracht werden, sondern auch die natürlichen und die dinglichen. Auch die scheinbar toten Dinge haben ein Leben und einen Raum und eine Selbstentfaltung in diesen. Für alle Verhältnisse des Lebendigen gelten die Grundgesetze und Grundrechte des Gartens, die durchaus keine Reglementierung begründen und doch von sehr strenger Forderung sind. Von innerer Forderung. Es sind ja die Maßstäbe eines freiheitlichen Lebens, das sich nur unter solche Ordnungen beugt, die aus ihm selbst hervorgegangen sind. Diese Zielform des gedeihlichen und gelingenden Lebens ist keine Utopie, sondern eine wirkliche Möglichkeit und eine mögliche Wirklichkeit. Kein Traumbild einer überschwebenden Philosophie, sondern das Grundbild des lebendigen Lebens selbst. Dies ist auch der Grund dafür, weshalb der Paradiesesgarten nicht nur als Anfang, sondern auch als Ende allen irdischen Lebens vorgestellt wird. Diese religiöse Vorstellung hat ihr ontologisches Recht und ihren menschlichen Ursprung. Für sie haben wir uns – zuletzt – immer und überall einzusetzen.

Wieviel Garten braucht der Mensch? – Die ganze Welt ist der Garten, der den Menschen braucht, und zugleich der Garten, den der Mensch braucht. Darin endet die Philosophie des Gartens.

Abb. 1 Der orientalische Teppich zeigt das Symbol »Hortus conclusus«, verschlossener Garten.

Abb. 2 Afrikanischer Bauer mit Pflug auf seinem Acker. Das eine Gegenbild zum Garten: der Acker. Er bedeutet Arbeit, Gewalt gegen die Erde, Schweiß, Leid, Gesetze, künstliche Ordnung, Unterwerfung unter viele Bedingungen. Er bringt aber reiche Ernte, Recht, Öffentlichkeit und Gemeinschaft; Kultur, Leben auf einer höheren Stufe der Sicherheit und des Selbstbewußtseins. Aber bleibende, spürbare Einseitigkeit.

Abb. 3 Japanischer Stein-Garten im Ryoan-Tempel, 16. Jahrhundert.

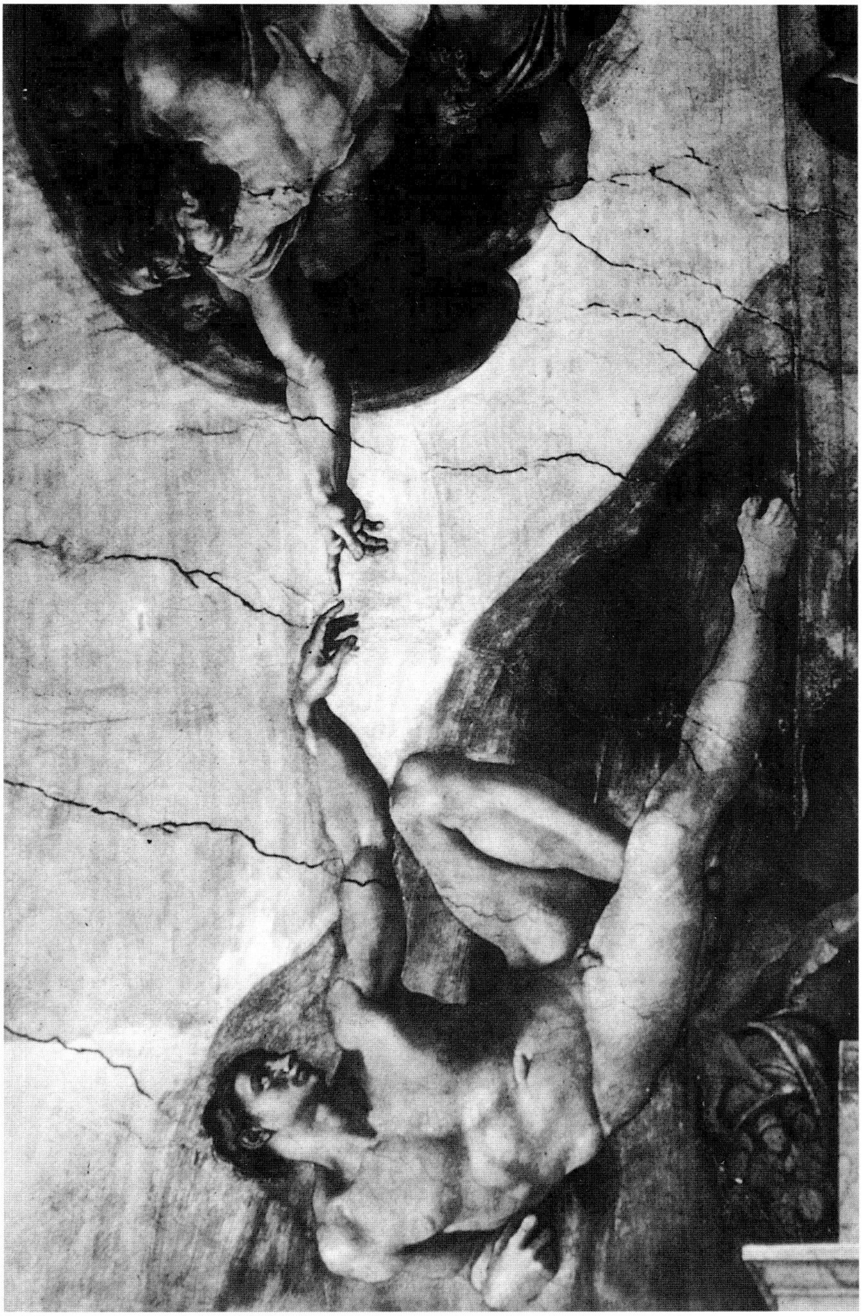

Abb. 4 Michelangelo, Erschaffung Adams, Sixtinische Kapelle, 16. Jahrhundert.

Legenden zu den Abb. 1-4

Abb. 1: Der orientalische Teppich zeigt das Symbol »Hortus conclusus«, verschlossener Garten. Es ist das Grundbild des Gartens überhaupt. Hinter einer hohen, bewehrten, umrankten und verwachsenen Mauer: ein köstlicher Garten mit Bäumen, Sträuchern, Blumen, Tieren, drei Quellteiche mit Zeltinseln, in der Mitte ein Hochzeitszelt. Aussage: Glück, Eigenheit, Ursprung, Gedeihen, dies alles unzugänglich, unerreichbar, gegeben nur für den, der darin lebt, nicht davor. Man muß zum Glück geboren sein, man kann es nicht erreichen.

Abb. 2: Afrikanischer Bauer mit Pflug auf seinem Acker. Das eine Gegenbild zum Garten: der Acker. Er bedeutet Arbeit, Gewalt gegen die Erde, Schweiß, Leid, Gesetze, künstliche Ordnung, Unterwerfung unter viele Bedingungen. Er bringt aber reiche Ernte, Recht, Öffentlichkeit und Gemeinschaft; Kultur, Leben auf einer höheren Stufe der Sicherheit und des Selbstbewußtseins. Aber bleibende, spürbare Einseitigkeit.

Abb. 3: Japanischer Stein-Garten im Ryoan-Tempel, 16. Jahrhundert. Höchste Gestaltfindung von »Garten«. Alles darf genau so sein, wie es ist; es gewinnt seine volle und unschätzbare Eigenheit erst, wenn ihm ein »Garten« unterlegt wird, ein ihm gemäßer Erscheinungsraum. Das »Eigene« wird durch den Garten, der »Garten« durch das Eigene Höchstform von »Ordnung«, Endziel der Schöpfung.

Abb. 4: Michelangelo, Erschaffung Adams, Sixtinische Kapelle, 16. Jahrhundert. Ein völlig neues Verständnis von Schöpfung. Nicht »Machen«, sondern Hervorrufen, »Wecken«, Provozieren. Zusammenwirken von Eigenkräften und Gestaltideen. Wechselbeziehung, Konkreszivität. Hortensische Situation. Grundbild des Gartens, »Garten Eden«, der ursprüngliche und eigentliche Sinn der Schöpfung.

Die Autoren

Prof. em. Dr.-Ing., Dr.-Ing. E.H. Gerd Albers
Technische Universität München
Arcisstr. 21, 8000 München

Prof. em. Dr. Gerhart Baumann
Institut für Deutsche Sprache und Literatur der Universität Freiburg
Werthmannplatz, 7800 Freiburg

Prof. Dr. Günther Bittner
Institut für Pädagogik I der Universität Würzburg
Am Hubland, 8700 Würzburg

Prof. Dr. Franz-Christian Czygan
Institut für Botanik und Pharmazeutische Biologie der Universität Würzburg
Mittlerer Dallenbergweg 64, 8700 Würzburg

Prof. Dr. Heide Froning
Institut für Archäologie der Universität Würzburg
Residenz, 8700 Würzburg

Prof. Dr. Dr. h.c. (Caen) Walter Janssen
Institut für Archäologie sowie Vor- und Frühgeschichte der Universität Würzburg
Residenz, 8700 Würzburg

Prof. Dr. Stefan Kummer
Institut für Kunstgeschichte der Universität Würzburg
Am Hubland, 8700 Würzburg

Prof. Dr. Wolfgang Lipp
Institut für Soziologie der Universität Würzburg
Wittelsbacherplatz 1, 8700 Würzburg

Prof. Dr. Heinrich Rombach
Institut für Philosophie der Universität Würzburg
Residenz, 8700 Würzburg

Prof. Dr. Paul-Ludwig Weinacht
Institut für Politische Wissenschaft der Universität Würzburg
Wittelsbacherplatz 1, 8700 Würzburg